Nationalpark Schwarzwald

40 Touren zwischen Freudenstadt und Baden-Baden

Martin Kuhnle

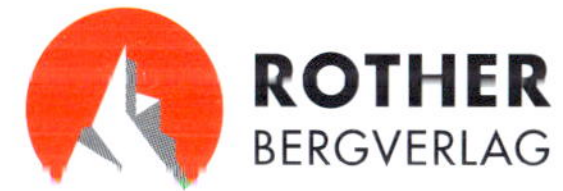

Zum Geleit

»Wandern ist eine Tätigkeit der Beine und ein Zustand der Seele«, brachte es der Schriftsteller Josef Hofmiller einmal auf den Punkt. Trefflicher lassen sich die Vorzüge dieser Fortbewegungsart wohl kaum beschreiben.
Im Nationalpark darf sich die Natur im eigenen Tempo und nach ihren eigenen Regeln frei entwickeln, dürfen die Wälder wieder wild werden. Am besten kann diesen Prozess miterleben, wer ebenfalls im eigenen Tempo unterwegs ist. Wer Zeit hat, immer wieder mal stehen zu bleiben, um die Natur mit allen Sinnen zu erspüren und zu genießen: die würzige Luft des Waldes zu riechen, das Klopfen des Spechtes und das Rauschen des Windes zu hören, das gewaltige Farbschauspiel der Bäume zu bewundern oder die Spur eines Tieres am Wegrand.
Ob Sie Martin Kuhnle auf die Badener Höhe folgen und den Blick weit über den Schwarzwald schweifen lassen oder sich auf dem Luchspfad der Raubkatze auf leisen Pfoten nähern, ob Sie die Stille im Schönmünzachtal auf sich wirken lassen oder am Huzenbacher See die geologische Geschichte dieser Region bis in die letzte Eiszeit – es lohnt sich, den Nationalpark Schwarzwald auf vielen Wegen zu erwandern und zu erfahren.
Die kleinen und großen Wunder wachsender Wildnis können Sie ganz allein, mit Freunden oder Ihrer Familie erleben, indem Sie zum Beispiel eine der vielen Touren in diesem Buch auswählen und einfach mit offenen Sinnen loswandern. Wenn Sie noch tiefer eintauchen und mehr über Pflanzen und Tiere im Nationalpark, über Prozessschutz und Lebensräume erfahren möchten, dürfen Sie sich aber gerne auch einer unserer Rangerinnen oder einem unserer Ranger anschließen. Viele der Wanderungen, die Sie auf den folgenden Seiten finden, werden von ihnen regelmäßig als sachkundig geführte Tour angeboten.
Wofür auch immer Sie sich entscheiden, auf welchen Weg Sie sich begeben – wir wünschen Ihnen, dass Sie erfahren, welch körperliche und seelische Wohltat so ein Ausflug sein kann. In Japan wird das Waldbaden schon auf Rezept verschrieben und auch in Deutschland gibt es immer mehr Forschungen, die die Heilkraft des Waldes belegen. Lassen Sie die Hektik und die Sorgen des Alltags mit jedem Schritt ein bisschen hinter sich und nehmen Sie viele neue Eindrücke und vielleicht sogar etwas von der Weisheit der Natur mit nach Hause.

Wir freuen uns auf Ihren Besuch im Nationalpark!

Dr. Wolfgang Schlund
Dr. Thomas Waldenspuhl
(Leitung Nationalpark Schwarzwald)

Eine Oase der Ruhe am Buhlbachsee.

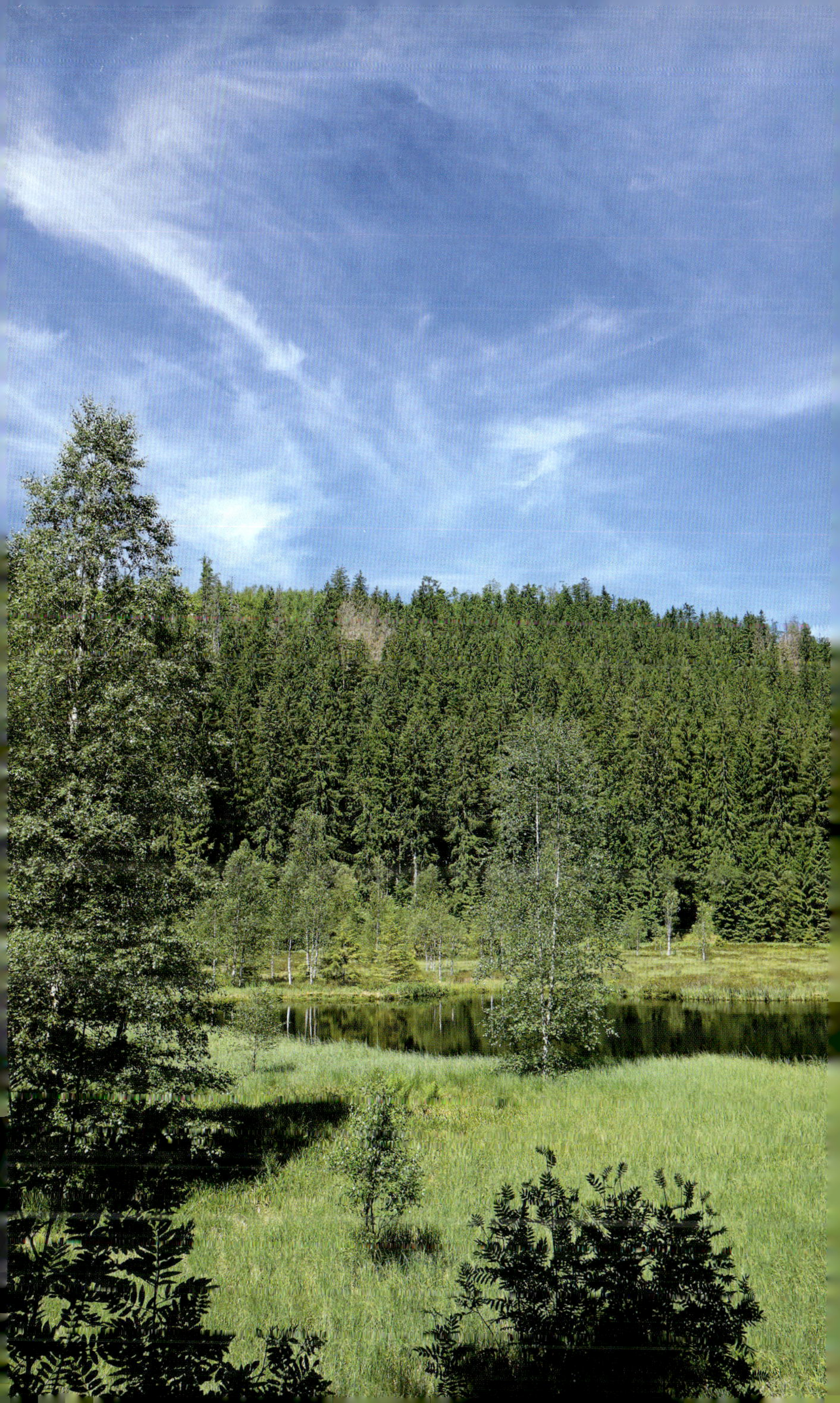

Vorwort

Als ausgebildeter Wanderführer, Gesundheitswanderführer und Autor vieler Schwarzwaldwanderbücher und Bildbände behaupte ich, dieses Ihnen vorliegende Buch ist ein ganz besonderes. Das liegt zum einen daran, dass die meisten Touren absolut familientauglich und größtenteils sogar an einem Sonntagnachmittag zu bewältigen sind, zum zweiten aber auch daran, dass vorherrschend eine faszinierende und teils urwüchsige Natur durchwandert wird, die sich selbst überlassen bleibt. Das Wandern im Nationalpark Schwarzwald und über seine angrenzende Region hinaus ist wahrlich etwas Außergewöhnliches. Erleben Sie Gegensätze, wie sie unterschiedlicher kaum sein könnten: Baumfreie Grindenflächen, tiefe Wälder, schroffe Felsen, Moore, Seen, Wasserfälle und glasklare Bäche. Das Besondere daran ist, dass die Natur – dem Eingriff durch den Menschen entzogen – sich zum Urwald von morgen entwickelt. Dabei gilt es natürlich einige grundsätzliche Regeln zu beachten, wie beispielsweise, Hunde an die Leine zu nehmen, die Wege nicht zu verlassen, sich angemessen ruhig zu verhalten und auch nicht des Nachts herumzustreifen.
Obwohl der Nationalpark Schwarzwald mit seinen 10.062 Hektar Fläche groß genug wäre, um dieses Buch mit Touren zu füllen, wurden auch ein paar knapp außerhalb seiner Grenzen liegende Wandertipps aufgenommen, da auch diese Ziele äußerst attraktiv sind.
An dieser Stelle ein paar Dankesworte an meine Frau Heidi Maria, die mich beim Fotografieren, Planen, Wandern und Korrekturlesen hilfreich unterstützt hat. Danke auch an die Nationalparkverwaltung und den Schwarzwaldverein sowie natürlich an meinen Lektor, Dr. Martin Lehr, und den Rother Bergverlag.
Ich wünsche Ihnen allzeit erlebnisreiche und erholsame Wanderungen! Entdecken auch Sie Ihre eigene Traumtour.

Ötisheim, im Frühjahr 2023 Martin Kuhnle

Inhalt

Zum Geleit 2
Vorwort 4
Allgemeine Hinweise 8
Der Schwarzwald 12

1 **Vom Geroldsauer Wasserfall zum Scherrhof**
Durch das himmlische Grobbachtal 22

2 **Badener-Höhe-Rundweg**
Vom Scherrhof auf die Badener Höhe 26

3 **Der Luchspfad**
In der Kernzone des Nationalparks 30

4 **Der Wildnispfad**
Schwarzwaldabenteuer im Nationalpark 32

5 **Von Kaltenbronn zur Teufelsmühle**
Exzellente Ausblicke ins Murgtal und Albtal 35

6 **Vom Hohloh zu den Latschigfelsen**
Auf den Spuren des Westwegs und der Murgleiter 38

7 **Zwei-Seen-Runde**
Zwischen Heidenberg und Großem Heiligenwald 41

8 **Der Schwarzenbach-Rundweg**
Historischer Lehrpfad am Stausee 44

9 **Der Heidelbeerweg, ein Pfad zum Genießen**
Rund um das Heidelbeerdorf Enzklösterle 48

10 **Die Gertelbach-Schlucht**
Durch das wilde Gertelbachtal zur Hertahütte 52

11 **Über den Mehliskopf**
Nach Herrenwies 56

12 **Hundseck**
Zwischen dem Nord- und Südteil des Nationalparks 60

13 **Auf Traumpfaden zur Schurmseehöhe**
Hoch über Hundsbach 62

14 **Auf den Höchsten im Nordschwarzwald**
Hüttenwanderung auf die Hornisgrinde 66

15 **Um den Mummelsee**
Zur Nixe vom Mummelsee 70

16 **Auf die Hornisgrinde**
Nationalpark-Feeling pur 72

17 **Durchs Kesselbachtal**
Wo der Wildbach rauscht 76

18 **Vom Seibelseckle zur Darmstädter Hütte**
Westweg und Seensteig 79

19 **Vom Langenbachtal zum Blindsee**
Über die Langengrinde 82

20 **Zum Huzenbacher See**
Traumaussichten ins Murgtal 86

21 **Zum Brennte Schrofen**
Felskanzel hoch über Ottenhöfen 90

22 **Eine Spur wilder – zum Wilden See**
Im Herzen des Nationalparks 93

23 **Über den Karlsruher Grat**
Phänomenaler Klettersteig im Schwarzwald 96

24 **Um den Vogelskopf**
Zwischen Mummelsee und Schliffkopf 99

25 **Westweg und Seensteig**
Wandern am Vogelskopf 102

26 **Die Allerheiligenfälle**
Gigantischer Wasserfall in malerischer enger Schlucht 106

27 **Von den Allerheiligenfällen zum Schliffkopf**
Wilde Klamm und Traumgipfel 108

28 **Über den Schliffkopf**
Genusswandern am Schliffkopf 112

29 **Kleine Schliffkopf-Runde**
Traumwandern am Tausendmeterweg 116

30 **Hinauf zur Wolkenhütte**
Berg und Tal 118

31 **Vom Tonbachtal zur Satteleihütte**
Auf Genusspfaden durchs Tonbachtal 121

32 **Von der Zuflucht zum Schliffkopf**
Ein Höhenweg der Extraklasse 124

33 **Der Lotharpfad**
Winterorkan hinterlässt verheerende Spuren 128

34 **Um den Sandkopf**
Links und rechts der Schwarzwaldhochstraße 132

35 **Hinab zum Buhlbachsee**
Wandern in der Kernzone des Nationalparks 134

36 **Wandern im Wanderhimmel**
Zum Sankenbachwasserfall und zur Glasmännlehütte 138

37 **Zur Renchtalhütte und zum Buchkopfturm**
Unterwegs auf dem Renchtalsteig 142

38 **Zum Fischfelsen-Wasserfall**
Ins Tal der Wilden Rench 145

39 **Zum Ellbachsee**
Das dunkle Auge des Schwarzwalds 148

40 **Der Glaswaldsee**
Paradiestour zu einem fast einsamen Bergsee 151

Stichwortverzeichnis 154
Impressum 160

Allgemeine Hinweise

Anforderungen

Die einzelnen Tagesetappen sind so gewählt, dass die Gehzeiten für den »normalen« Wanderer nicht allzu lang sind. Je nach Anforderungen sind die Touren in drei Kategorien eingeteilt, die mit unterschiedlichen Farben gekennzeichnet sind. Die Farben bedeuten:

▶ **Leicht**

Die einfachen Wanderungen sind auch von Ungeübten und Familien mit Kindern bedenkenlos zu bewältigen. Sie verlaufen auf Forstwegen oder anderen gut befestigten Wegen. Zwar können kürzere Passagen durchaus mal steil ansteigen, aber insgesamt weisen diese Wandertipps keine problematischen Stellen auf. Trotzdem sollten Sie auch bei den einfachen Wanderungen unbedingt feste Schuhe mit griffigen Profilsohlen tragen.

▶ **Mittel**

Die als mittelschwer eingestuften Wandertouren führen durchaus mal auf schmalen Wegen und Pfaden. Sie sind häufig längere Zeit steil im Auf- und Abstieg. Auch können diese Wanderpfade mit Steinen und Wurzeln durchsetzt sein, was bei Nässe die Rutschgefahr deutlich erhöht.

▶ **Schwierig**

Diese Touren können über längere Wegabschnitte schmal sein und gelegentlich in schwieriges, mitunter auch alpin anmutendes Gelände führen. Schwindelfreiheit, Trittsicherheit und eine gute Kondition sind von großem Vorteil. Diese Touren sollten nur von bergerfahrenen Wanderern begangen werden. Außerdem weisen diese Wanderungen meist auch mehr Kilometer auf und zusätzlich gilt es, etliche Höhenmeter zu bewältigen.

Gehzeiten

Die angegebenen Gehzeiten sind relativ großzügig bemessen. Sie beziehen sich auf ein durchschnittliches Wandertempo von drei bis vier Kilometern pro Stunde auf guten Wegen. Steigungen und schwierige Wege verlängern die benötigte Zeit; dies wurde bei den Zeitangaben berücksichtigt. Beschriebene Abstecher zu Aussichtspunkten und Türmen sind in den Zeit- und Entfernungsangaben enthalten, Pausen und Besichtigungen nicht.

Beste Wanderzeit

Die geeignetste Jahreszeit zum Wandern im Schwarzwald ist von

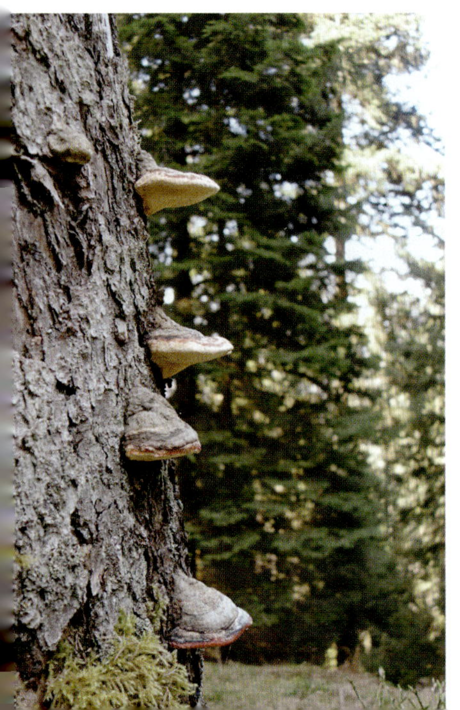

Baumpilze, auch Zunderschwamm genannt.

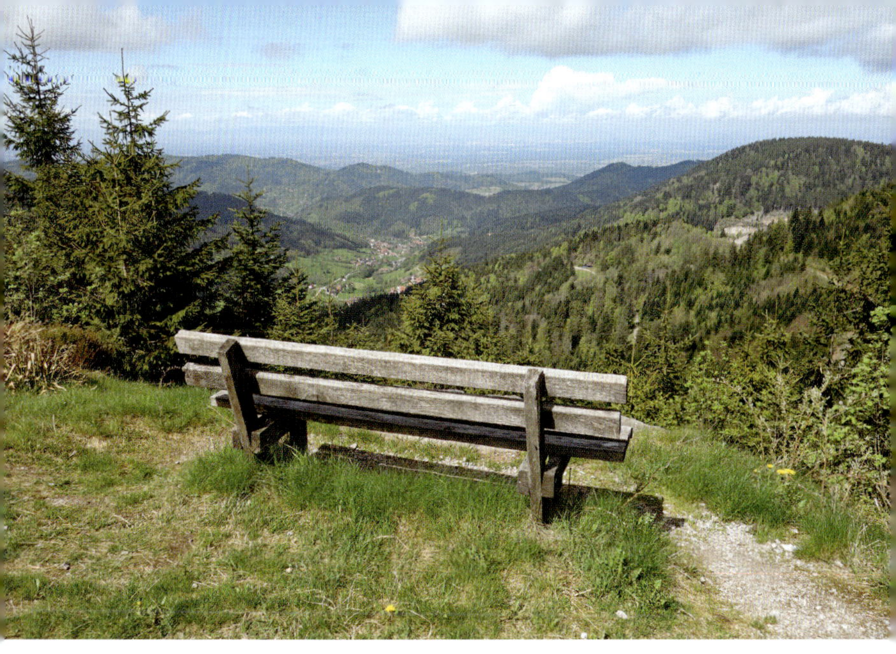

Sitzbank am Westweg (Tour 25).

Frühling bis Herbst. Wobei es in den Sommermonaten durchaus auch schon mal gut und gerne 30 °C warm werden kann. Gerne wird es dann am Spätnachmittag gewittrig. Halten Sie sich an die Empfehlung des alten Volkslieds »Im Frühtau zu Berge« und planen Sie lieber einen Aufbruch am jungen Tag, wenn der Wetterbericht heiße Temperaturen voraussagt. Wie sagt man doch so schön: »Morgenstund' hat Gold im Mund.«

Wetter

Nicht immer ist es schön und sonnig im Schwarzwald. Das Wetter kann Ihnen durchaus einen gehörigen Strich durch die Rechnung machen. Wenn Sie in der Abenddämmerung gewaltige Cumulonimbuswolken, auch Gewitterwolken genannt, beobachten, die sich immer höher und höher auftürmen, dauert es oft nicht lang, bis ein unglaubliches Wetterleuchten am Horizont zu sehen ist. Dann ist es besser, die geplante Tour kurzfristig zu verschieben, denn es sind schwere Gewitter mit Platzregen, stürmischen Böen und sogar Hagel zu erwarten.

»So isch's halt em Schwarzwald, wenn's net regart, no schneicht's halt!« So das Zitat eines Schwarzwälders; aber nein, es ist bei Weitem nicht so schlimm, es gibt nicht nur alternativ Regen oder Schnee. Generell aber ist es wichtig, die Wetterprognosen in die Tourenplanung mit einzubeziehen.

Der recht steile Abbruch des Schwarzwalds im Westen hin zum Rheingraben hat sehr großen Einfluss auf die Verteilung der Niederschläge. Die meist aus West und Südwest kommenden Luftmassen werden am Schwarzwaldwestrand zum Aufstieg gezwungen, kühlen dabei ab und verlieren ihre Feuchtigkeit in Form von Regen, Hagel

GPS-Daten und Koordinaten der Ausgangspunkte

Auf **gps.rother.de** stehen zu diesem Wanderbuch GPS-Tracks und die Koordinaten der Ausgangspunkte zum kostenlosen Download bereit. Dieser QR-Code führt direkt zum Download.
2. Auflage, Passwort: 319202amu
Die GPS-Tracks können in die **Rother App** importiert werden. In der App kann man unterwegs stets sehen, wo man gerade ist und wo es langgeht. **Anleitungen dazu: rother.de/gps**. Trotz sorgfältiger Prüfung können wir Fehler und zwischenzeitliche Veränderungen nicht ausschließen. Verlassen Sie sich für die Orientierung niemals einzig und allein auf die GPS-Daten, sondern beurteilen Sie die Verhältnisse vor Ort.

oder Schnee. Die Luvseite des Schwarzwalds, der Westen, erhält also mehr Niederschlag als die geschützt liegende Ostseite.
Außerdem gilt es zu bedenken, dass die Verhältnisse im Tal und auf den Bergen völlig unterschiedlich sein können: während an freundlichen Spätsommertagen die Lufttemperaturen unten im Rheintal noch zum Baden einladen, kann das Wetter auf den Berghöhen jedoch schon sehr rau und kühl sein.

Wanderkarten

Zur Orientierung auf der Tour reichen die Kartenausschnitte im Maßstab 1:25.000 und 1:50.000 in diesem Wanderbuch aus. Wer darüberhinaus einen umfangreicheren Überblick wünscht, dem sind die Wanderkarten vom Landesamt für Geoinformation und Landentwicklung Baden-Württemberg (1:35.000) empfohlen. Auf diesen Kartenblättern ist auch die weitere Umgebung einer Tour dargestellt. Welche Karte für die einzelnen Touren benötigt wird, ist am Ende der jeweiligen Kurzinfo im Tourenkopf angegeben.
Es kann gelegentlich vorkommen, dass sich die Routenführung einer Wanderstrecke leicht ändert. Deshalb sollte auf die Mitnahme der Wanderkarten sowie nach Möglichkeit auf ein GPS-Gerät nicht verzichtet werden. Ferner muss man damit rechnen, dass die Orientierung mithilfe der Wegmarkierungen eingeschränkt sein kann, da unbedachte Wanderer gelegentlich die Wegschildchen von den Bäumen entfernen, um sie als Souvenir mitzunehmen.

Wandern mit Kindern

Kinder finden immer wieder großen Gefallen am Wandern, nur darf man nicht gleich anfangs die längste und schwerste Tour aussuchen. Wichtig ist, dass Sie die Wanderung spannend und abwechslungsreich gestalten. Planen Sie beispielsweise ein, am Wasser zu spielen oder eine spannende Geschichte zu erzählen. Vergessen Sie nicht, genügend Pausen einzulegen. Lassen Sie Ihren Kindern die Zeit zum Herumtoben und dem Erforschen des Unbekannten. Helfen Sie ihnen dabei, unsere herrliche Natur zu verstehen, zu schätzen und zu bewahren.

Im Notfall

Europäischer Notruf: Tel. 112 (keine Vorwahl, für Festnetz und Mobiltelefon, auch ohne PIN).

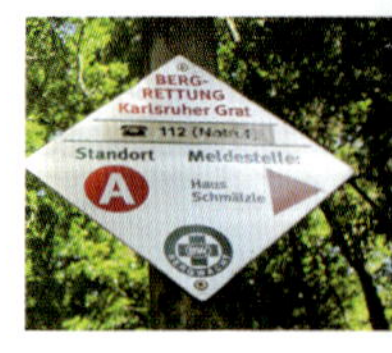

Der Umwelt zuliebe …

Auch beim Wandern hinterlassen wir einen ökologischen Fußabdruck, aber im Einklang mit der Natur unterwegs zu sein, ist gar nicht so schwer!

VORBEREITUNG UND ANFAHRT

- Sich vorab informieren, worauf in Bezug auf Natur und Umwelt in der jeweiligen Wanderregion besonders zu achten ist.
- Soweit möglich mit Bahn und Bus anreisen, Wander- und Rufbusse nutzen.
- Ist eine Anfahrt mit dem Auto nötig, Fahrgemeinschaften bilden.
- Bei weiten Anfahrten Mehrtagestouren planen oder von einem Quartier vor Ort aus mehrere Touren absolvieren.
- Flugreisen möglichst reduzieren und durch Beiträge zu Klimaschutzprojekten kompensieren.

KLEIDUNG UND AUSRÜSTUNG

- Beim Kauf von Outdoor-Kleidung auf umweltfreundliche und faire Herstellung achten und Kleidungsstücke möglichst viele Jahre nutzen.
- Ausrüstung kann man eventuell auch gebraucht kaufen oder ausleihen.
- Reparieren statt neu kaufen.

VERPFLEGUNG

- Beim Einkauf Bio-Ware, regionale und saisonale Erzeugnisse bevorzugen.
- Hütten und Gasthäuser auswählen, die regionale Produkte verwenden.
- Auf Einwegflaschen und Plastikverpackungen verzichten, stattdessen wiederverwendbare Trinkflaschen und Brotzeitboxen benutzen.

ÜBERNACHTUNG

- Bei lokalen Anbietern buchen, damit Menschen vor Ort profitieren.
- Auf Hütten und in anderen Unterkünften Strom und Wasser sparen.

UNTERWEGS

- Wege benutzen und Abkürzer vermeiden.
- Sperrungen von Wegen und Schutzgebieten respektieren.
- Keine Blumen pflücken und keine Pflanzen entnehmen.
- Waldbrandgefahr beachten.
- Müll wieder mit nach Hause nehmen und dort entsorgen.
- Toilettengänge in freier Natur möglichst vermeiden.
- Lärm vermeiden.
- Hunde an die Leine nehmen.

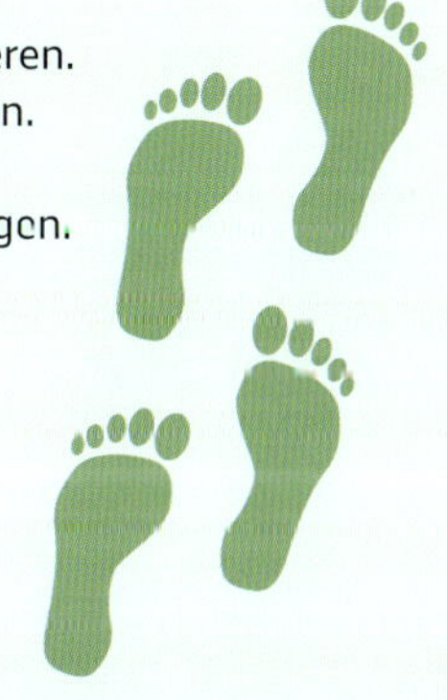

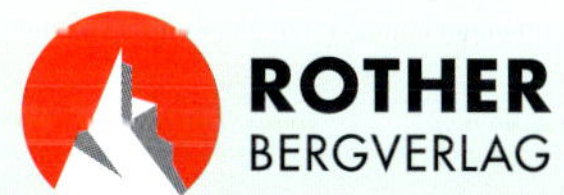

Der Schwarzwald

Das Wandergebiet

Der Schwarzwald ist das höchste deutsche Mittelgebirge. Schier endlos erscheinende grüne Nadelwälder mit einem würzigem Duft nach frischem Harz, romantisch verträumte Täler, saftig grüne Wiesen mit glücklich weidenden Kühen, mit Blumen buntgeschmückte Bauernhäuser, plätschernde Bachläufe mit sich drehenden Mühlrädern, glasklare Seen, schroffe Felsen und weite Höhen mit Panoramafernblicken, die bis zum Alpenhauptkamm reichen, frische Bergluft abseits von jeglichem Stress und Hektik; ja, diese Bilderbuchidylle findet man heute noch immer im Schwarzwald vor. Der Schwarzwald liegt im äußersten Südwesten Baden-Württembergs und ist eine der populärsten Urlaubsregionen der Bundesrepublik. Seine Länge misst fast 200 Kilometer, seine Breite im Norden hingegen nur etwa 30 und im Süden bis zu 60 Kilometer. Die höchste Erhebung im Norden ist die Hornisgrinde, 1164 m, und im Süden – außerhalb des Nationalparkgebiets – der Feldberg, 1493 m.

Die drei bekanntesten Fernwanderwege des Schwarzwalds sind der Westweg, der Mittelweg und der Ostweg. Alle drei führen von Nord nach Süd, also längs durch den Schwarzwald.

Der Westweg leitet von der Goldstadt Pforzheim ins schweizerische Basel, er ist unumstritten der populärste aller Schwarzwälder Fernwan-

Traumpfad auf dem Schöllkopf (Tour 9).

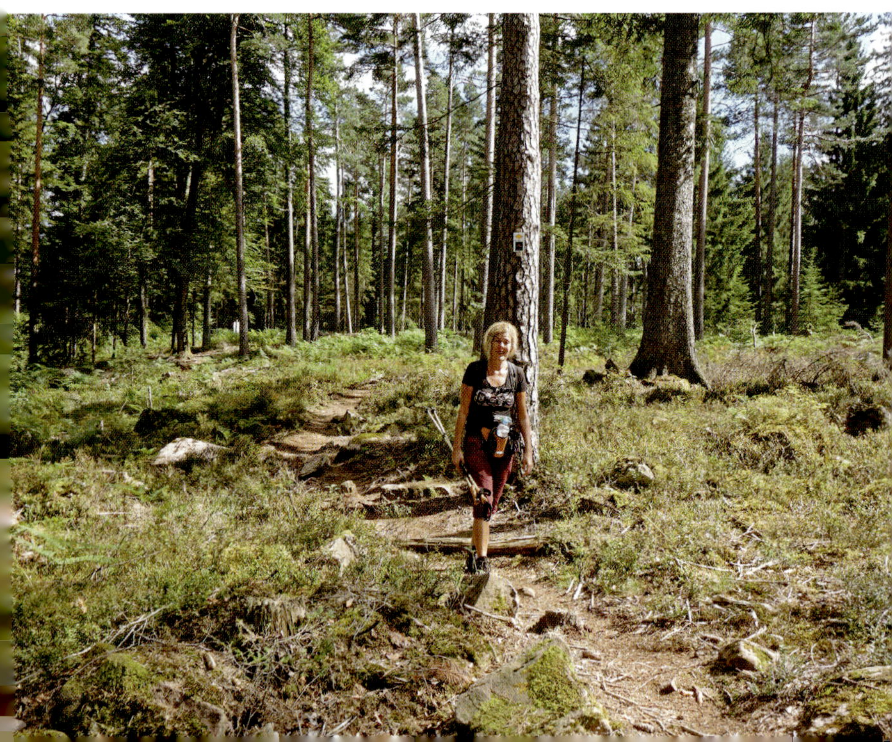

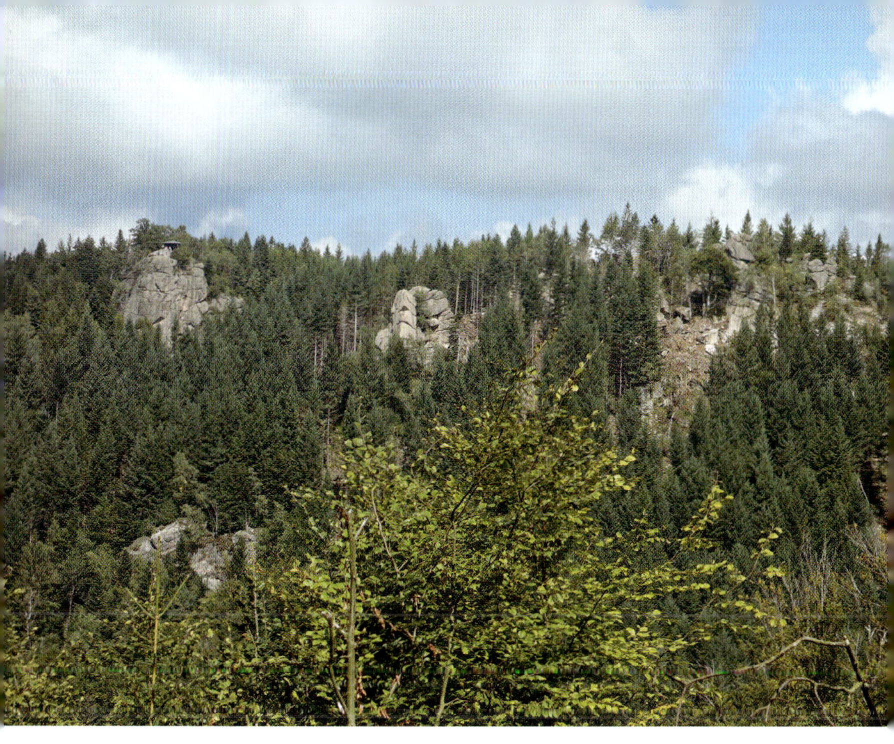

Blick zur Hertahütte und den Falkenfelsen (Tour 10).

derwege und mit seinen 284,5 km der längste aller Wanderstrecken der Region, auch seine Höhendifferenz zählt in der Summe die meisten Höhenmeter. Einige mehrtägige Wanderwege verlaufen quer durch den Schwarzwald, weshalb sie auch Querwege heißen. Sie sind zwar nicht ganz so bekannt wie der Westweg, aber genauso reizvoll. Sie können der kürzeren Distanz wegen und der teilweise extremeren Höhenunterschiede als spezielles Aufbau- und Konditionstraining für eine Alpintour dienen. Besonders erwähnenswert ist dabei der Renchtalsteig, die Murgleiter und der Seensteig im Norden sowie der bekannte Schluchtensteig im Südschwarzwald. Alle wichtigen Wege beschreiben detailliert mehrere Rother Wanderführer.

Der Naturraum

Die Natur- und Kulturlandschaft im Schwarzwald ist einzigartig. Seit Generationen wird hier Forst- und Weidewirtschaft betrieben, was den Schwarzwald bis heute prägt. In seiner Mannigfaltigkeit zeigt sich der Schwarzwald mal sanft und lieblich, mal wild und ungezähmt. Im Nationalpark Schwarzwald können Sie die Faszination anziehender Gegensätze erleben: Wald, Moor, Grinden und Wasser. Die Vielfalt der Landschaft zieht eine vielfältige Tier- und Pflanzenwelt nach sich.

Der Nationalpark Schwarzwald

Der Nationalpark Schwarzwald hat ein 400 Kilometer langes Wander-, Rad- und Reitwegenetz. Es gilt ein allgemeines Wegegebot, das heißt, die Wege und Pfade dürfen nicht verlassen werden. Saisonal bedingte Sperrungen einzelner Wegabschnitte zum Schutz von Wildtieren sind kurzfristig durchaus möglich. Für Hunde gilt im Nationalpark eine generelle Anleinpflicht! Der Nationalpark befindet sich im Naturpark Schwarzwald Mitte/Nord, zwischen Baden-Baden und Freudenstadt, sowie zwischen dem Murgtal und der Ortenauer Vorgebirgszone. Der Nationalpark Schwarzwald ist in zwei Teilgebiete gegliedert, in den Nord- und Südteil. Die südliche Fläche ist mit 7615 Hektar deutlich die größere, der nördliche Abschnitt misst nur 2447 Hektar. Dass die Schwarzwaldhochstraße den Nordteil tangiert und den Südteil sogar durchquert ist natürlich Fluch und Segen zugleich, doch das Positive überwiegt, denn der Park ist bestens mit Bus und Pkw zu erreichen. Die Höhenlage des Nationalparks liegt zwischen 470 m und 1164 m.

Anfangs war der Nationalpark Schwarzwald bei der hiesigen Bevölkerung stark umstritten und es gab zahlreiche Proteste. Vor allem die Arbeiter in der Holzwirtschaft bangten um ihre Existenz. Die damalige grün-rote Landesregierung von Baden-Württemberg beschloss dennoch die Gründung zum 1. Januar 2014.

Die Natur bleibt sich im Nationalpark selbst überlassen, quasi ist es der Urwald von morgen.

Die Gebiete sind in drei Zonen eingeteilt: In der Kernzone wird überhaupt nicht durch Menschenhand eingegriffen, die Entwicklungszone

Idylle im Grobbachtal (Tour 1).

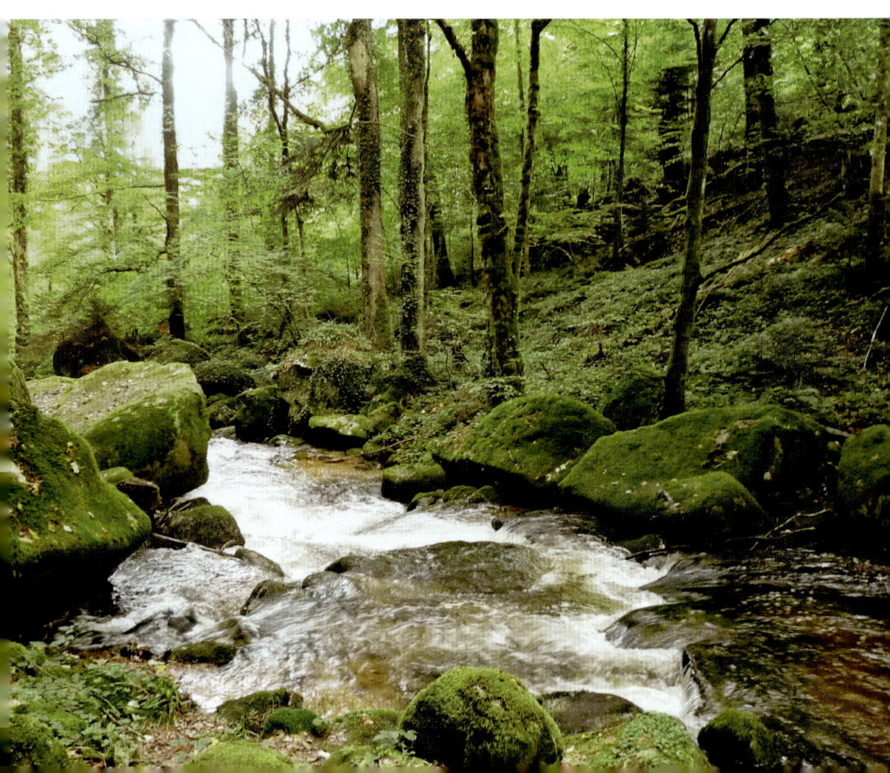

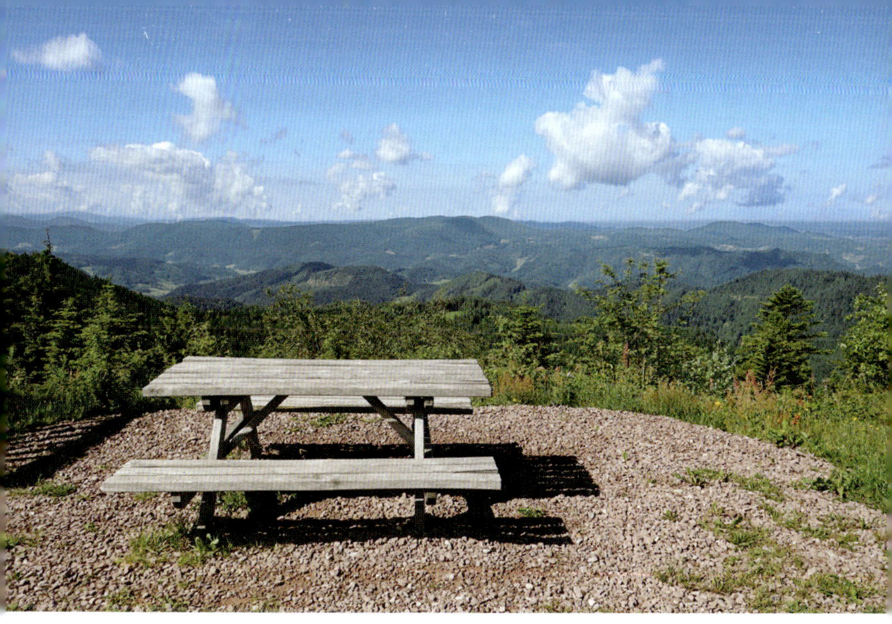

Aussichtsrastbank beim Steinmäuerle (Touren 28 und 29).

ist ein Übergangsbereich, der sich, wie es der Name bereits sagt, entwickelt, und am Rand befindet sich die sogenannte Managementzone. Hier wird der Borkenkäfer reguliert, sodass er außerhalb des Nationalparks keine Schäden anrichten kann. Bedingt dadurch besteht wiederum für die Holzindustrie deutlich weniger Gefahrenpotenzial.

Nationalparkzentrum Ruhestein

Das 2021 eröffnete, architektonisch interessante Nationalparkzentrum vermittelt mit Ausstellungen und mithilfe interaktiver Medien Informationen und Wissenswertes zum Nationalpark Schwarzwald.
Schwarzwaldhochstraße 2
77889 Seebach
Tel. +49 7449 92998-0
schwarzwald-nationalpark.de

Den Nationalpark genießen

Hörbare Stille, Wasserplätschern und Vogelgezwitscher, Sonnenstrahlen, die vom azurblauen Himmel durch die mächtigen Baumkronen auf den Waldboden schimmern. Sich entspannen, ausruhen, wandern und die Natur beobachten. Die frische Luft einatmen, den Schwarzwald erleben, das ist der Nationalpark!
Ein Großteil der Wälder des Nationalparks darf sich zukünftig völlig frei entwickeln, ohne dass der Mensch hier noch zu lenken versucht oder einen wirtschaftlichen Nutzen ziehen will. Hier wird Natur in die Freiheit entlassen. Das erfordert Mut zum Loslassen. Mut zur Wildnis.
Im Nationalpark haben wir diesen Mut und vor allem tiefes Vertrauen in die Natur. Erleben Sie dieses Schauspiel und bestaunen es. Zu Fuß durch den Nationalpark, egal ob barrierefrei oder lieber abenteuerlustig, für jeden das Richtige. Nehmen Sie sich Zeit, die wilde Seite der Natur im Schwarzwald kennen und verstehen zu lernen!

Unterwegs im Nationalpark

Im Nationalpark Schwarzwald erwartet Sie eine faszinierende Vielfalt an Naturbildern in einer der beliebtesten Waldlandschaften Deutschlands. Sanfte Hügel werden von dunkelgrünen Wäldern überzogen, dazwischen schlummern stille Moore und eiszeitliche Karseen, welche von wilden Felswänden umrahmt sind. Auf den Kämmen des Schwarzwaldes öffnen sich weite Hochflächen. Traumhafte Aussichtsstellen lassen uns weit über die Bergkuppen in die Ferne blicken.

Diese sogenannten Grinden sind waldfreie Bergheiden in Kamm- und Gipfellagen. Sie sind lediglich von Latschenkiefern, Beerensträuchern, Gräsern und Heidekraut bewachsen. Durch die Beweidung von Rindern und Schafen werden die Flächen künstlich offen gehalten.

Über 100 Käferarten, Schmetterlinge, Heuschrecken, Insekten und Spinnen leben im Nationalpark, dazu der seltene Dreizehenspecht, Schwarzspecht, Sperlingskauz, Raufußkauz, Gartenrotschwanz, Wanderfalke, Zitronengirlitz, Auerhuhn, Baumpieper und die Kreuzotter.

Intensiv Gerüche wahrnehmen und den Nationalpark mit der Nase erleben: Wissen Sie, wie zum Beispiel Pilze riechen? Das können Sie in dem schon etwas wilderen Teil des Nationalparks beim Wilden See erleben, wo zahlreiche Pilz- und Flechtenarten vorkommen.

Die Schwarzwaldhochstraße

Die Schwarzwaldhochstraße ist aus dem Schwarzwald nicht mehr wegzudenken, sie gehört dazu wie Fichten und Tannen. Die außergewöhnliche Panoramastraße entstand einst aus einem Netz von Waldwegen der einstigen Viehtreiber und Arbeiter der Holzwirtschaft des 19. Jahrhunderts. Anfang des 20. Jahrhunderts war bereits ein großzügiges, beinahe zusammenhängendes Wegenetz vorhanden, und bereits 1907 gab es schon eine Autoverbindung zwischen Achern, Freudenstadt, Baden-Baden und Bühl. Ab 1925 wurde die

Schild Nationalpark.

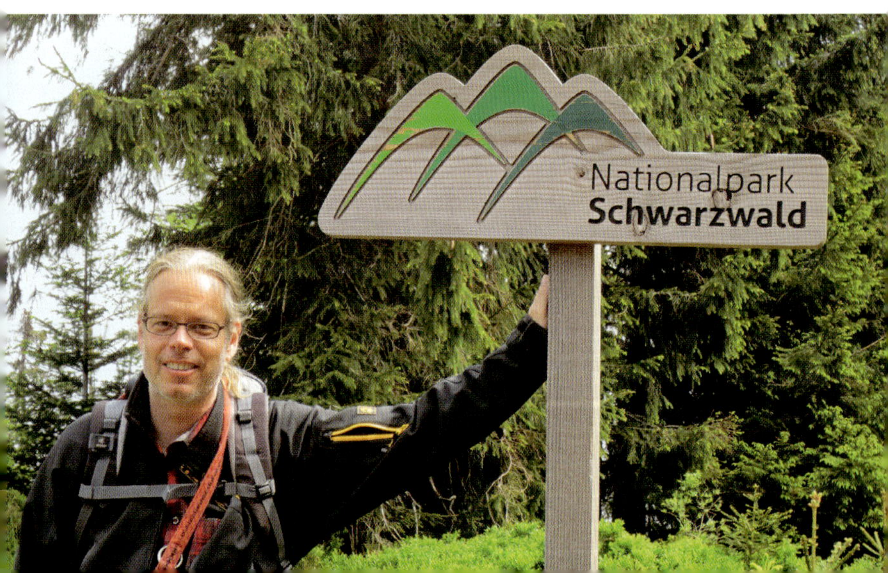

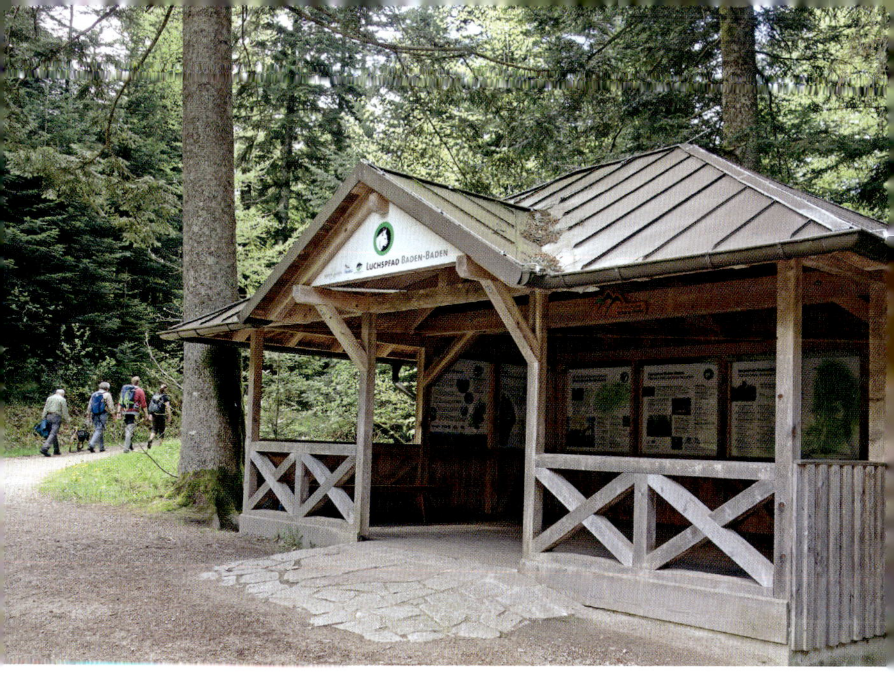

Die Infohütte am Luchspfad (Tour 3).

Höhenstraße regelmäßig mit Bussen der Reichskraftpost befahren. Im Juli 1930 erfolgte der erste Spatenstich an der Schwarzwaldhochstraße, die in Höhen von 700 bis 1000 m verläuft. Auch die Militärs des NS-Regimes erkannten den Nutzen der heutigen B500, weshalb 1938 der südliche Abschnitt bis zur Alexanderschanze auf der von Einblick von Westen geschützten Ostseite des Hauptkamms angelegt wurde. Die gesamte Strecke vermeidet Täler und leitet mit wechselnder Aussicht durch die schönsten Gegenden der Region. Früher gab es entlang der Strecke zahlreiche Kurhäuser, die mittlerweile aber nicht mehr betrieben werden. Die Kurgäste bezeichneten die Schwarzwälder damals liebevoll als »Luftschnapper«. Heute ist die Hochstraße eine der bedeutendsten Freizeitstrecken Deutschlands. Allerdings ist das tägliche Verkehrsaufkommen mittlerweile fast schon als extrem zu bezeichnen.

Verhalten im Nationalpark

Beim Wandern im Nationalpark gelten ein paar wichtige Regeln, die es zu beachten gibt, schließlich gibt es ja auch ein Nationalpark-Gesetz, und der Nationalpark Schwarzwald untersteht direkt der Landesregierung Baden-Württembergs. Viele Regeln und Gesetze sind allerdings grundsätzlich von sich aus einleuchtend, wie beispielsweise, dass man im Wald kein Feuer entfacht oder laut herumlärmt. Auch ist es im Nationalpark verboten, die markierten Wege zu verlassen und einfach querfeldein zu wandern. Nächtliches Wandern stört die Tiere in ihrer Nachtruhe und ist deshalb genauso wie das Zelten untersagt. Übrigens ist das Pflücken von Beeren und

Pilzesammeln innerhalb des Parks nicht erlaubt. Blumen pflücken oder gar ganze Pflanzen ausgraben ist grundsätzlich verboten. Wer mit einem Hund wandern geht, der sollte seinen Vierbeiner an der Leine halten. Dass man keinen Müll achtlos in der Natur liegen lässt, versteht sich eigentlich von selbst.

Urwald im Schwarzwald – bedingt dadurch wurden und werden allerdings einige Forstwege, die noch in den Landkarten verzeichnet sind, nicht mehr benötigt und entwickeln sich über kurz oder lang wieder zurück zur Natur. Allerdings bleiben, bis auf wenige Ausnahmen, die schon vor dem Nationalpark bestehenden Wanderwege des Schwarzwaldvereins unangetastet erhalten. Leider ging es mancher Unterstandshütte nicht genauso gut. Da in der Vergangenheit vereinzelte Wanderer immer mal wieder in einer Schutzhütte ihr Nachtquartier bezogen und manchmal sogar ein unüberlegtes Lagerfeuer entfachten, wurde dem auf radikale Weise entgegengewirkt. Manche Hütte wurde abgerissen, wenn sie baufällig war – im Nationalpark gilt eben ein striktes Feuerverbot. Über diese Maßnahme lässt es sich sicher diskutieren, denn bei einem plötzlich aufziehendem Gewitter hat sich eine Schutzhütte schon oft als gut und nützlich erwiesen.

Der Schwarzwaldverein

Der Schwarzwaldverein, gegründet 1864, ist der älteste Wanderverein Deutschlands. Er hat sich den Erhalt

Im Nationalpark Schwarzwald gilt für Hunde Leinenpflicht.

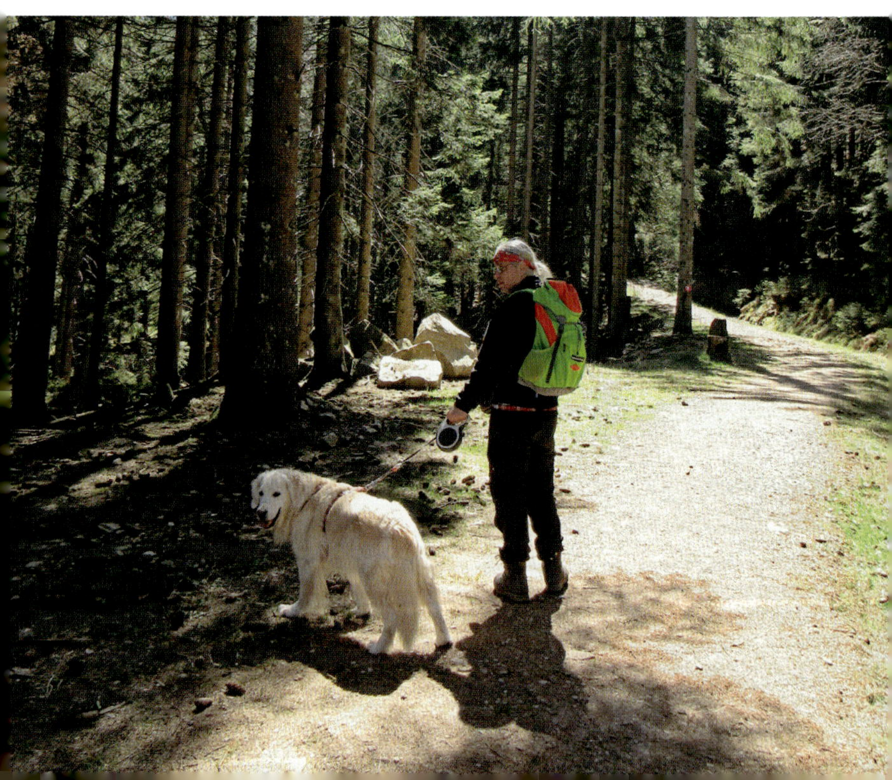

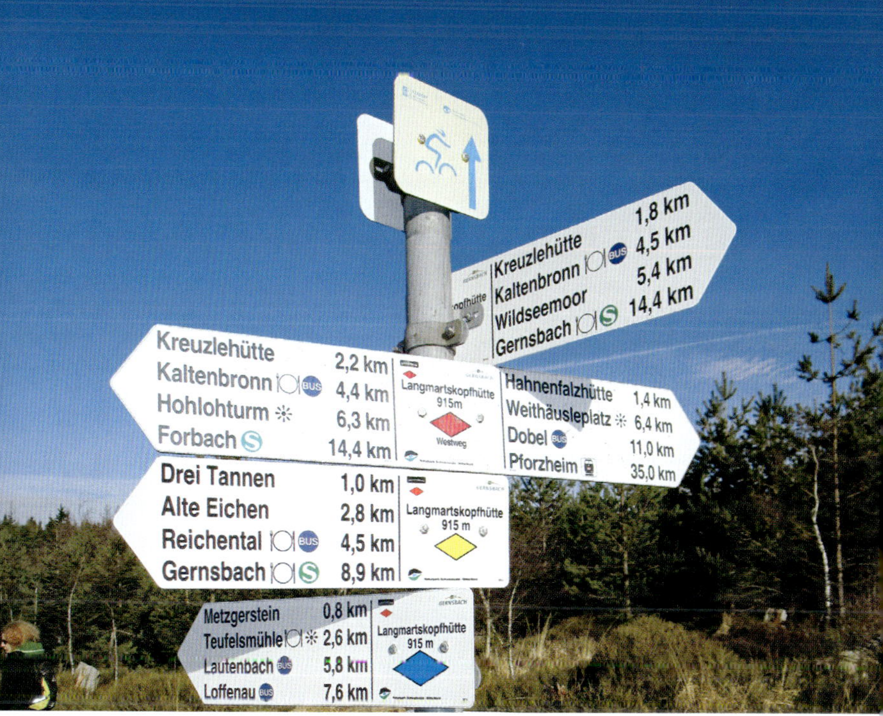

Schilderbaum bei der Langmartskopfhütte (Tour 5).

und Ausbau des grandiosen Wegenetzes (fast 24.000 Kilometer) zur Aufgabe gemacht. Ab dem Jahr 2000 wurden alle Wanderwege des Vereins mit einer einheitlichen neuen Beschilderung versehen. Dieses Wegeleitsystem wurde vom Schwarzwaldverein in Zusammenarbeit mit den Kommunen und den Naturparks entwickelt und realisiert. Die Wanderwegschilder zeigen dem Wanderer seinen momentanen Standort mit Höhenangabe in Metern, die Entfernungen in Kilometern zu Nah- und Fernzielen, den Namen des Wanderwegs sowie bewirtschaftete Vesperstuben, Zugänge zu öffentlichen Verkehrsmitteln und Aussichtspunkte. Um die Markierungsrauten und den Erhalt der Wanderwege kümmern sich ehrenamtliche Mitarbeiter. Der Schwarzwaldverein bewirtschaftet überdies selbst einige Übernachtungshütten mit Einkehrmöglichkeiten und kümmert sich neben dem Erhalt von Aussichtstürmen selbstverständlich auch um nachhaltigen Naturschutz. So setzt er sich auch bei aktuellen Bauvorhaben sowie drohenden Eingriffen in die Natur und Landschaft für deren Schutz ein.

Schwarzwaldverein e. V.
Hauptgeschäftsstelle
Schlossbergring 15
79098 Freiburg
Tel. +49 761 380530
schwarzwaldverein.de
info@schwarzwaldverein.de

Folgende Doppelseite: Die Hornisgrinde (Touren 14 und 16).

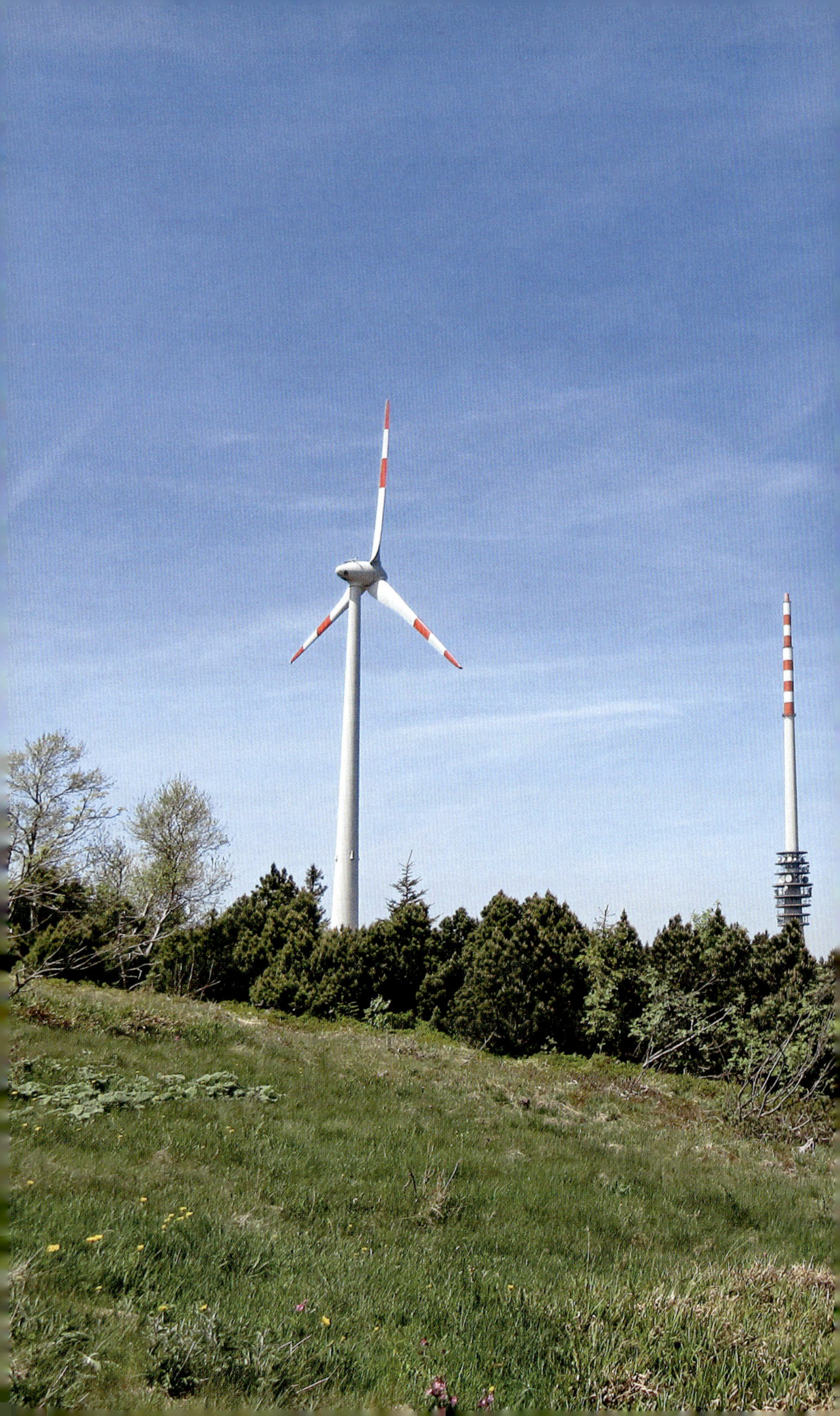

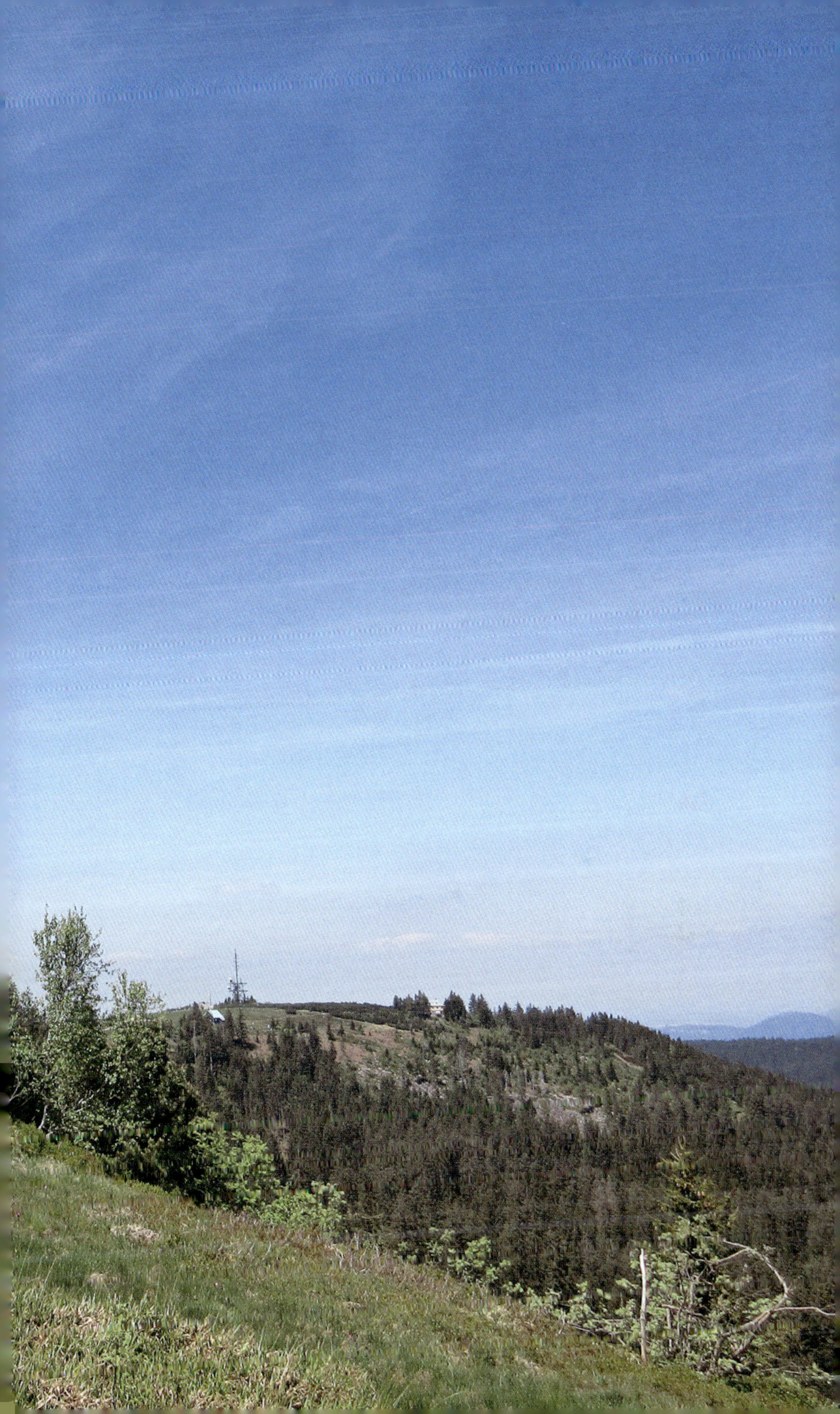

1

Vom Geroldsauer Wasserfall zum Scherrhof

Durch das himmlische Grobbachtal

Traumrunde im Stadtwald Baden-Baden

Nach dem fulminanten Auftakt im Grobbachtal zum Geroldsauer Wasserfall, den einst sogar Johannes Brahms und Clara Schumann besuchten, kann man bereits nach relativ kurzer Wanderstrecke im Bütthof einkehren. Nach dem lauschigen Bachtal erklimmt ein steiler Serpentinenpfad die Bernickelfels-Hütte, von wo aus der nah gelegene Kreuzfelsen ein Besuch wert ist, denn die Aussicht ist hervorragend schön. Ein Stichweg leitet zum beliebten Waldgasthaus Scherrhof, wo man sich den Gaumenfreuden widmen kann. Über Forstwege geht es zurück ins Grobbachtal, das man auf den finalen Metern noch einmal kurz durchwandert.

KURZINFO

Ausgangspunkt: B500 bei Malschbach, Nähe Baden-Baden, Wanderparkplatz Geroldsauer Wasserfall, 268 m, Parkplatz, Busanschluss gegenüber. Anfahrt: A5, Baden-Baden, von dort aus B500.
Gehzeit: 4.30 Std.
Höhenunterschied: 550 m.
Anforderung: Steile Anstiege zum Kreuzfelsen und Scherrhof, sonst unproblematisch.
Einkehr: Bütthof (Mo. und Di. Ruhetag) und Scherrhof (Di. Ruhetag).
Unterkunft: Landgasthof Hirsch, Geroldsauer Straße 130, 76534 Baden-Baden/Geroldsau, Tel. +49 7221 97450, hirsch-geroldsau.
Karte: LGL BW Wanderkarte Unteres Murgtal, Baden-Baden, 1:35.000.

Von der Brücke beobachtet man den Geroldsauer Wasserfall.

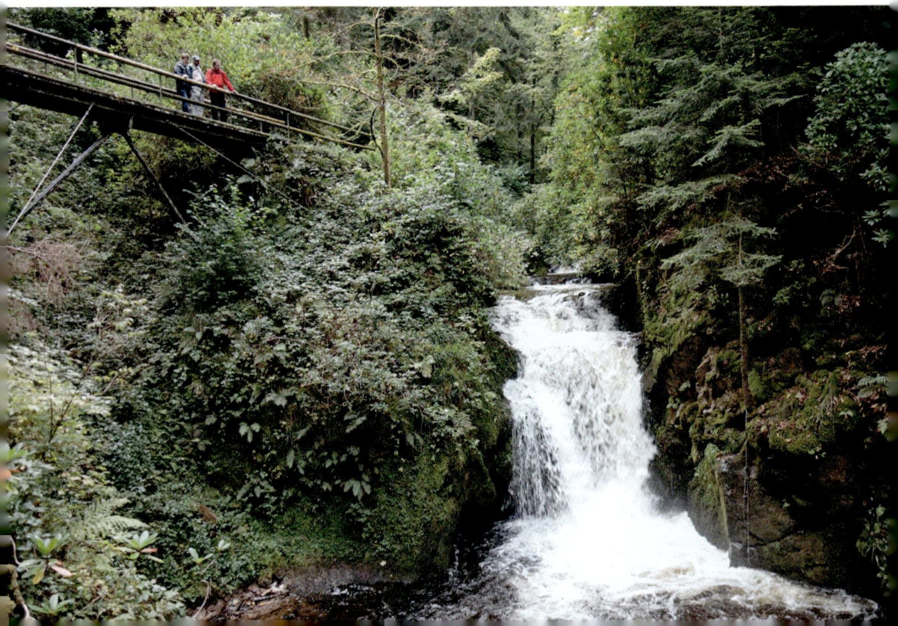

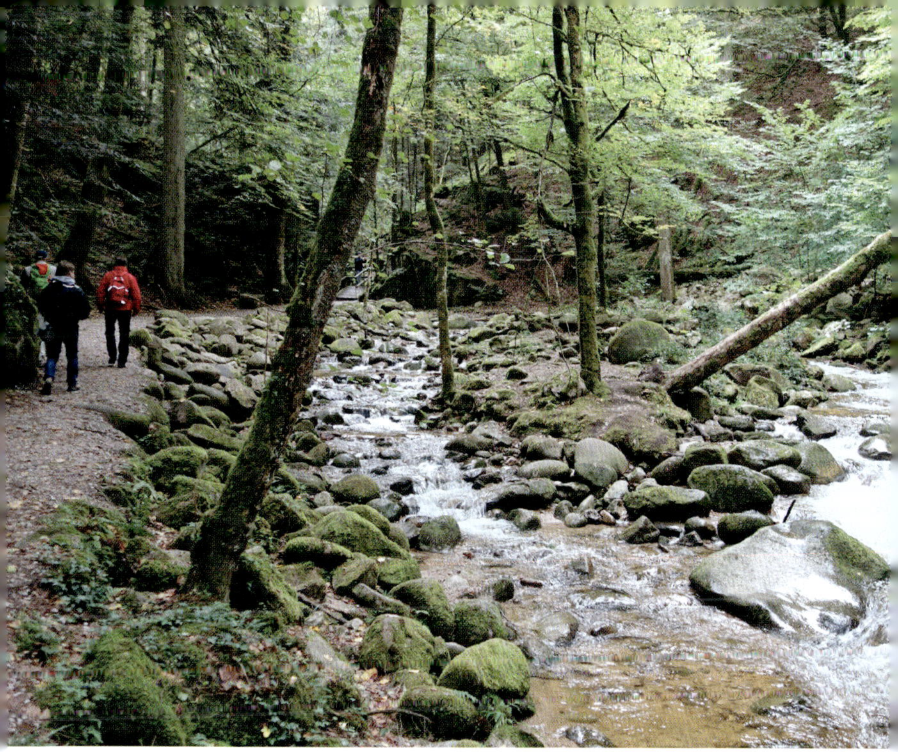

Das Wasser des Grobbachs umspült viele große Gesteinsblöcke.

Vom **Wanderportal Geroldsauer Wasserfall (1)**, 268 m, gehen wir zum waldseitigen Ende des Parkplatzes und schreiten von dort links hinab zu den Häusern und dem **Brahms-Brunnen (2)**, 252 m. Wir marschieren rechts in den Wald, und nach wenigen Metern zweigt links ein stufiger Pfad ins Grobbachtal ab. Auf einer überdachten Holzbrücke queren wir den Bach und wandern in der idyllischen Flusslandschaft, die mit moosgrün bedeckten Steinen gespickt ist, flussaufwärts. Geländergesicherte Holzbrücken und ein paar drahtseilgesicherte Stellen leiten uns problemlos durch das Grobbachtal, bis wir die **Wasserfallhütte (3)**, 280 m, erreichen. Wir gehen nicht über die Brücke, sondern steigen kurz bergauf und können von einer Kanzel den **Geroldsauer Wasserfall (4)**, 304 m, aus nächster Nähe betrachten. Dann folgen wir dem gesicherten Steig, der in einer faszinierenden Bauweise über den Wasserfall führt, und gehen links zum Gasthaus **Bütthof (5)**, 310 m.

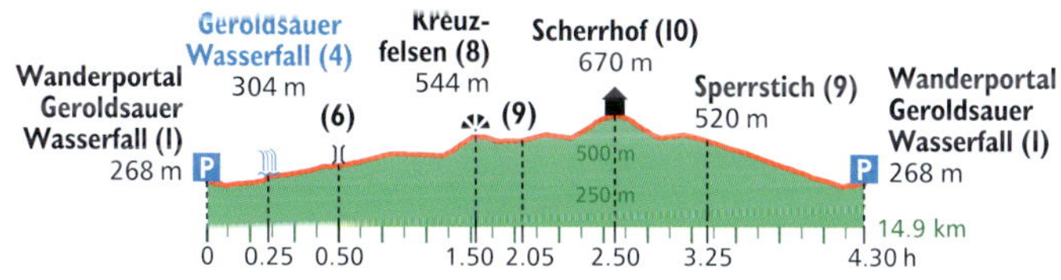

Wer die Tour abkürzen möchte, geht links über die Brücke und wandert mit der gelben Raute hoch in den Wald. Wir aber schreiten geradeaus weiter flussauf zum steinigen, aber gut begehbaren Pfad, der neben dem tosenden Wasser in Richtung Südosten leitet. Felsen und Farne zieren die Flanken der Schlucht. Bei der Steinbrücke, 352 m, folgen wir dem Aschhäufeleweg für 50 m und wenden uns halb links dem Pfad neben dem Grobbach zu. Nachdem wir den Wildbach auf einem Holzsteg überschritten haben, gehen wir geradewegs neben dem Harzbach zu einer Highland-Cattle-Rinderweide und der **Neubrücke (6)**, 370 m, die wir überschreiten. Nach der Brücke folgen wir der Wasserfallstraße für 300 m und biegen links zum grasbegrünten Waldweg ab. Dieser führt mäßig steigend durch einen wunderschönen Mischwald mit großartigem Buchenbestand. Achtung, wenn von links kommend der Stichweg vom Bütthof heraufkommt, biegen wir scharf rechts zum Serpentinenpfad ab! Über Stock und Stein geht's steil bergauf zur **Bernickelfelshütte (7)**, 543 m. Links an der Hütte vorbei führt ein 70 m langer Stichweg zum Gipfelkreuz des **Kreuzfelsens (8)**, 544 m, der herrliche Ausblicke auf den Nordschwarzwald, die Rheinebene, Baden-Baden mit Merkur und den Battertfels zulässt. Nach der Gipfelrast steigen wir wieder zur Hütte ab und begeben uns zum Pfad, der entlang der bewaldeten Bergflanke in Richtung Osten führt. Der Abstieg bringt uns zu einem Querweg, den wir nach rechts beschreiten. Beinahe eben durchwandern wir den Buchenmischwald und gelangen zum Wegetreff **Sperrstich (9)**, 520 m. Mit der gelben Raute als Markierung

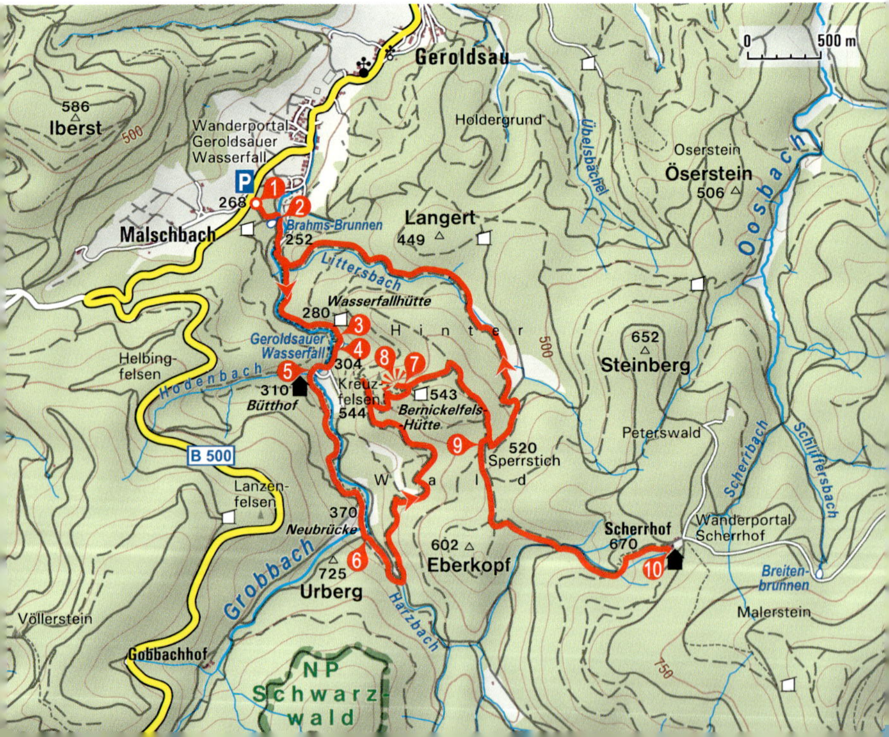

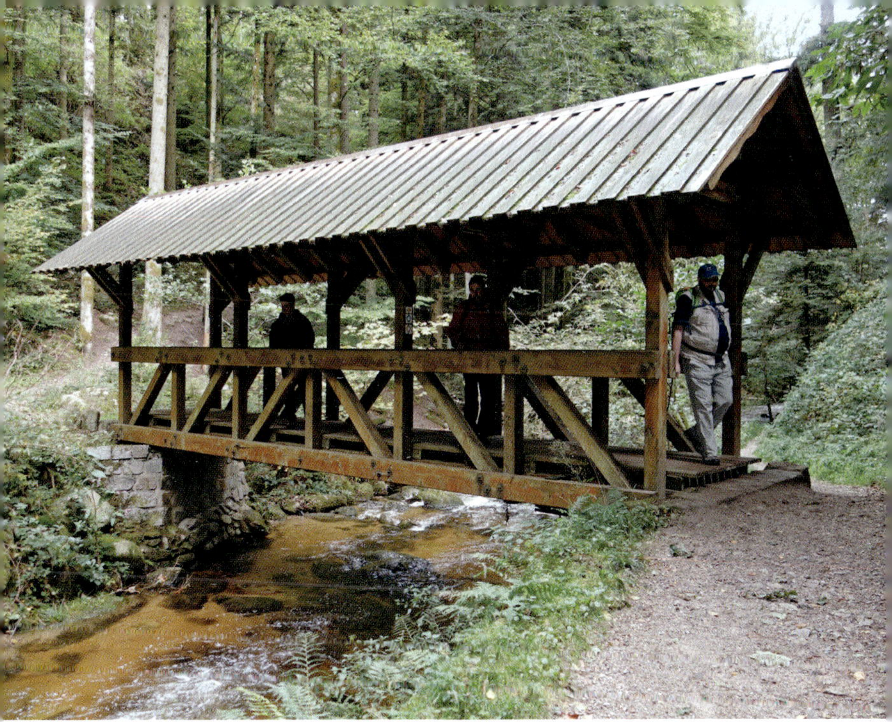

Ein hölzerner Steg leitet sicher über den Grobbach.

leitet der Herrgottstannenweg geradeaus und permanent steigend zu einem Wegetreff an einem Waldbach. Wir entscheiden uns zweimal für den linken Weg, steigen steil bergauf und folgen in einer Linkskurve dem rechtsabzweigenden Pfad. Nach 600 m erreichen wir das großartige Waldgasthaus **Scherrhof (10)**, 670 m, das zur verdienten Einkehr einlädt. Frisch gestärkt machen wir uns auf den Rückweg und wandern auf der bekannten Route zum Sperrstich zurück. Dort gehen wir nach rechts, dann beim Querweg nach links und passieren einen Waldklettergarten. Der Littersbachweg quert ein Bachbett und vom rauschenden Littersbach begleitet marschieren wir beständig talwärts bis zu einem Fahrsträßchen. Für 30 m gehen wir rechts, dann zweigt scharf links ein Pfad ins Grobbachtal ab. Der Rückweg flussabwärts ist bereits bestens bekannt und kurz nach dem **Brahms-Brunnen (2)**, gelangen wir wieder zum **Wanderportal Geroldsauer Wasserfall (1)**.

Schwarzwaldwasser

Am **Brahms-Brunnen** haben einst Johannes Brahms (1833–1897) und Clara Schumann auf dem Weg zum Geroldsauer Wasserfall gerastet. Im traumhaft schönen Wald des Grobbachtals liegen viele Steine, bei den runden handelt es sich meist um eiszeitliche Blöcke, die mit Moos bewachsen sind. Das Wasser des Grobbach ist klar und sauber, aber vor allem auch kalt. Der Grobbach stürzt als **Geroldsauer Wasserfall** über eine neun Meter hohe Stufe in einen tiefen und weiten Kessel.

2

Badener-Höhe-Rundweg

Vom Scherrhof auf die Badener Höhe

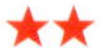

Durch die Wälder des Nordschwarzwalds

Der Scherrhof bei Baden-Baden ist ein traditionelles, althistorisches Waldgasthaus mit langer Tradition. Er liegt auf einer Höhe von 670 Metern und ist ringsum von dichten Wäldern umgeben. In unmittelbarer Nähe des Scherrhofs entspringt im Quellschutzgebiet die Oos, die für Baden-Baden an der Oos namensgebend ist. Das eigentliche Highlight des Badener-Höhe-Rundweges aber ist die Besteigung des Friedrichturms auf der Badener Höhe, der mit eindrucksvollen Ausblicken über die Gipfel des Schwarzwaldes besticht.

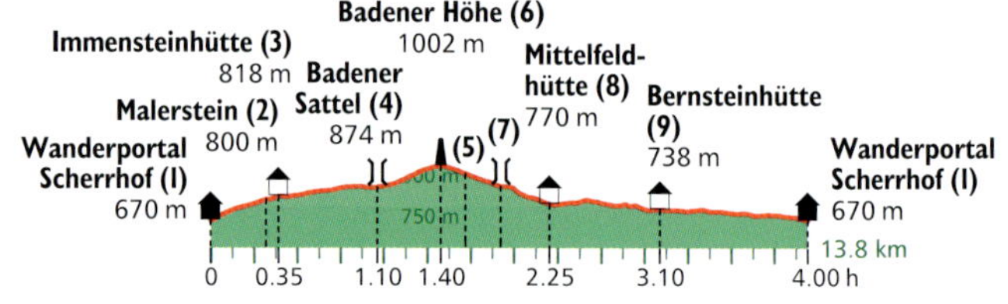

KURZINFO

Ausgangspunkt: Beim Scherrhof, 670 m, Parkplatz. Anfahrt: Zwischen Baden-Baden und Forbach zur »Roten Lache«, von dort ist der Scherrhof ausgeschildert.
Gehzeit: 4.00 Std.
Höhenunterschied: 430 m.
Anforderung: Waldwanderung, meist auf Forstwegen.
Einkehr: Scherrhof (Di. Ruhetag), Naturfreundehaus Badener Höhe (etwas abseits).
Unterkunft: Wanderheim Naturfreundehaus Badener Höhe, Am Stadtwald 8, 77815 Bühl, Tel. + 49 7226 238, naturfreunde-karlsruhe.de/unsere-haeuser/badener-hoehe.
Karte: LGL BW Wanderkarte Unteres Murgtal, Baden-Baden, 1:35.000.

Durch diese Wälder führt der Badener-Höhe-Rundweg.

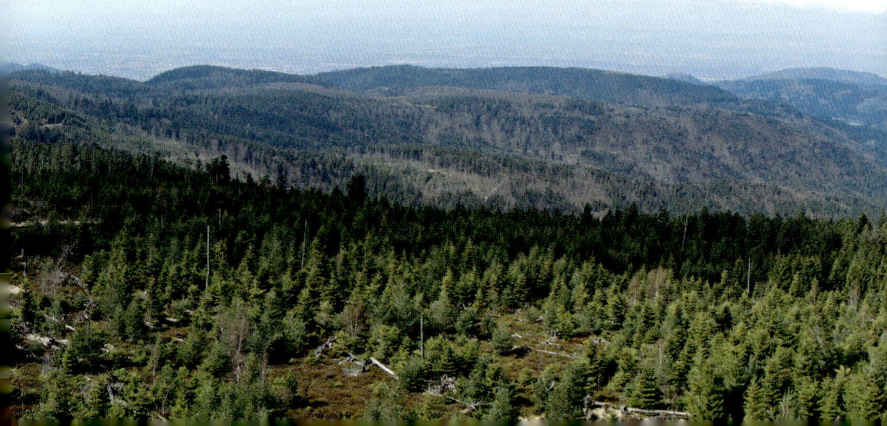

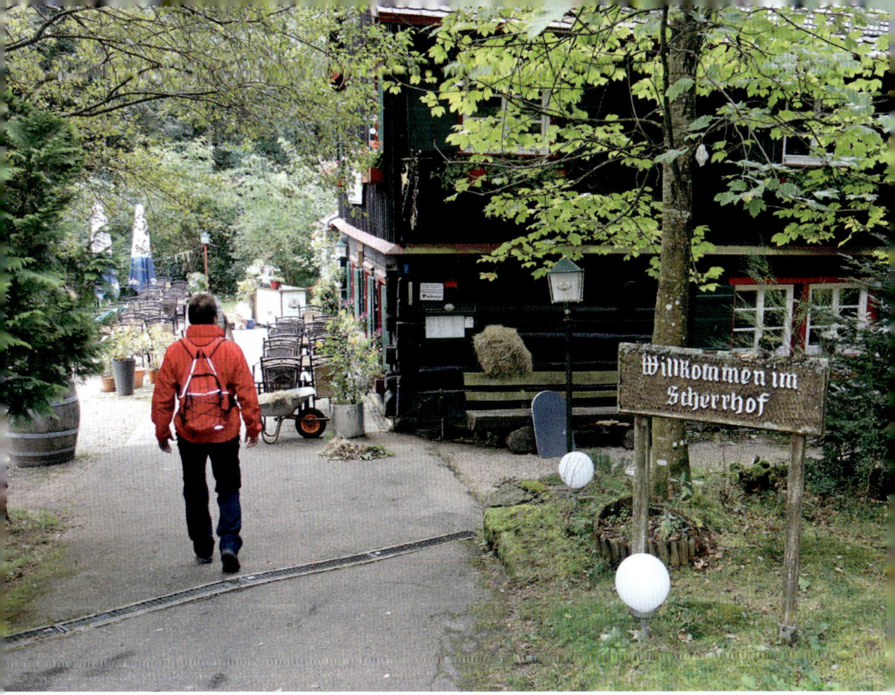

Im Scherrhof lässt es sich prima einkehren.

Vom waldumsäumten, traumhaft abgelegenen **Scherrhof** folgen wir beim **Wanderportal (1)**, 670 m der Markierung des **Badener-Höhe-Rundwegs**, der mit einem lila Kreis gekennzeichnet ist, in Richtung Südosten. Der Waldpfad ist außerdem auch mit einer blauen Raute des Schwarzwaldvereins markiert. Er leitet durch den Stegleiterwald, wo wir beim **Malerstein (2)**, 800 m, auf einen Forstweg stoßen. Keine 300 m später passieren wir die **Immensteinhütte (3)**, 818 m, und folgen den Markierungen weiter zur Schutzhütte am **Badener Sattel (4)**, 874 m. Jetzt beginnt der Anstieg hinauf zum **Badener-Höhe-Hang (5)** 956 m, wo wir auf den populären Westweg treffen. In zwei Kehren lei-

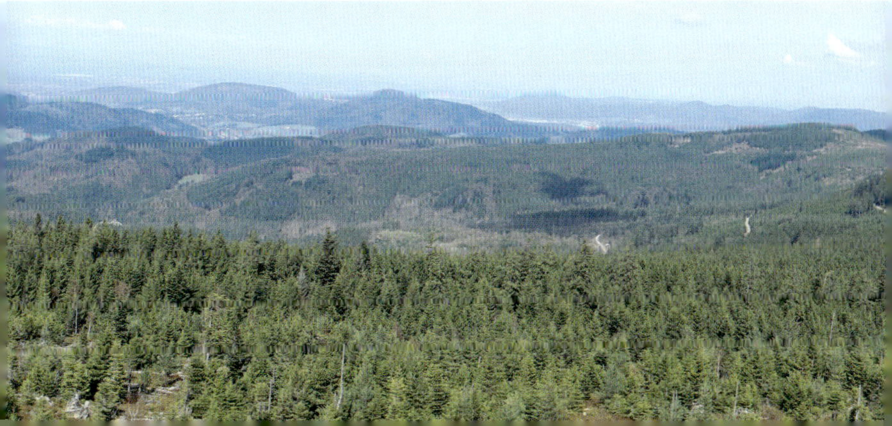

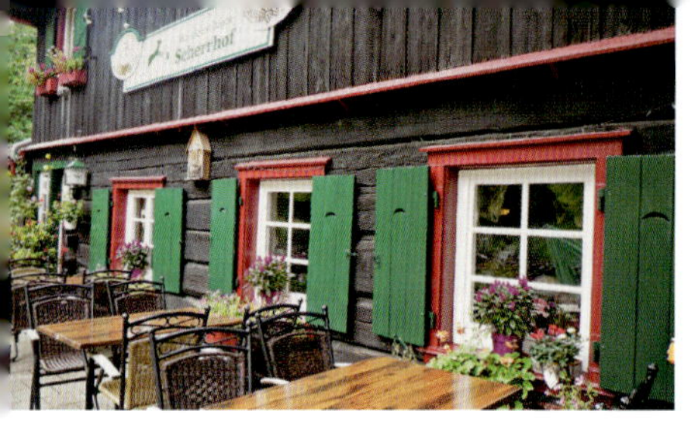

Links: Der Scherrhof ist ein uriges Gasthaus.
Rechts: Der imposante Friedrichsturm auf der Badener Höhe.

tet der Fernwanderweg, der durch den ganzen Schwarzwald führt und Pforzheim mit Basel verbindet, hinauf zum **Friedrichsturm** auf der **Badener Höhe (6)**, 1002 m. Das grandiose Panorama von dem aus Sandsteinen erbauten Turm sollte man sich nicht entgehen lassen. Es zählt mit zu den beeindruckensten im Nordschwarzwald. Weit blickt man über die Wälder des Nationalparks bis zur Hornisgrinde, die mit ihren 1164 m der höchste Berg der Region ist.

Von dem Ausblick beflügelt wandern wir den Westweg wieder hinab, passieren erneut den **Badener-Höhe-Hang (5)** und verlassen den Fernwanderweg am **Herrenwieser Sattel Nord (7)**, 878 m. Unser Rundweg nimmt, jetzt auch mit der gelben Raute markiert, Kurs hinab zur **Mittelfeldhütte (8)**, 770 m, wo wir scharf rechts abbiegen. Auf dem noch langen Rückweg wandern wir an mehreren Quellbächen vorbei und passieren etwa in der Hälfte der Wegstrecke die **Bernsteinhütte (9)**, 738 m. Der Marsch auf Forstwegen bringt uns wieder zum **Wanderportal (1)** beim **Scherrhof** zurück.

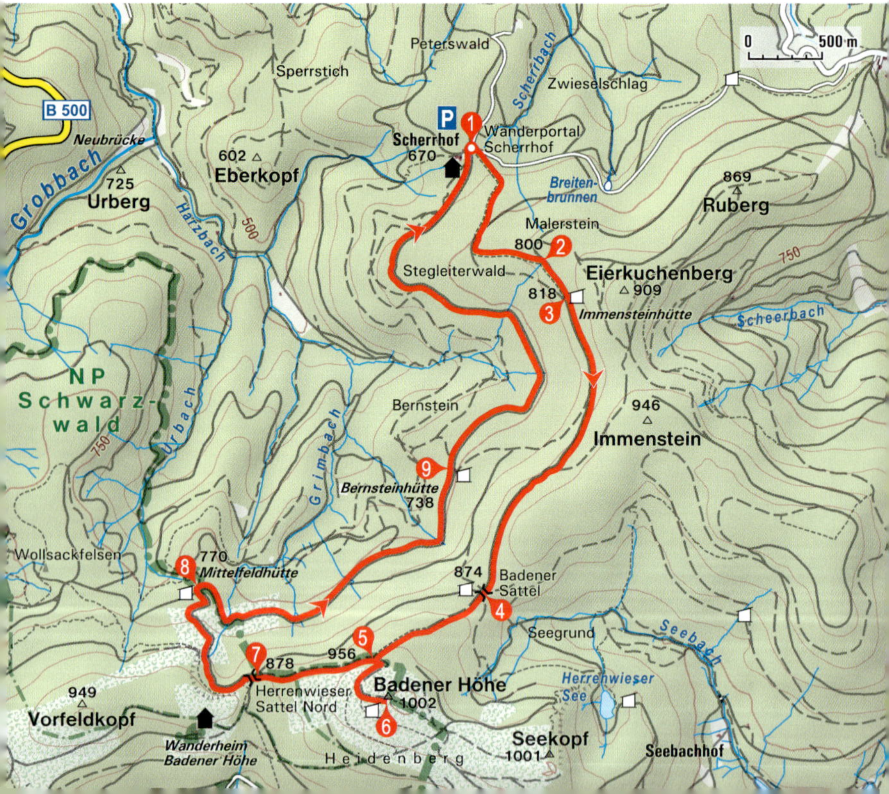

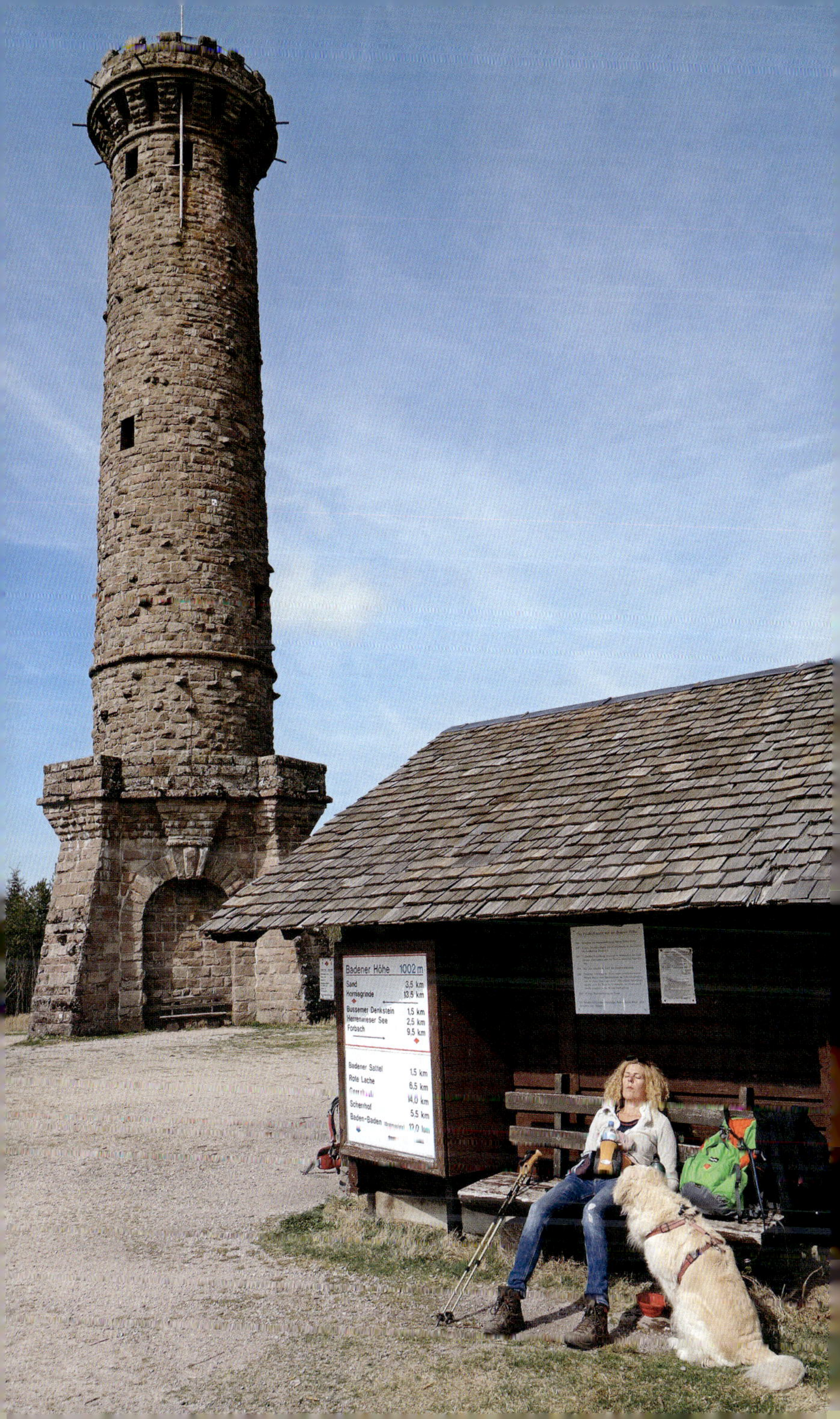
Badener Höhe 1002 m
Sand 3,5 km
Hornisgrinde 13,5 km
Bussemer Denkstein 1,5 km
Herrenwieser See 2,5 km
Forbach 9,5 km
Badener Sattel 1,5 km
Rote Lache 6,5 km
14,0 km
Scherrhof 5,5 km
Baden-Baden

3 Der Luchspfad

In der Kernzone des Nationalparks

Familienwandern erster Güte

Nein, der Luchs ist derzeit im Schwarzwald, beziehungsweise im Nationalpark nicht beheimatet, lediglich den Luchspfad gibt es. Zwar haben es, laut den Berichten der Ranger, vereinzelte, ganz wenige Exemplare der seltenen Spezies in den Schwarzwald geschafft, aber leider nur männliche – und das macht noch keine Population aus. Auch in naher oder ferner Zukunft werden hier nicht viele Luchse anzutreffen sein, denn das Revier eines einzelnen Luchses ist so groß, dass im Nationalpark eh nur einer Platz hätte. Trotz allem ist der Luchspfad ein hervorragender Wanderweg, nicht nur für Familien, sondern für alle Naturbegeisterten.

KURZINFO

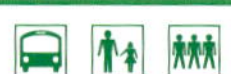

Ausgangspunkt: Parkplatz Plättig, 771 m, Parkplatz, Busanschluss. Ein paar Meter südlich der Max-Grundig-Klinik. Der Ausgangspunkt liegt an der B 500, gegenüber dem ehemaligen Plättig-Hotel.
Länge: 4,8 km.
Gehzeit: 1.30 Std.
Höhenunterschied: 130 m.
Anforderung: Familientauglicher Rundkurs für einen entspannten Sonntagnachmittag.
Einkehr: Keine.
Unterkunft: Bike Hotel Hochkopf-Stub, Raue Halde 6, 77815 Bühl-Unterstmatt, Tel. + 49 7226 289, hochkopf.de (Transfer notwendig).
Karte: LGL BW Wanderkarte Unteres Murgtal, Baden-Baden, 1:35.000.

Vom **Parkplatz Plättig (1)**, 771 m, neben der Schwarzwaldhochstraße und beim Hotel Bühler Höhe, beginnen wir den Luchspfad. Nach dem Queren der B 500 folgen wir der Ausschilderung »Luchspfad« und wandern links vom ehemaligen Plättig-Hotel bergauf. Bereits nach wenigen Schritten betreten wir den Nationalpark und wandern den Fußweg nach links zu der kleinen **St.-Antonius-Kapelle (2)**, 777 m, hinüber. Das interessant gebaute Gotteshaus ist nur an zwei Fassadenaußenseiten mit weißem Holz verkleidet, die anderen beiden sind gemauert. Auf Holzdielen schreiten wir in einen Wald, dem man deutlich ansieht, dass er sich seit einiger zeit bereits selbst überlassen bleibt. Entwurzelte und umgestürzte Bäu-

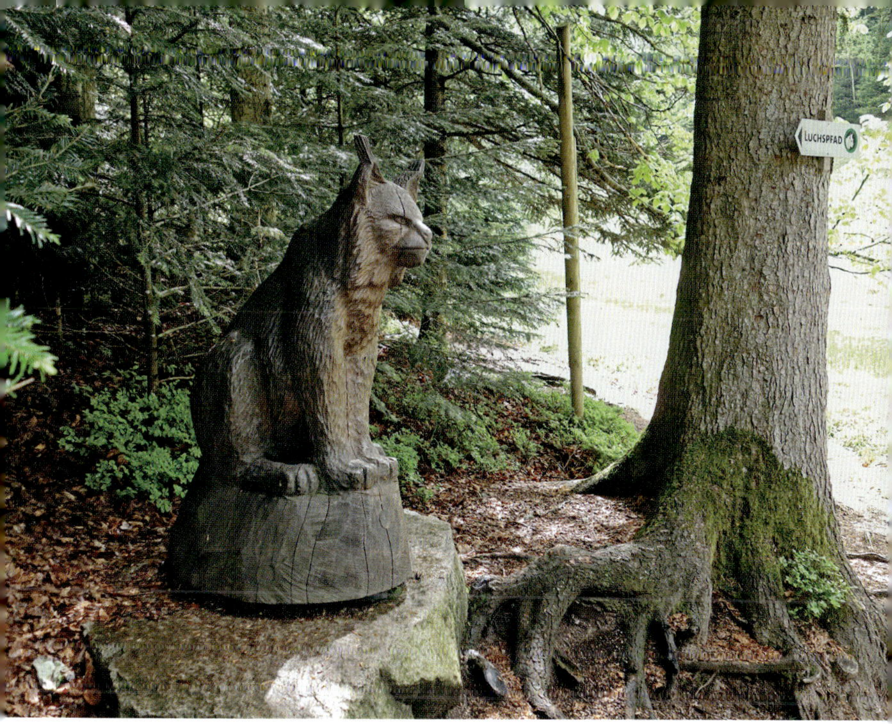

Hölzerner Luchs am Luchspfad.

me liegen in einer wilden Unordnung kreuz und quer umeinander. Die Wegweiser leiten zur **Infohütte Luchspfad (3)**, 750 m, wo man sich ausgiebig über den Rundweg sowie das Leben des Luchses informieren kann.

Auf dem Wanderweg, der keine ausführliche Beschreibung zur Wegfindung benötigt, findet man immer wieder Info- und Spielplätze, genau genommen 24 an der Zahl, die den Pfad an keiner Stelle langweilig werden lassen. Schleichen, springen, spüren und hören wie ein Luchs, all dies und noch mehr gibt es auf dem erlebnisreichen Trail zu erforschen und erkunden. Wurzelüberwucherte Waldpfade setzen rutschfestes Schuhwerk und eine körperliche Fitness voraus. Immer wieder quert der Wanderweg klare Schwarzwaldbäche und passiert mächtige Granitfelsen. Am Ende verläuft er einige Meter zusammen mit dem Wildnispfad, biegt aber nach wenigen Hundert Metern rechts hinab zur Märchenwiese und führt wieder zur **Infohütte (3)**. Der Rückweg zum **Parkplatz Plättig (1)** ist bereits bekannt und außerdem bestens ausgeschildert.

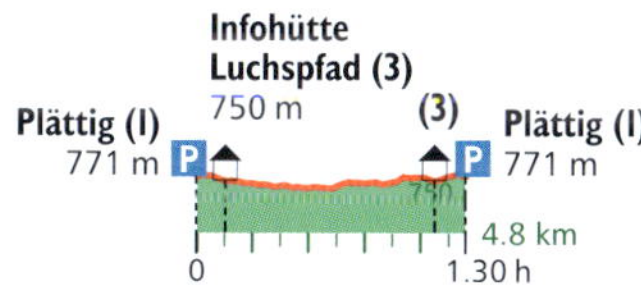

4

Der Wildnispfad

Schwarzwaldabenteuer im Nationalpark

Ein Parcours mit Hindernissen

Der Wildnispfad ist ein Abenteuer-Trail, der trotz seiner relativ kurzen Länge niemals langweilig wird. Man kann sich durchaus für mehrere Stunden auf dem Rundkurs aufhalten. Körperliche Fitness und Wanderschuhe mit griffigen Profilsohlen sowie Trittsicherheit sind für seine Begehung ein unbedingtes Muss. Achtung, wer schon auf den ersten Metern das Gefühl von »überfordert sein« verspürt, dem sei angeraten, den Wildnispfad abzubrechen! Für manche zählt der Wildnispfad zu der Kategorie »einmal und nie wieder«, andere wiederum können davon nicht genug bekommen, denn jedes Mal gibt es Neues zu entdecken. Die Mitnahme eines Hundes ist auf dem Wildnispfad eher nicht zu empfehlen.

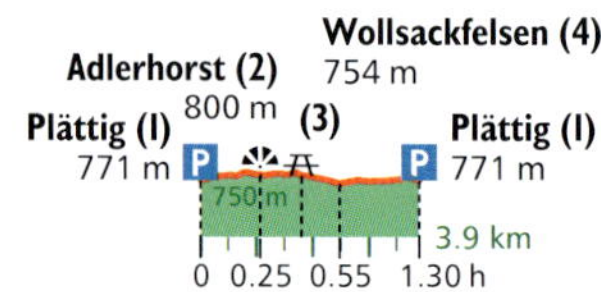

KURZINFO

Ausgangspunkt: Parkplatz Plättig, 771 m an der Schwarzwaldhochstraße, der B500, gegenüber dem ehemaligen Plättig-Hotel, neben der Max-Grundig-Klinik; Parkplatz, Busanschluss.
Gehzeit: 1.30 Std.
Höhenunterschied: 100 m.

Anforderung: Körperliche Fitness ist wichtig, denn es geht über viele Baumstämme.
Einkehr: Keine.
Unterkunft: Bike Hotel Hochkopf-Stub, Raue Halde 6, 77815 Bühl-Unterstmatt, Tel. + 49 7226 289, hochkopf.de (Transfer notwendig).
Karte: LGL BW Wanderkarte Unteres Murgtal, Baden-Baden, 1:35.000.

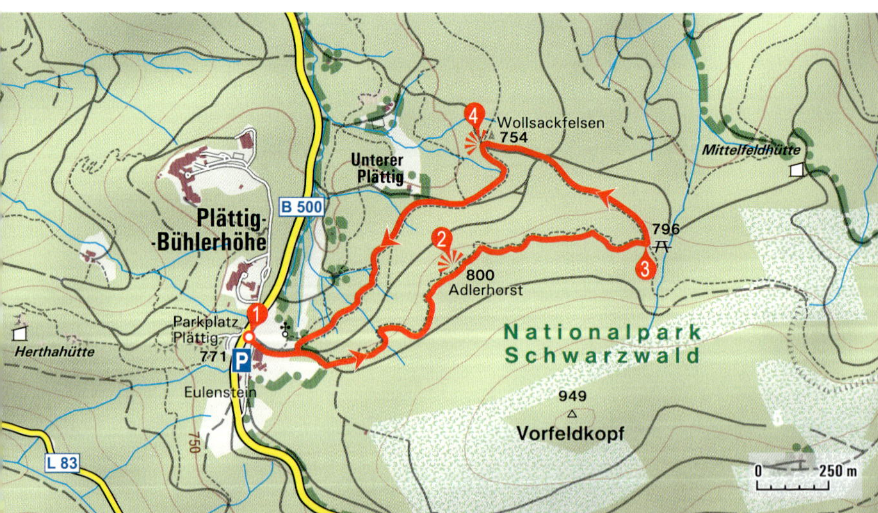

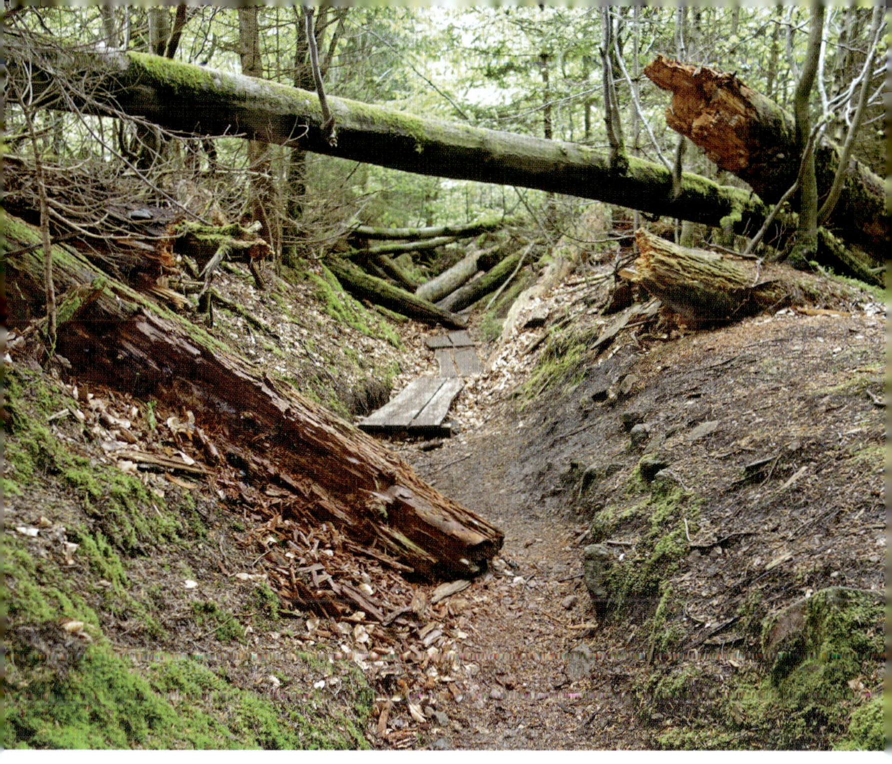

Der Wildnispfad ist wild.

Vom **Parkplatz Plättig (1)**, 771 m, setzen wir über die B 500 und folgen der Ausschilderung »Wildnispfad«. Neben dem ehemaligen Plättig-Hotel wandern wir den breiten Fußweg hinauf in Richtung des Waldes und erkennen links die markante St.-Antonius-Kapelle, zu welcher der Luchspfad abzweigt. Wir aber gehen geradeaus und betreten hinter der Schranke den Wald. Wenn kurz darauf der Wildnispfad links in den dichten Wald abzweigt, verlassen wir den Forstweg und betreten teils mühsam begehbares Gelände. Vorbei an entwurzelten Bäumen und jeder Menge Totholz, über mächtige Baumstämme klettern oder drunter hindurchkriechen, das ist hier keine Seltenheit. Wunderschön schlängelt sich die schmale Wegspur durch den Tannen- und Fichtenwald, der immer wieder von einzelnen Buchen bereichert ist. Sogar mithilfe einer kleinen Holzleiter steigen wir an einer steilen Stelle gesichert ab. Alles in allem ist der Wildnispfad ein Wanderweg, der seinem Namen gerecht wird und bei Weitem kein Sonntag-Nachmittag-Spaziergang ist. Auf einer Lichtung (der Wald wird heller) bei den großen Buchen, wird der Weg einfacher zu begehen und kurz darauf gelangen wir zum hölzernen **Adlerhorst (2)**, 800 m, einer Holzkonstruktion, die gewagt um einen Baum herum gebaut wurde. In gewohnt abenteuerlicher Weise geht es weiter durch die ungezähmte Natur, und mehrere über den Weg liegende Stämme müssen mithilfe von Leitern über-

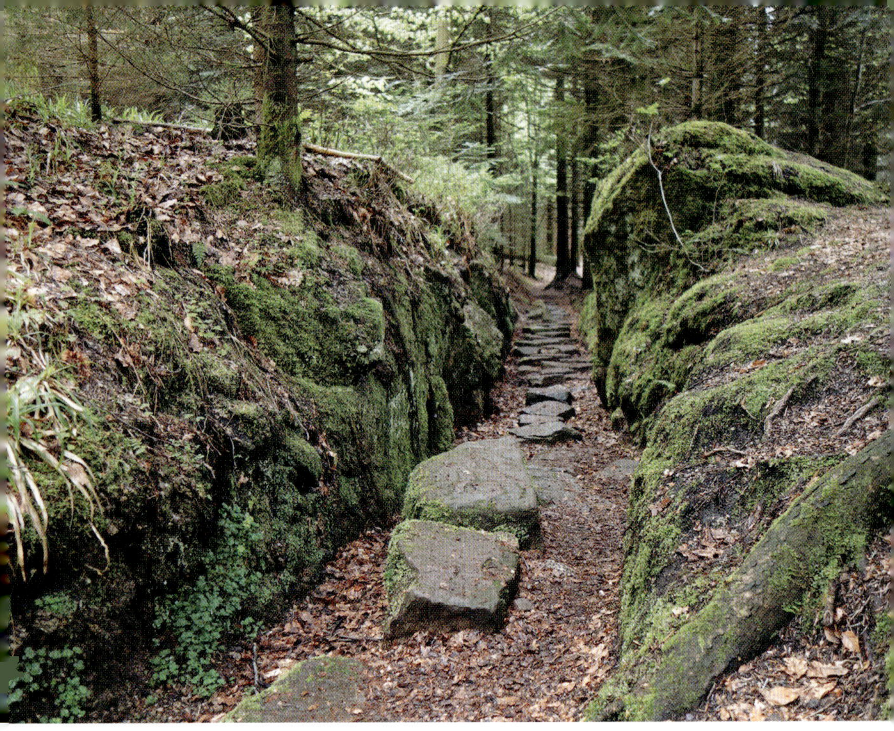

Hier führt der abenteuerliche Weg durch – Trittsicherheit ist ratsam.

stiegen werden. Die ausgetretene Spur führt durch den Wald zum **Picknickplatz (3)**, 796 m, und knickt dann nach links ab. Auf dem breiten Weg kommen wir jetzt ungewohnt schnell voran und kreuzen beim Bernsteinweg, 767 m, einen Forstweg und setzen den Marsch in die gleiche Richtung fort. Jedoch nimmt uns bald erneut die Wildnis auf, und auf Metalltritten kann man den **Wollsackfelsen (4)**, 754 m, erklimmen. Wie durch eine kleine Schlucht bahnt sich der Wildnispfad den Weg durch die Steine und überwindet danach weitere ungezählte Baumstämme. Hinter einem Forstweg wandern wir kurzfristig mit dem Luchspfad gemeinsam in Richtung Südwesten. Glasklare Schwarzwaldbäche quert der Weg und die Rechtsabzweigung zur Märchenwiese lassen wir unberücksichtigt. Langsam aber sicher neigt sich der Pfad seinem Ende zu, wir treten aus dem Forst und wenden uns dem bereits vom Anstieg bekannten Weg nach rechts zu. Jenseits der Schwarzwaldhochstraße finden wir wieder den **Parkplatz Plättig (1)**.

Orkan Lothar

Am Nachmittag des zweiten Weihnachtsfeiertag 1999 fegte der Orkan Lothar mit einer unglaublichen Wucht über den Schwarzwald hinweg. In nur wenigen Minuten war der Wald in ein Chaos verwandelt. Die Stadt Baden-Baden beschloss die Windwurffläche sich selbst zu überlassen. Inzwischen kann man deutlich beobachten, wie sich die Natur selbst, ganz von alleine, langsam wieder erholt.

Von Kaltenbronn zur Teufelsmühle

Exzellente Ausblicke ins Murgtal und Albtal

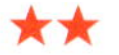

Traumhaft schöne Höhenwanderung
Langmartskopfhütte, Hahnenfalzhütte, Kreuzlehütte und das Höhengasthaus Teufelsmühle, dieser Tourentipp klingt wahrlich nach einer Hüttentour im Nordschwarzwald, doch leider sind nicht alle Hütten bewirtschaftet, aber ein genüssliches Rucksackvesper hat ja auch seinen Reiz. Das Besondere an dieser Wanderung aber ist, dass man nur relativ geringe Höhenunterschiede erwandert und häufig von beeindruckenden Panoramafernblicken überrascht wird. Zwar liegt der Ausgangspunkt nicht direkt am Wegenetz des Schwarzwaldvereins, aber dafür ist der Parkplatz der am wenigsten frequentierte auf dem Kaltenbronn und zudem via Bus perfekt erreichbar.

KURZINFO

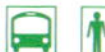 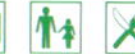 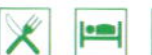

Ausgangspunkt: Kaltenbronn Kreuzle, Parkplatz A, 869 m, Busanschluss. Zwischen Bad Wildbad und Gernsbach, knapp einen Kilometer nördlich der Passhöhe Schwarzmiss.
Gehzeit: 3.30 Std.
Höhenunterschied: 200 m.
Anforderung: Abwechslungsreiche Rundwanderung auf gut markierten Wegen.
Einkehr: Höhengasthaus Teufelsmühle.
Unterkunft: Hotel Sarbacher, Kaltenbronner Straße 598, 76593 Gernsbach (Ortsteil Kaltenbronn), Tel. +49 7224 93390, hotel-sarbacher.de.
Wanderkarte: LGL BW Wanderkarte Oberes Enztal, 1:35.000.

Aussichtsturm Teufelsmühle.

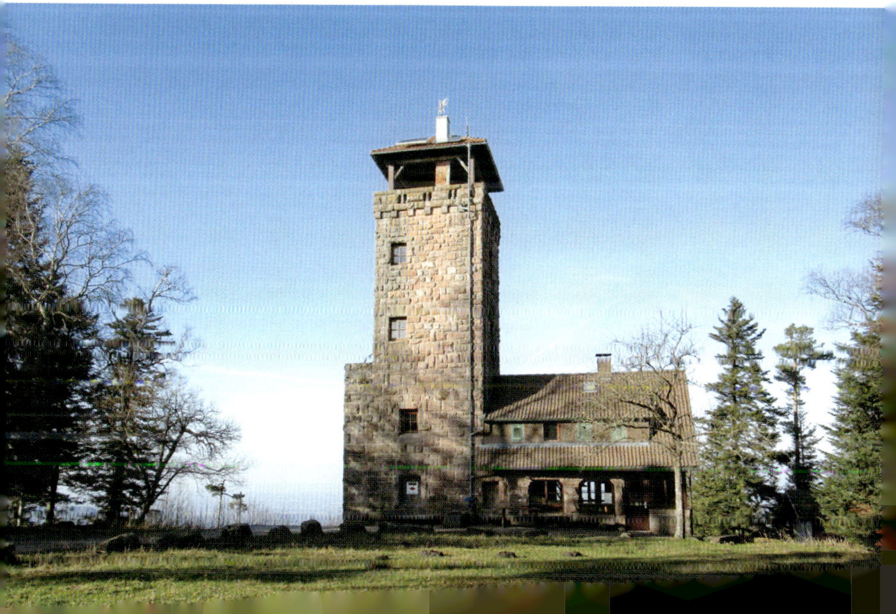

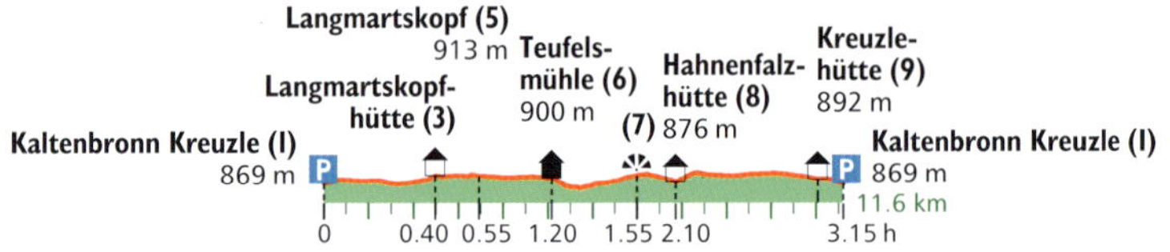

Auf **Kaltenbronn (1)**, 869 m, wandern wir vom Parkplatz A, bei der Bushaltestelle »Kreuzle«, hinter der Schranke zu dem breiten Weg, der zum etwa 300 m entfernten Westweg führt und biegen dort scharf links zu diesem ab. Die rote Raute des populärsten Schwarzwälder Fernwanderwegs leitet beinahe eben rund 2 km nach Norden, dabei bieten sich häufig sehr schöne Fernblicke zur Badener Höhe und der Hornisgrinde. Am **Glasertwald (2)**, 890 m, angekommen, folgen wir dem Westweg rechts hinauf zur 200 m entfernten **Langmartskopfhütte (3)**, 915 m, hier wechseln wir zur blauen Raute. Die anfangs schmale Pfadspur führt in Richtung Nordwesten zur Markierung **Metzgerstein (4)**, 910 m, wo wir auf dem rechts abzweigenden Weglein weiterwandern. An der Kreuzung halten wir uns links, und der steinige Pfad bringt uns zum **Langmartskopf (5)**, 913 m. Mit der blauen Raute im Visier wandern wir den Genusspfad über Stock und Stein zielsicher durch den Wald bis zur **Teufelsmühle (6)**, 900 m. Das Hö-

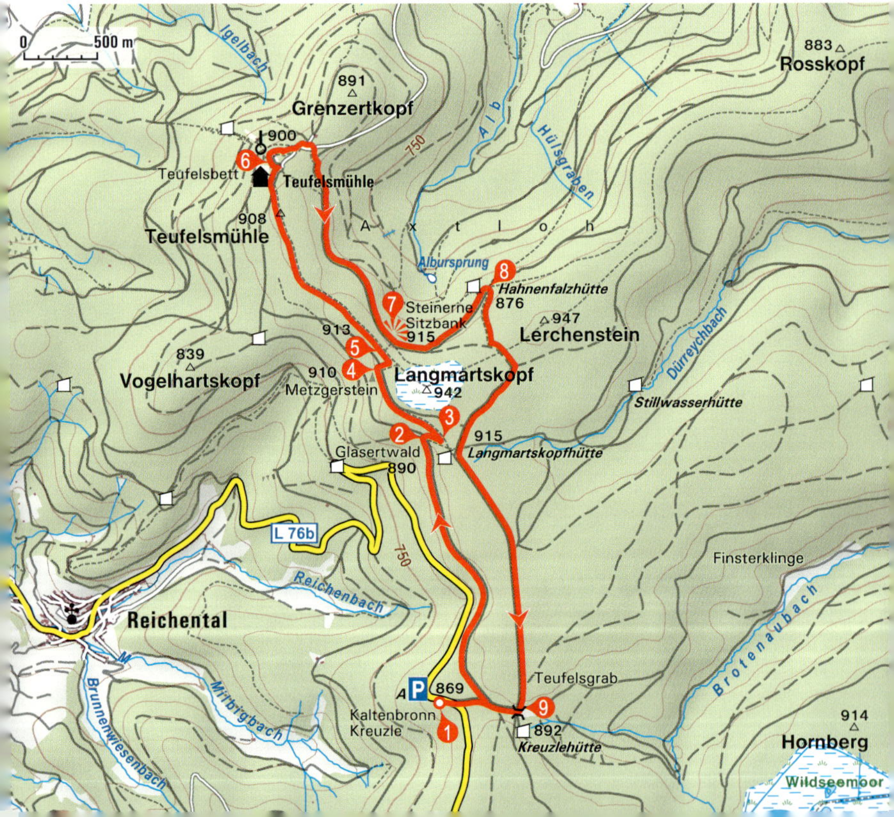

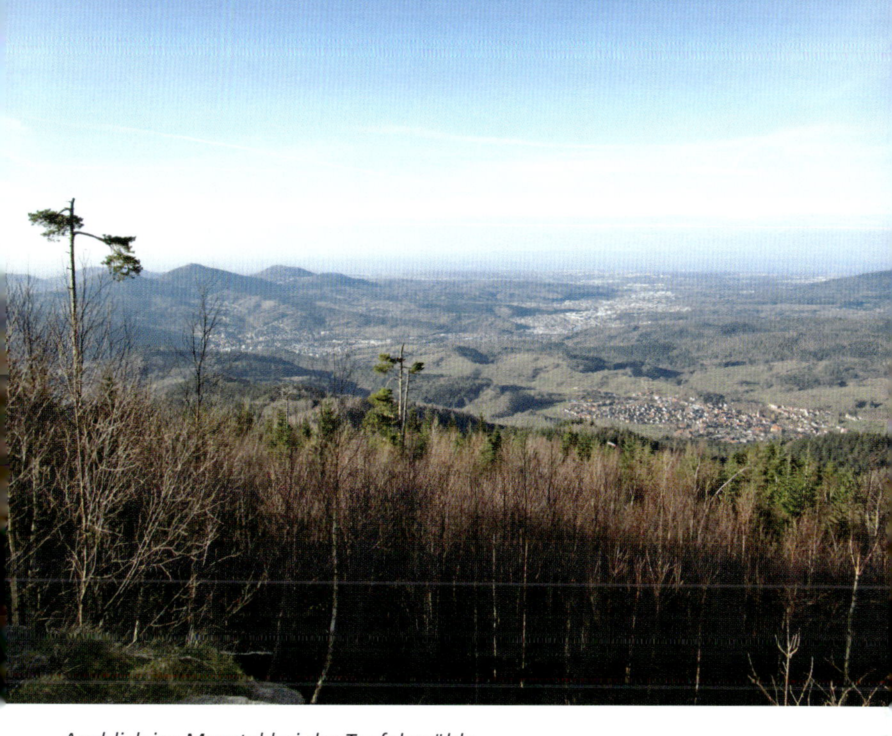

Ausblick ins Murgtal bei der Teufelsmühle.

hengasthaus lädt zur Wanderrast und der benachbarte Turm zur Aussicht ein.

Frisch gestärkt und von dem Ausblick ins Murgtal beflügelt, gehen wir hinab zum Grenzertparkplatz und achten dort erneut auf einen Markierungswechsel. Die gelbe Raute weist den Weg zu einem Forstweg, der uns in südliche Richtung führt. Leicht ansteigend erreichen wir den Wegweiser bei der **Steinernen Sitzbank (7)**, 915 m. Der Blick schweift ins Albtal und weit über die Wälder des Nordschwarzwalds. Wir bleiben beständig auf dem breiten Weg und biegen am Verzweig links ab. Problemlos gelangen wir hinab zur **Hahnenfalzhütte (8)**, 876 m, wo wir uns am Brunnen erfrischen und auf einer der mehreren Rastbänke ausruhen können. Da die Hütte direkt an der Fernwanderroute des Westwegs liegt, dient uns jetzt erneut die rote Raute zur Orientierung. Auf rötlich gefärbten Buntsandstein wandern wir in Richtung Südwesten bergan, dabei kommt der Kreislauf kurzfristig in Schwung. Oben gehen wir beim Forstweg links und der »Ächtlersweg« führt nach der Rechtsabzweigung zur bereits bekannten **Langmartskopfhütte (3)**. Wir verlassen den Westweg, folgen links der gelben Raute und steuern auf dem Forstweg geradewegs der **Kreuzlehütte (9)**, 892 m, entgegen. Erneut stoßen wir zum Westweg und gehen diesen nach rechts weiter. An der Stelle, wo er rechts abbiegt, schreiten wir geradeaus und erreichen auf dem Stichweg wieder **Kaltenbronn (1)**.

6 Vom Hohloh zu den Latschigfelsen

Auf den Spuren des Westwegs und der Murgleiter

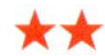

Über 1000 Meter ü. NN – zumindest auf dem Turm

Zwar ist der Kaiser-Wilhelm-Turm, auch Hohlohturm genannt, gleich zu Beginn das eigentliche Tourenhighlight, aber auch die Ausblicke vom großen und kleinen Latschigfelsen sind besonders sehenswert. Kein Wunder also, dass der berühmte Westweg an diesen markanten Stellen vorbeiführt. Ab den Latschigfelsen wenden wir uns der Murgleiter zu, diese ist ein fünftägiger Fernwanderweg des Schwarzwaldvereins, der Gaggenau mit dem Schliffkopf verbindet.

KURZINFO

  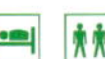

Ausgangspunkt: Schwarzmiss, 933 m, Parkplatz, Busanschluss auf der Passhöhe des Kaltenbronn, der L76b, Parkplatz C, Schwarzmiss.
Gehzeit: 3.45 Std.
Höhenunterschied: 490 m.
Anforderung: Teils steinige Pfade, langer Schlussanstieg.
Einkehr: Keine.
Unterkunft: Hotel Sarbacher, Kaltenbronner Straße 598, 76593 Gernsbach-Kaltenbronn, Tel. +49 7224 93390, hotel-sarbacher.de.
Karte: LGL BW Wanderkarte Oberes Enztal, 1:35.000.

Vom Wanderparkplatz C **Schwarzmiss (1)**, 933 m, wandern wir dem weithin sichtbaren **Kaiser-Wilhelm-Turm** auf dem **Hohloh (2)**, 984 m, entgegen. Gleich am Anfang der Tour erwartet uns damit ein grandioses Aussichtspanorama, jedoch muss man dafür die 158 Stufen der Wendeltreppe im Inneren des Turmes hinaufsteigen. Die fehlenden Höhenmeter bis über die 1000-Meter-Grenze lohnen sich, reicht der Blick bei guter Sicht doch bis zu den Vogesen.
Anschließend folgen wir dem Mittel- und Westweg in Richtung Südwesten und gehen beim Forstweg nach links. Nach 10 Min. schreiten wir am Buchenloh, 980 m, halb links hinab und gelangen nach 400 m zur **Prinzenhütte (3)**, 954 m, wo sich die beiden Fernwanderwege trennen. Wir biegen rechts ab und wandern auf dem Westweg durch den Tannenwald. Der sanfte Abstieg leitet zu einer kleinen Schutzhütte, die mit dem Ausblick ins Murgtal fasziniert. Achtung, die rote Westwegraute führt kurz nach der Hütte auf einem grasbewachsenen Weg talwärts! Auch wenn jetzt beim Abstieg der Blick weit hinaus ins Murgtal, nach Gernsbach und zum Schloss Eberstein schweift, sollte man es nicht versäumen auf den steinigen Weg zu achten! Der West-

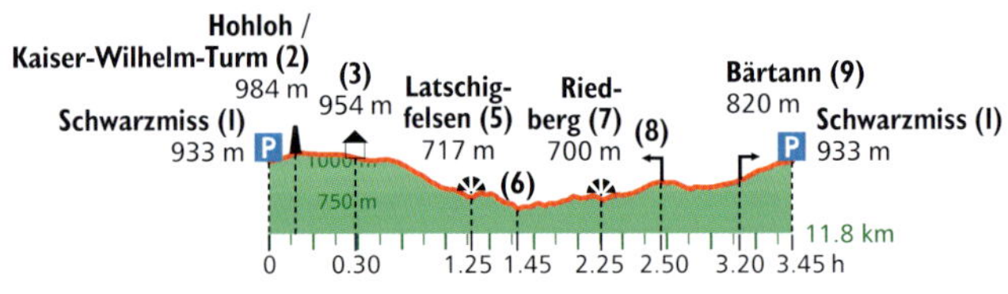

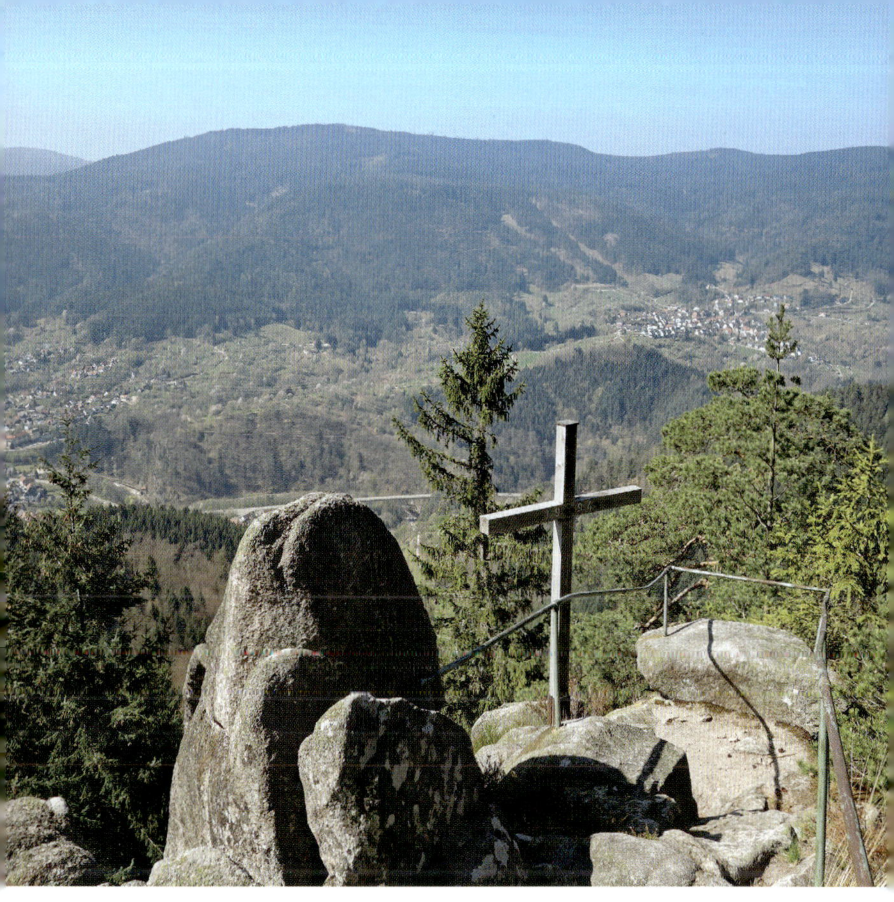

Blick vom kleinen Latschigfelsen übers Murgtal nach Bermersbach.

weg erreicht den **Großen Latschigfelsen (4)**, 724 m, mit seinem Aussichtspavillon. Der Ausblick ist jedoch beim Gipfelkreuz vom **Kleinen Latschigfelsen (5)**, 717 m, ein paar Meter tiefer, noch schöner.
Wir steigen wieder die paar Meter empor und wenden uns der Murgleiter zu. Ein breiter Waldweg führt in Richtung Nordosten hinab zu einem erfrischenden Brunnen, 685 m, wo wir links abbiegen. Am Wegweiser **Latschighang (6)**, 645 m, halten wir uns scharf nach rechts, und der beinah ebene Forstweg leitet zum Standort Forkel. Achtung, jetzt folgen wir der gelben Raute, halten aber dem Forstweg weiter die Treue! Lustiges Vogelgezwitscher und das Plätschern eines Wildbachs begleitet uns auf dem Weg durch den mit Heidelbeersträuchern bewachsenen Wald. Nach dem Steinhang des Buchenloh erreichen wir am **Riedberg (7)**, 700 m, wieder die Murgleiter und finden eine Sitzbank, die mit einem Traumblick auf das 4 km entfernte Bermersbach auf der gegenüberliegenden Murgtalseite aufwartet. Kurz danach passieren wir ein Holzhaus und gehen an der Verzweigung Hutweg, 715 m, halb

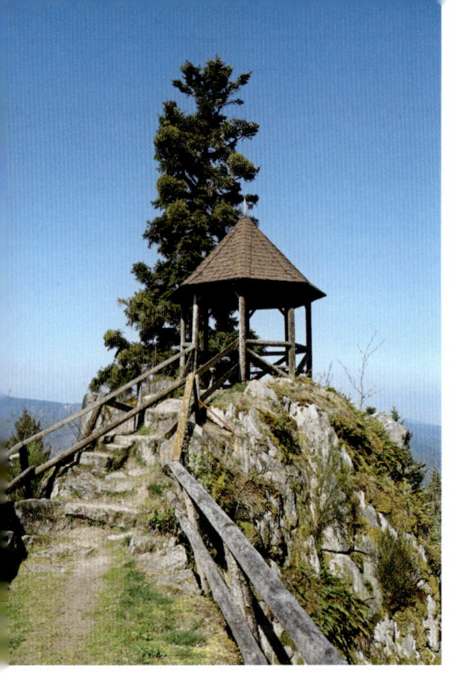

Der große Latschigfelsen.

rechts zum Standort Grenzweg Hohe Schaar, 745 m. Mit der gelben Raute im Visier marschieren wir rechts hinauf zum Wegpunkt **Oberried (8)**, 810 m, und wandern dort nach links weiter. Der Forstweg führt eine Viertelstunde leicht bergab und beginnt erst wieder an der Verzweigung, 770 m, zu steigen. Der Ausblick zu den benachbarten Schwarzwaldbergen versüßt die Strapaze. Am Wegetreff **Bärtann (9)**, 820 m, zweigen wir mit der blauen Raute halb rechts zu dem grasbewachsenen Waldpfad namens Telefonweg ab und wandern für einen 1 km langen, schweißtreibenden Anstieg durch eine urwüchsige Natur. An der Landstraße L76b biegen wir rechts ab und erreichen die Passhöhe sowie den Parkplatz **Schwarzmiss (1)** bereits nach 100 m.

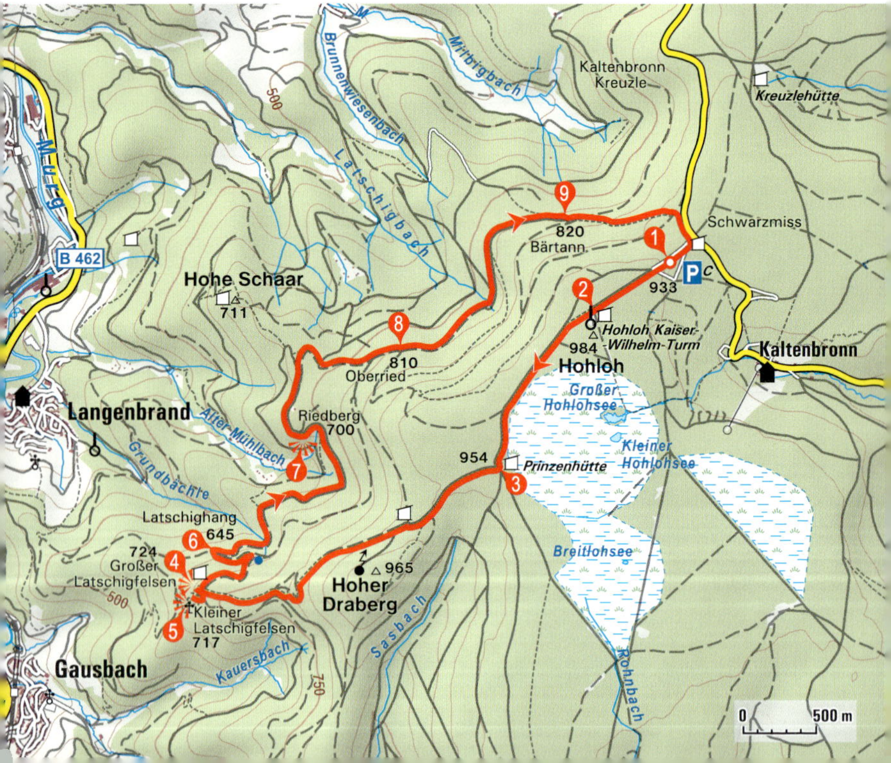

Zwei-Seen-Runde

Zwischen Heidenberg und Großem Heiligenwald ★★★

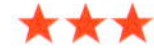

Zwei Seen, wilde Gebirgsbäche und ein Aussichtsturm

Der erste Teil dieser Wanderung ist permanent von rauschenden Schwarzwald-Bächlein begleitet. Zwei Seen und ein Aussichtsturm runden die Tour perfekt ab. Die Schwarzenbachtalsperre ist ein großer Stausee, der einen baden-württembergischen Stromkonzern in Spitzenzeiten zum Lastenausgleich dient. Der Herrenwieser See hingegen ist einer dieser typischen Karseen des Nordschwarzwalds. Zwar ist der Anstieg zum Friedrichsturm auf der Badener Höhe steinig und schwer, wird aber mit einem herrlichen Rundumblick belohnt.

KURZINFO

 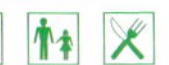 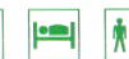

Ausgangspunkt: Herrenwieser Schwallung, 703 m, Busanschluss in Herrenwies, zwischen der Schwarzenbachtalsperre und Herrenwies, Wanderparkplatz rechts der L83.
Gehzeit: 3.45 Std.
Höhenunterschied: 390 m.
Anforderung: Herrliche Wanderung, steiler, steiniger Anstieg zum Seekopf.
Einkehr: Naturfreundehaus Badener Höhe (600 m abseits), Gasthaus Waldesruh Herrenwies, Wanderheim.
Unterkunft: Gästehaus Braun, Herrenwies 23, 76596 Herrenwies-Forbach, Tel. +49 7226 265, gaestehaus-braun.com.
Karte: LGL BW Wanderkarte Unteres Murgtal, Baden-Baden, 1:35.000.

Vom Parkplatz bei der **Herrenwieser Schwallung (1)**, 703 m, gehen wir über den Damm und folgen der blauen Raute nach rechts. Wenn wir anschließend den breiten Weg gemütlich talwärts wandern, rauscht rechts neben uns der Schwarzenbach idyllisch zu Tale. Mehrere Bächlein fließen links vom Berg herab und speisen ihn.

Nach 15 Min. gehen wir an der Weggabelung rechts und bleiben am Wegweiser **Messwehr (2)**, 680 m, auf dem breiten Weg. Vor uns spiegelt sich im Tageslicht die Wasseroberfläche der **Schwarzenbachtalsperre (3)**, 669 m, an deren Westufer wir bis zur **Seebachmündung (4)**, 675 m, entlangwandern. Hier treffen wir auf den bekannten Westweg und folgen diesem in Richtung Nordwesten hinauf. Bald passieren wir den Seebachhof und steigen, beglei-

Der Friedrichsturm auf der Badener Höhe taucht vor uns auf.

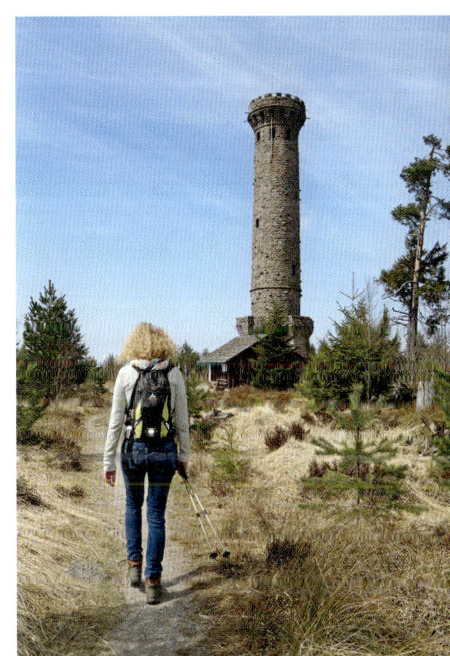

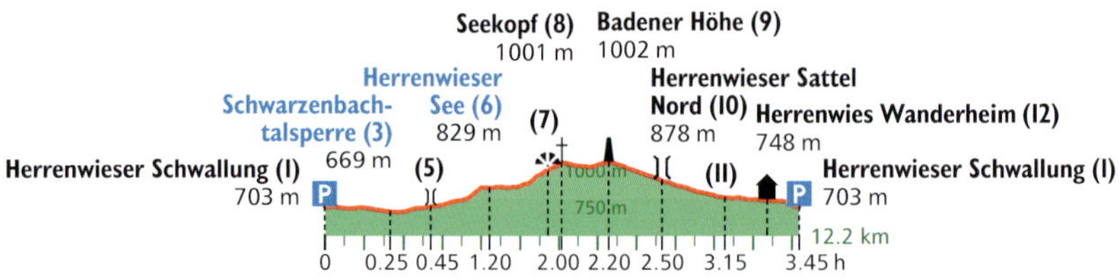

tet vom quirligen Plätschern des Seebachs, hinauf zur **Seebachbrücke (5)**, 705 m. Geradeaus geht es weiter, bis in einer Rechtskurve ein steiniger Waldpfad bergauf leitet. Fünf Meter vor dem Wegweiser am **Herrenwieser See (6)**, 829 m, biegen wir links ab und umrunden den traumhaft schön gelegenen Karsee im Uhrzeigersinn, dabei kann man in der Schutzhütte links des Wegs eine kleine Rast einlegen.

Bei der Herrenwieser-See-Hütte ist der See, der ein Naturdenkmal ist, bereits halb umrundet. Nach ein paar Minuten zweigen wir mit Blick zum **Wegweiser (6)** halb links ab zum Westweg hinauf. Die rote Raute weist auf steinigen und knorrigen Waldboden kehrenreich den Weg. Vorbei an entwurzelten Bäumen steigen wir permanent an. Je höher wir kommen, desto lichter wird der Wald und gibt den Blick zu den benachbarten Gipfeln frei. Die Aussicht ist beim geländergesicherten **Zweiseenblick (7)**, 940 m, besonders eindrucksvoll. Beide Seen, die wir heute schon erwandert haben, können wir jetzt quasi aus der Vogelperspektive betrachten. Das Gelände flacht bald etwas ab, nicht mehr weit und wir erreichen den **Seekopf (8)**, 1001 m. Dort gedenken wir am Bussemer-Gedenkstein Phillip Bussemer, der bereits im Jahre 1900 zusammen mit Julius Kaufmann die ersten roten Rauten an die Bäume nagelte. Zwar ist von einem Stromkonzern seit Jahren auf dem Seekopf der Bau eines Pumpspeichersees geplant und bereits genehmigt, jedoch Gott sei Dank noch keine Realität! Wenn wir auf der

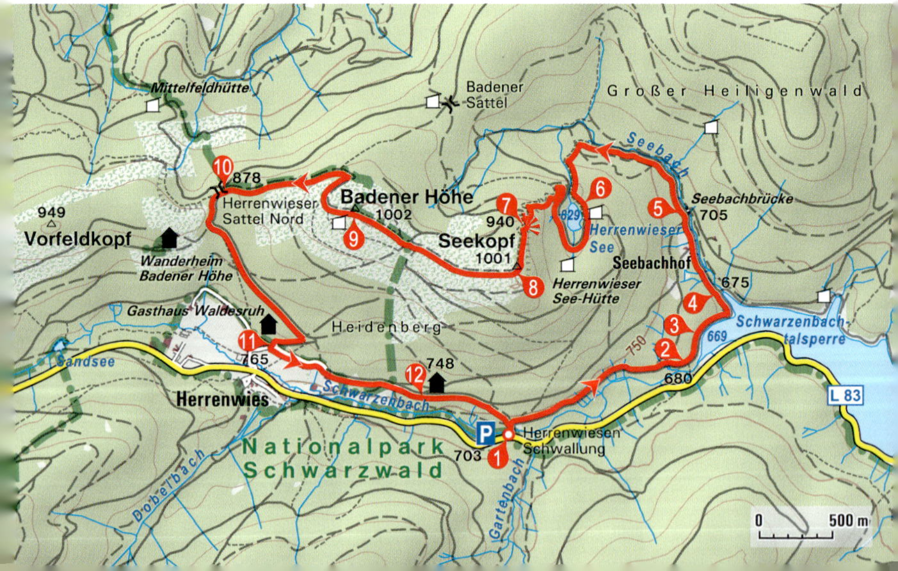

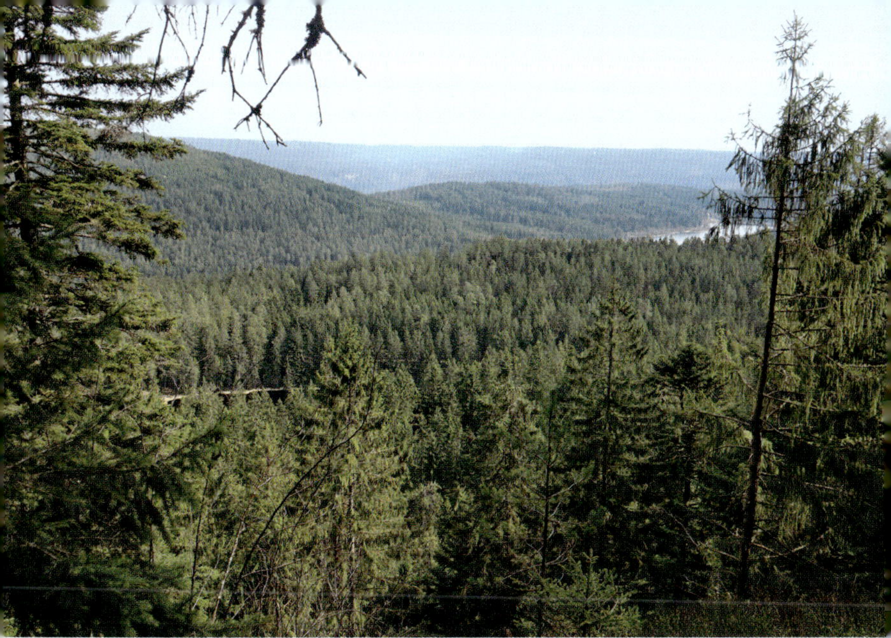

Vom Zweiseenblick erkennt man den Herrenwieser See und die Schwarzenbachtalsperre.

Hochebene den Westweg hinüber zum Friedrichsturm auf der Badener **Höhe (9)**, 1002 m, wandern, tauchen wir ein in den Nationalpark. Der ungehinderte Rundblick vom steinernen Turm, der 1890 von dem Baden-Badener Architekten Anton Klein erbaut wurde, ist nach 146 Stufen schlichtweg atemberaubend. In Richtung Westen führt der Westweg hinab zum Wegetreff **Herrenwieser Sattel Nord (10)**, 878 m, wo wir uns nach links wenden. Der Forstweg führt zur Kreuzung Herrenwieser Sattel, von dort könnte man auf dem Westweg zum 600 m entfernten Naturfreundehaus weiterwandern. Unsere Tour aber leitet mit der gelben Raute talwärts zum **Gasthaus Waldesruh (11)**, 765 m, das wir nach 25 Min. auf einem Waldweg erreichen, der abenteuerliche Überraschungen bereithält. So findet sich beispielsweise am Wegrand ein langer liegender Baumstamm, der als Klopf-Signal-Telefon funktioniert. Im Gasthaus Waldesruh zu Herrenwies kann man einkehren. Wir biegen mit der blauen Raute nach links ab und wandern unterhalb des Waldes zum **Herrenwies Wanderheim (12)**, 748 m, wo wir den Nationalpark wieder verlassen. Kurz danach gehen wir an der Verzweigung rechts und nach 400 m nochmals rechts. Nach 5 Min. erreichen wir wieder den Parkplatz bei der **Herrenwieser Schwallung (1)**.

Schwarzenbachtalsperre

Die Schwarzenbachtalsperre ist die größte Staumauer im Schwarzwald, sie ist 400 m lang, 65 m hoch und wurde 1926 erbaut. Der See fasst mehr als 14 Mio. m^3 Wasser und bringt in Spitzenzeiten eine Leistung von 44 MW.

8

Der Schwarzenbach-Rundweg

Historischer Lehrpfad am Stausee

Um die Schwarzenbachtalsperre

So manchem verschwitzten Wanderer begegnet man an der Nordseite der Schwarzenbachtalsperre. Kein Wunder, denn der Westweg führt von Forbach im Murgtal hier herauf! Die Fernwanderer befinden sich seit dem Start in Pforzheim bereits auf ihrer dritten Tagesetappe, zehn gibt es noch bis Basel zu absolvieren. Der Anstieg zum Herrenwieser See und dem Seekopf ist allerdings die nächste Herausforderung.

Der Schwarzenbach-Rundweg ist dagegen eher eine gemütliche Wanderung, denn zunächst präsentiert er sich als topfebene Genussrunde, lediglich die Passage zwischen dem Messwehr und dem Forstweg namens Birkenaustraße ist leicht unwegsam. Bei schönem Wetter sollten Sie Ihr Badezeug nicht vergessen und am Seeufer einen Zwischenstopp einlegen!

KURZINFO

Ausgangspunkt: Schwarzenbach-Parkplatz, 675 m, Parkplatz, Busanschluss. Der Schwarzenbachsee liegt zwischen dem Murgtal und dem Mehliskopf bei Herrenwies.

Gehzeit: 2.00 Std.

Höhenunterschied: 140 m.

Anforderung: Der Anstieg vom Messwehr zum Forstweg verlangt gutes Schuhwerk, sonst leichte Tour.

Einkehr: Kiosk am Ausgangspunkt.

Unterkunft: Bergschlössl Herrenwies, Herrenwies 21, 76596 Forbach-Herrenwies, Tel. +49 7226 920957, bergschloessl-herrenwies.de.

Karte: LGL BW Wanderkarte Unteres Murgtal, Baden-Baden, 1:35.000.

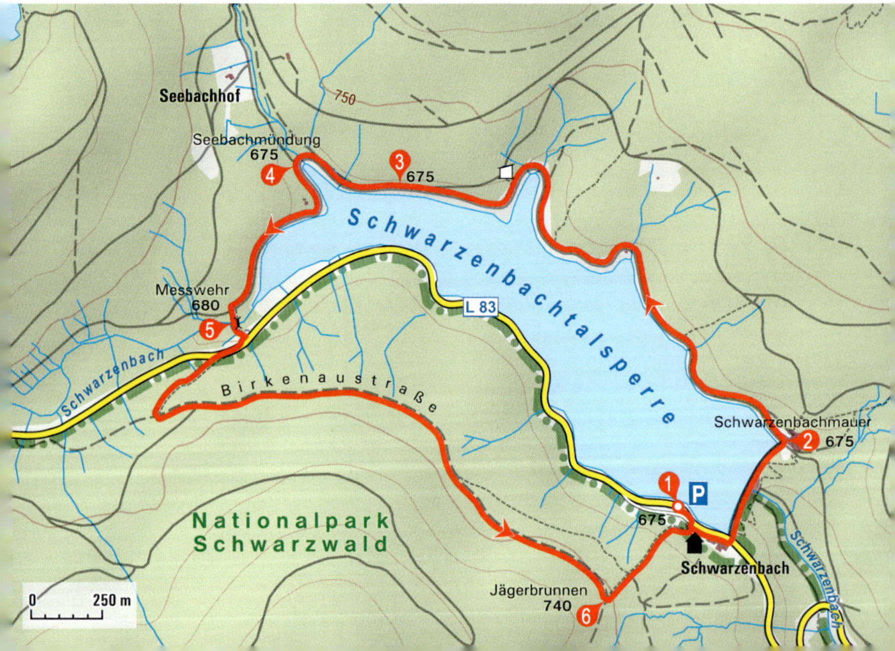

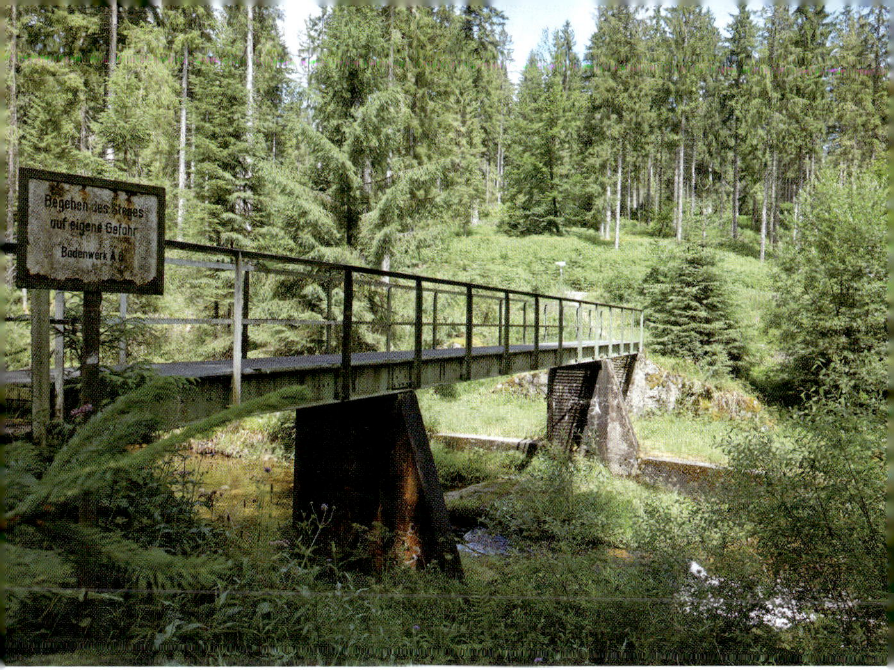

Das Begehen des Metallstegs am Messwehr erfolgt auf eigene Gefahr.

Vom **Schwarzenbach-Parkplatz (1)**, 675 m, wandern wir zur Landstraße hinab und folgen auf dem Gehsteig der gelben Raute zur bereits sichtbaren Staumauer. Gegenüber dem ehemaligen Schwarzenbach-Hotel wenden wir uns links und nehmen den breiten Weg über die gebogene, 400 m lange Sperrmauer. Vor der Umspannstation wählen wir am Wegweiser **Schwarzenbachmauer (2)**, 675 m, den mit der blauen Raute und Murgleiter markierten Weg nach links. Infotafeln erklären uns, wie das Pumpspeicherkraftwerk funktioniert und Strom erzeugt. Der breite Schotterweg führt zwischen Wald und Seeufer in Richtung Nordwesten, dabei lassen wir die nach rechts abzweigende Murgleiter unbeachtet. Sitzbänke laden zum Verweilen ein. Wie ein nordischer Fjord schmiegt sich das Wasser in die Landschaft ein. Mehrere romantische kleine Pfade führen immer wieder zum Ufer hinab. Bei der großen Ausbuchtung lohnt es sich besonders, abzusteigen, denn ein kleiner Strandspaziergang mit eventuellem Badestopp bietet sich hier geradezu an. Wieder auf dem Hauptweg trifft wenig später am Stauseeufer der legendäre **Westweg (3)** hinzu. In Ufernähe bleibend, folgen wir der roten und blauen Raute zur 400 m entfernten **Seebachmündung (4)**,

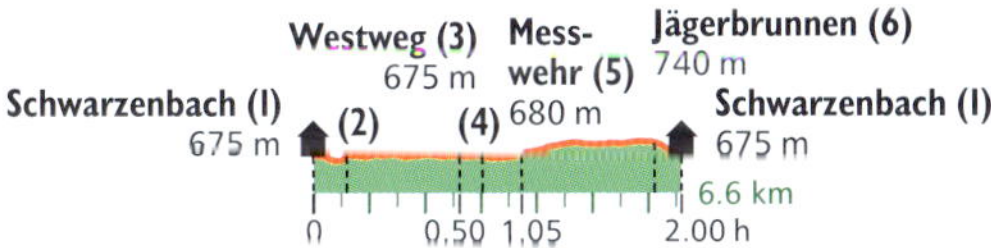

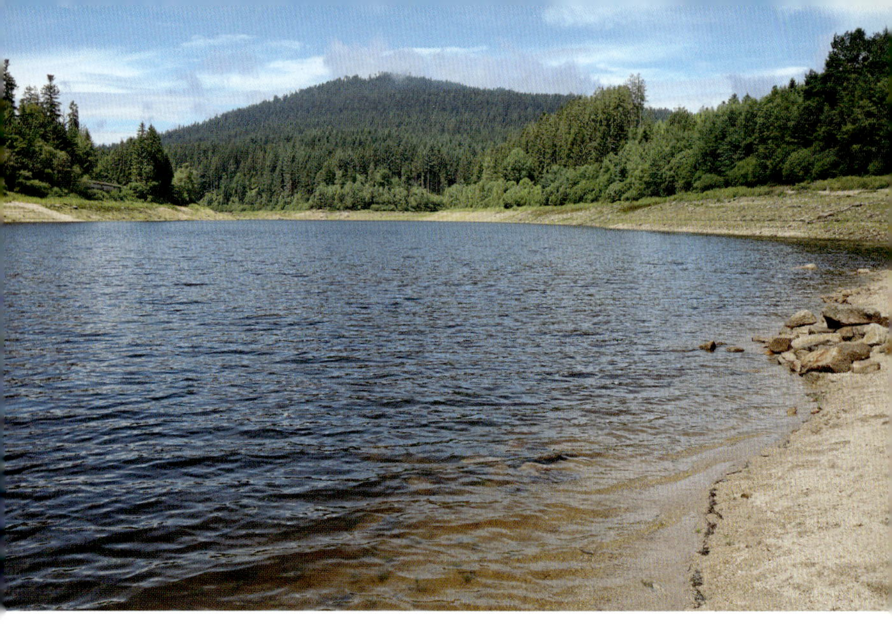

Oben: Strand des Schwarzenbachsees mit dem Seekopf im Hintergrund. Rechts: Der Schwarzenbach.

675 m. Hier verlässt uns der Westweg wieder und wir folgen weiter der blauen Raute. Kurz wird links der Blick über den etwa 2 km langen See frei. Anfang Juli säumt wunderschön blühender Fingerhut den Wegrand. Das Rauschen des Schwarzenbachs begleitet uns bis zum **Messwehr (5)**, 680 m. Hier biegen wir mit der gelben Raute nach links ab und queren auf der Metallgitter-Brücke den Schwarzenbach. Achtung, für Hundewanderer kann das Übersetzen auf dem Rost problematisch sein! Ein romantischer schmaler Wurzelpfad leitet zur Herrenwieser Landstraße hinauf. Am Straßenrand gehen wir 50 m nach rechts, setzen vorsichtig über die bei Motorradfahrern beliebte Strecke und folgen rechts dem schmalen Waldpfad in den Nationalpark. Der Anstieg bringt uns schnell von der Straße weg und hin zum Forstweg Birkenaustraße, 722 m, dem wir uns links zuwenden. Leicht steigend folgen wir beständig der breiten Schotterspur, die sich sanft durch den Wald schlängelt. Farne, Heidelbeersträucher und moosgrüner Waldboden zieren am Fuß des 994 m hohen Nägeliskopfes den Rand des Weges. Wenn der Wind sanft durch die Blätter des Mischwalds weht, wird ein angenehmes Rauschen hörbar. Erst am **Jägerbrunnen (6)**, 740 m (ohne Brunnen), verlassen wir den Forstweg und biegen links zu dem schmalen Waldpfad ab, der direkt zum **Schwarzenbach-Parkplatz (1)** hinabführt.

Schwarzenbachtalsperre

Die Schwarzenbachtalsperre staut den größten See im Nordschwarzwald, im Sommer sogar mit Bootsverleih. Auch Baden kann man an sonnigen Sommertagen.

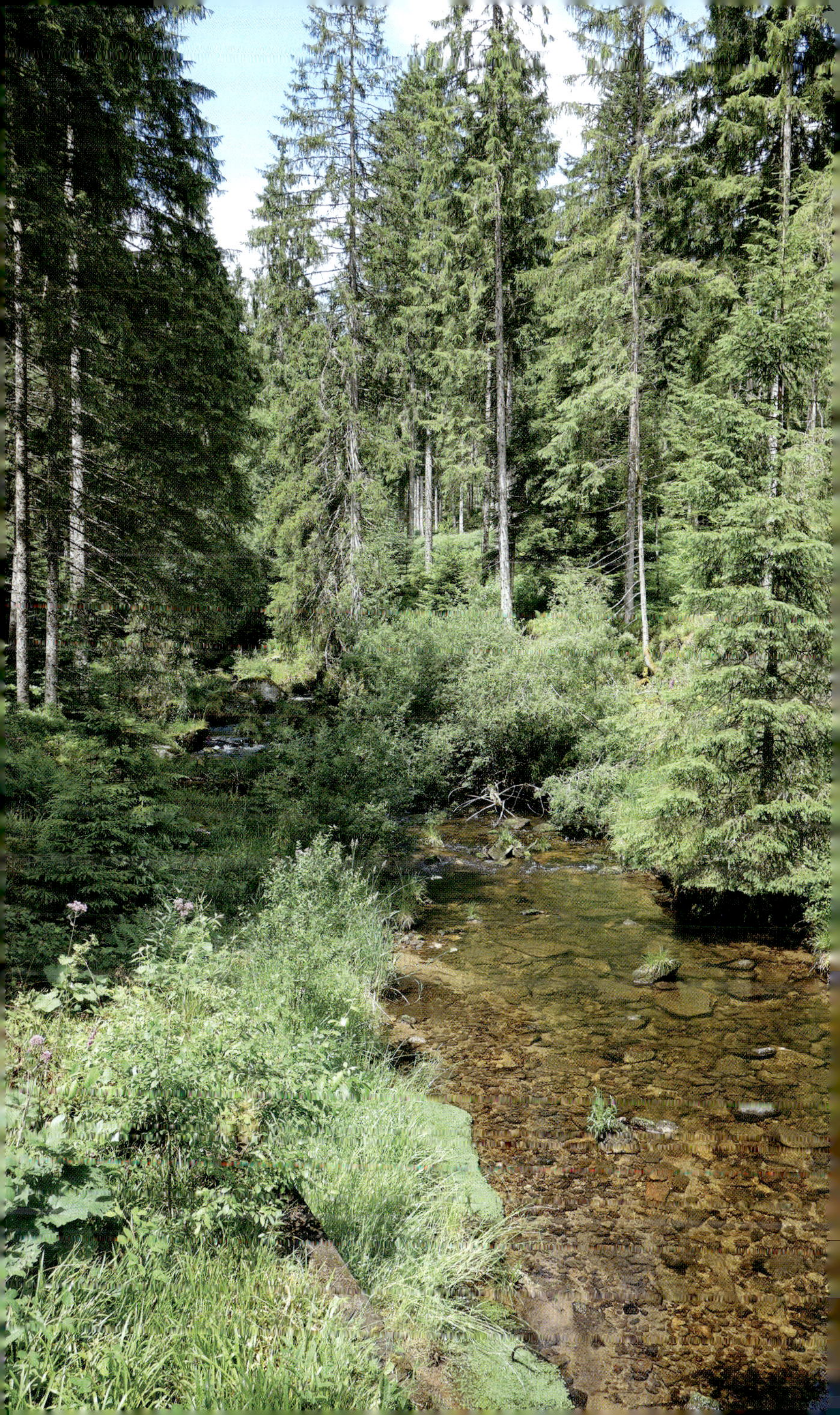

9 Der Heidelbeerweg, ein Pfad zum Genießen

Rund um das Heidelbeerdorf Enzklösterle 

Zum blauen Gold des Waldes

Genusswandern im Nordschwarzwald – der Heidelbeerweg wurde 2017 eingeweiht und leitet uns rund um das hübsche Schwarzwalddorf Enzklösterle. Über den Schöllkopf ins Lappachtal und zum Schneckenkopf führt uns der abwechslungsreiche Trail, der sich im ersten Teil wild und schroff präsentiert, in der zweiten Hälfte dagegen sanft und lieblich zeigt. Mehrere Thementafeln informieren über die Heidelbeeren, die begehrten Waldfrüchte, die nicht nur lecker schmecken, sondern auch das Immunsystem stärken, entzündungshemmend wirken, positiv gegen Stress sind und sogar das Abnehmen unterstützen.
Der Heidelbeerweg ist ein prämierter Genießerpfad. Solche Traumwege gibt es derzeit 35 im Schwarzwald, sie widmen sich den Themen Kultur, Küche, Wein und Wasser. Genießerpfade sind mit einer einheitlichen Markierung versehen und mit dem Siegel des Deutschen Wanderinstituts als Premiumweg ausgezeichnet.

KURZINFO

Ausgangspunkt: Enzklösterle Tourist-Information, 597 m, Parkplatz, Busanschluss, Anfahrt über Bad Wildbad.
Gehzeit: 4.00 Std.
Höhenunterschied: 410 m.
Anforderung: Wanderung auf Pfaden und Wegen, steiler Anstieg zum Schöllkopf. Ideale Genusstour für einen Tag Auszeit.
Einkehr: In Enzklösterle.
Unterkunft: Berghof, Dietersbrunnenweg 14, 75337 Enzklösterle, Tel. +49 7085 7233, berghof-enzkloesterle.de.
Karte: LGL BW Wanderkarte Oberes Enztal, 1:35.000.

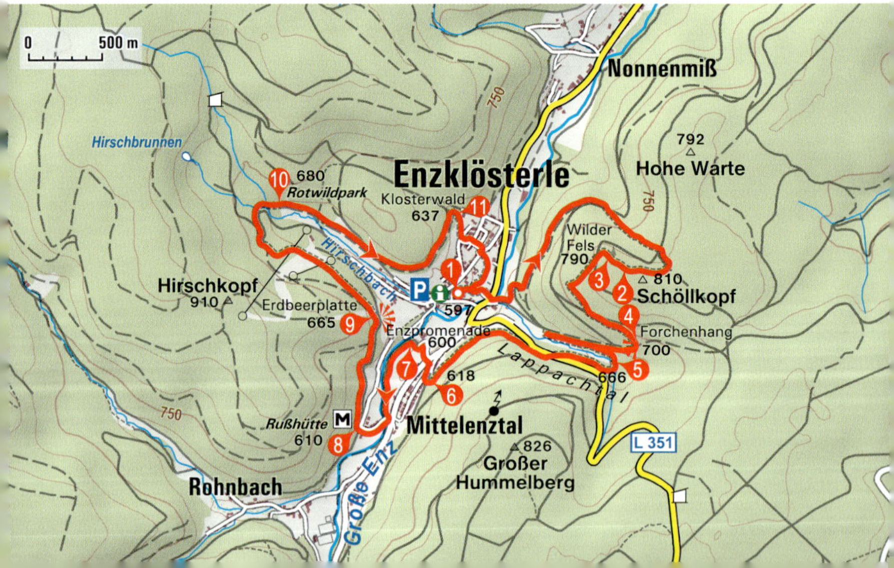

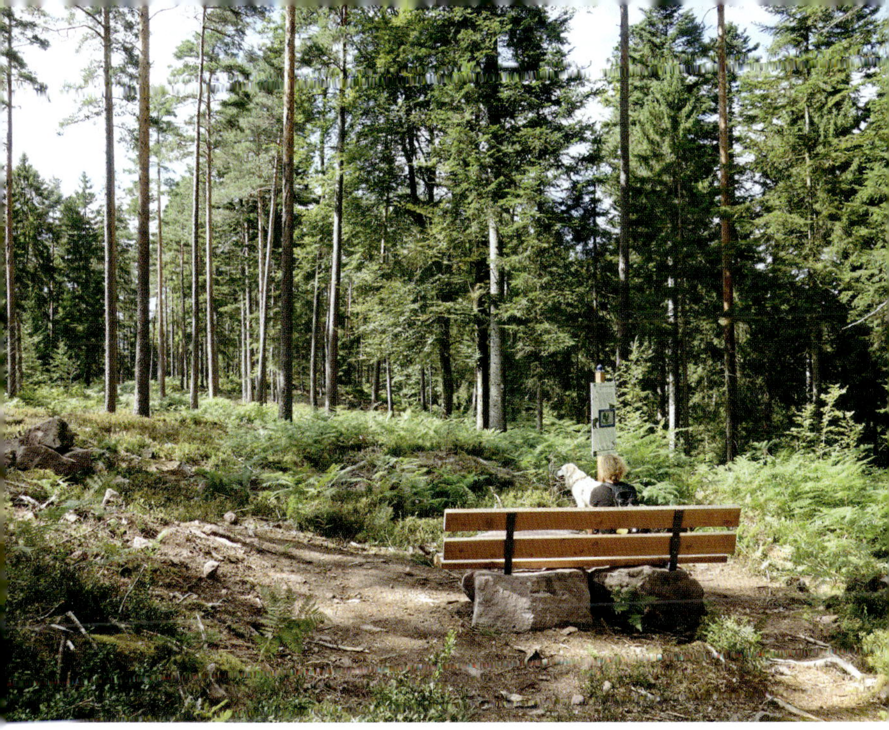

Auf dem Schöllkopfgipfel.

An der **Tourist-Information** in **Enzklösterle (1)**, 597 m, starten wir zum sagenhaft schönen Heidelbeerweg. Zunächst geht es in Richtung Osten durch den Kurpark zu einem hölzernen Floß, das nach alten Vorlagen konstruiert wurde. Wir queren die Freudenstädter Straße und biegen links zum Heidelbeer-Haus in den Aichelberger Weg ab. Bei Haus Nr. 10 gehen wir nach links und folgen der blauen Raute bergwärts zum Wegweiser Oberamtsgrenze, 625 m. Hier wenden wir uns erneut links und genießen von dem breiten Weg einen schönen Talblick. Mehrere Sitzbänke laden zum Verweilen ein. Eine Abzweigung leitet rechts in den Wald und wir steigen der gelben Raute folgend den Dietersgrund hinauf. Ungezählte Heidelbeersträucher säumen den Weg. Beim Forstweg wandern wir für 100 m nach links und folgen dann dem urigen Waldpfad in die Höhe. Mit grünem Moos bedeckte Buntsandsteine liegen in einer wilden Unordnung im Nadelwald. Im Anstieg queren wir einen Waldweg und setzen beim Wegweiser Schöllkopf, 782 m, über einen Forstweg. Der grasbewachsene Pfad biegt nach 1 Min. rechts ab und wir achten anschließend auf den Linksabzweig, der zum verwunschenen Gipfel des **Schöllkopf (2)**, 810 m, führt. Ein schmaler Pfad schlängelt sich durch den hohen Farn und gute Wanderschuhe sind am **Wilden Fels (3)**, 790 m, von Vorteil. Hinter einem Forstweg wandern wir auf breitem Weg angenehm zu Tal und gehen vor dem Jägerhochstand rechts hinab zur herrlichen Aussichtsplattform. Der

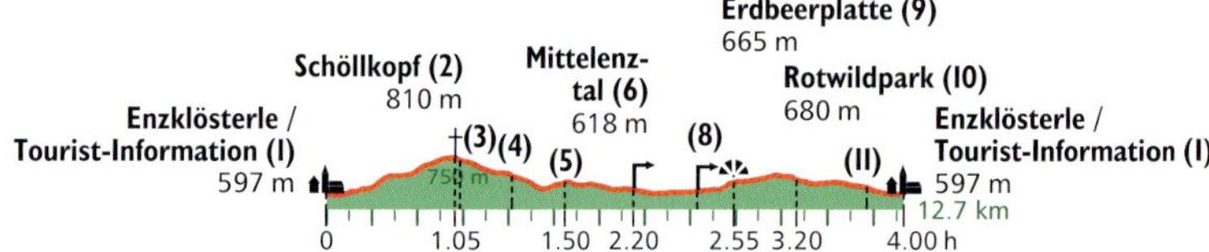

Blick schweift tief nach Enzklösterle hinab, anschließend nehmen wir den breiten Weg nach links. Im Abstieg kreuzen wir einen Waldwirtschaftsweg und wandern durch den Blaubeerwald, dabei passieren wir eine Ruhebank auf einem Stein. Am **Forchenhang (4)**, 700 m, wenden wir uns mit der Markierung blaue Raute nach rechts der Talseite zu. Beim Waldaustritt an der Schöllkopfsteige, 610 m, geht es scharf links zum schmalen Pfad ins idyllisch grüne **Lappachtal (5)**, 666 m, wo wir auf einem Holzsteg den Graben des Lappbachs überqueren. Danach wandern wir bequemen Schrittes den Lappachweg Enzklösterle entgegen, setzen vorsichtig über die Landstraße L351 und folgen dem Weg ins Trinkwasserschutzgebiet. Achtung, verpassen Sie nicht den schmalen Rechtsabzweig in den Heidelbeerwald! Mehrere Aussichtspunkte lassen uns über die Dächer des Schwarzwalddorfs blicken. Entlang des Waldrands folgen wir dem Grasweg, bis beim Wegweiser **Mittelenztal (6)**, 618 m, ein Schotterweg rechts zum Rathausweg in den Ort abzweigt. Im Talgrund queren wir die nach Gompelscheuer und Poppeltal führende Straße und folgen dieser kurz nach links zur Bushaltestelle. Hier gehen wir rechts und vor dem Hetschelhof links zur **Enzpromenade (7)**, 600 m. Vom quirligen Plätschern der forellenreichen Enz begleitet, erreichen wir eine Brücke, setzen über das Wasser und folgen dem Köhlerweg bis an den Ortsrand zur geschichtsträchtigen **Rußhütte (8)**, 610 m. Der Wanderweg leitet halb rechts am Waldrand empor und steigt danach im Forst kräftig an. Bei den Rastbänken an der **Erdbeerplatte (9)**, 665 m, finden wir eine großartige Heidelbeer-Schaukel und blicken hinüber zum Schöllkopf. Wir schreiten halb links in den Wald und vernehmen Geräusche aus dem Waldklettergarten. Bald erreichen wir die breite Trasse des Skihangs, den wir kreuzen. In schneereichen Wintern erfreut sich die flutlichtbeleuchtete Abfahrtspiste einer großen Beliebtheit. Im hinteren Hirschtal gehen wir rechts zum Forstweg und gelangen zum quirligen Hirschbach. Wir setzen über das Holzbrückle zum **Rotwildpark (10)**, 680 m, wo man Hirsch und Reh aus nächster Nähe beobachten kann. Am Ende des Zauns biegen wir halb links in ein kleines Waldstück und marschieren auf gleichbleibender Höhe zu dem traumhaften Wiesensteig. Vom

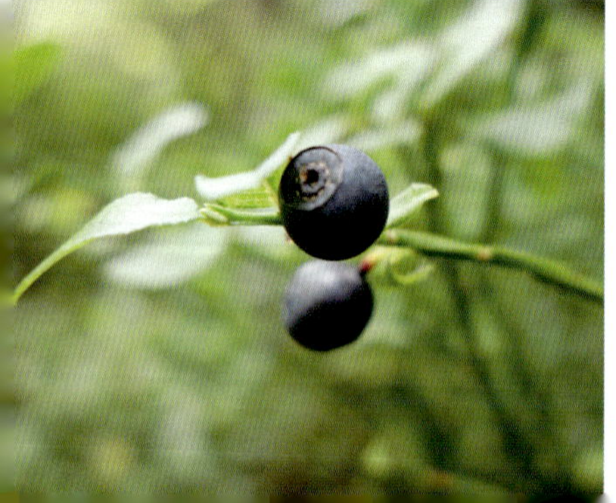

Heidelbeeren sind das blaue Gold des Waldes.

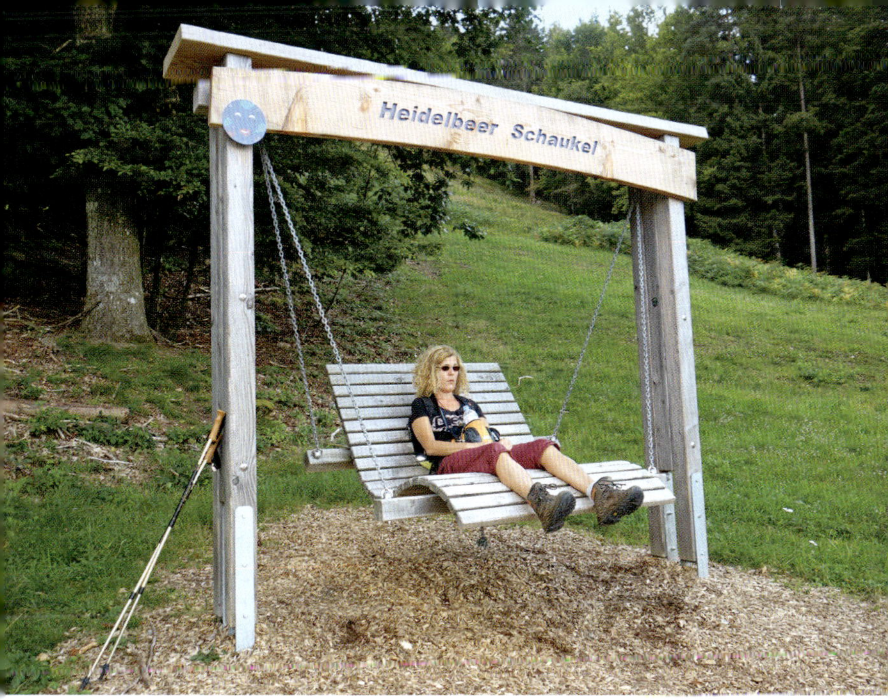

Die »Heidelbeer Schaukel« lädt zum Verweilen ein.

schönen Panoramaweg erblicken wir rechts im Wald den Klettergarten sowie auch die Zipline, die quer übers Tal verläuft. Am G.-A.-Volz-Weg, 650 m, schreiten wir links in den Forst zu über 200 Jahre alten Enztalkiefern und umwandern den Schneckenkopf, bis die Markierung rechts zum Pfad in den **Klosterwald (11)**, 637 m, abzweigt. Talwärts folgen wir der Wiesenspur ins Wohngebiet, gehen dort links versetzt zur Straße »Am Dietersberg« und rechts den Fußweg weiter zum Friedhof. Wir passieren einen Spielplatz sowie Minigolfplatz und folgen der Markierung durch das Grün des Kurparks. Unterhalb der Kirche gelangen wir zu einer mächtigen Douglasie und erreichen kurz darauf wieder die **Tourist-Information** in **Enzklösterle (1)**.

Heidelbeeren

Wenn im Frühjahr der Kuckuck durch den Schwarzwald ruft und die wärmere Jahreszeit ankündigt, beginnen die Heidelbeeren bereits zu wachsen. Bis zu ihrer Ernte braucht es aber noch einige Wochen und Sonnenstunden. Von Ende Juni bis Mitte August ist Heidelbeerzeit, das heißt, dann wird die kleine Blaubeere in mühevoller Handarbeit »gezopft«, wie es die Schwarzwälder zu sagen pflegen, und damit »gepflückt« meinen. Das blaue Gold des Waldes wird dann in der »Zaine« oder »Kratte« (Korb) zu Tale getragen. Heidelbeerkuchen, Heidelbeerpfannkuchen, oder gar Heidelbeerwein und -likör sind das Resultat der Tradition, die bereits mehrere Jahrhunderte alt ist. In Enzklösterle dreht sich in den Sommermonaten nahezu alles um diese blaue Beere.

10 Die Gertelbach-Schlucht

Durch das wilde Gertelbachtal zur Hertahütte

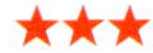

Spektakuläre Schlucht und aussichtsreiche Gipfelrast
Die einzigartige Schluchtenwanderung durchs Gertelbachtal wird von der gigantischen Aussicht bei der Hertahütte von den Falkenfelsen gekrönt. Anschließend kann man sich im Waldgasthaus Kohlbergwiese für den langen und steilen Abstieg stärken.

KURZINFO

Ausgangspunkt: Bühlertal, 377 m, Wiedenbach Parkplatz (P2), Busanschluss. Am Ortsausgang von Bühlertal rechts abbiegen.
Gehzeit: 3.30 Std.
Höhenunterschied: 530 m.
Anforderung: Herrliche Wandertour, allerdings mit zahlreichen Treppen in der Schlucht.
Einkehr: Kohlbergwiese Montag und Dienstag Ruhetag.
Unterkunft: Wein- und Klimahotel Bergfriedel, Haabergstraße 23, 77830 Bühlertal, Tel. +49 7223 72270, bergfriedel.de.
Karte: LGL BW Wanderkarte Unteres Murgtal, Baden-Baden, 1:35.000.

Im **Bühlertal (1)** wandern wir vom **Wiedenbach Parkplatz**, 377 m (P2), mit der blauen Raute in Richtung Südosten zum Wegweiser Sickenwald, 400 m, wo wir die Richtung beihalten. Am Waldrand entlang der rechten Talseite steigen wir hinauf zum Haus Gertelbach und den **Gertelbach-Wasserfällen (2)**, 455 m. Zwar führt vom Parkplatz eine Alternative auf der gegenüberliegenden Talseite auch hierher, jedoch bietet die beschriebene Variante etwas mehr Aussicht. Jetzt beginnt der spannendste Teil der Wanderung. Mit grünem Moos überwachsene Felsbrocken liegen wild angeordnet im Bachbett umher

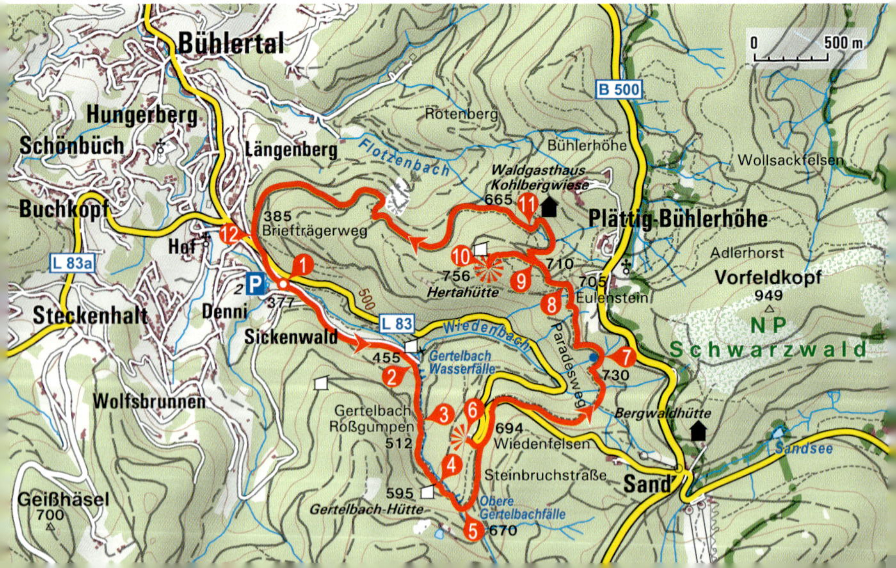

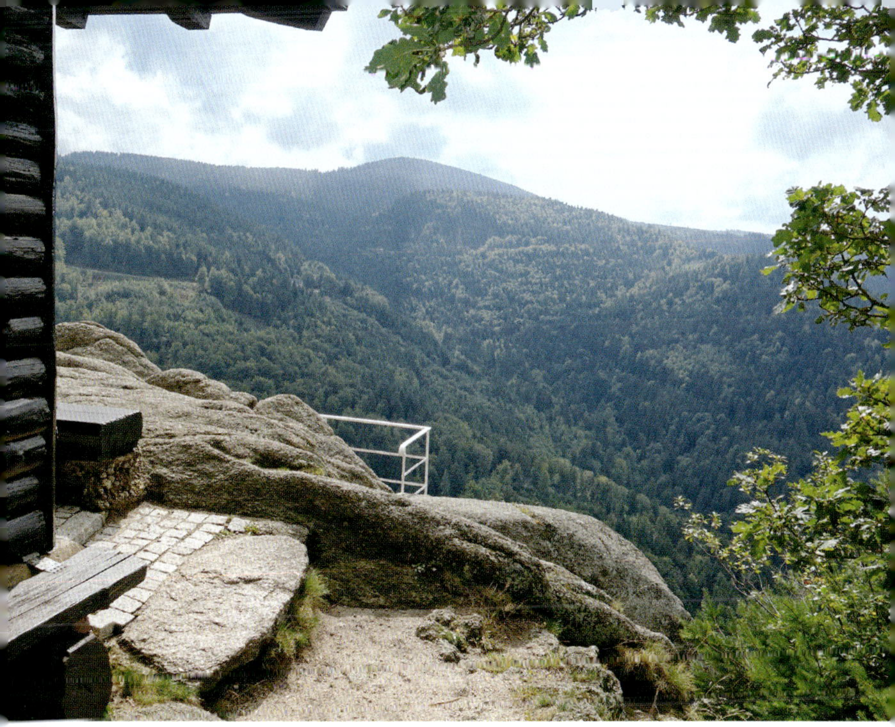

Gigantische Aussicht von der Hertahütte.

und ein romantischer steiniger Wurzelpfad führt daneben bergwärts. Immer wieder liegen umgestürzte Bäume quer über der Schlucht und verleihen dieser einen besonderen Touch von Wildnis. Viele Treppen gilt es aufzusteigen und mehrere Holzbrücken zu überqueren. Auch eine kleine Hängebrücke ist dabei, die aber zum Glück auch bergseitig umwandert werden kann. Der Weg durch die Schlucht ist abenteuerlich, aber durchweg vorbildlich gesichert. Nachdem am **Gertelbach-Roßgumpen (3)**, 512 m, ein Schotterweg überquert ist, führt der Gertelbachsteig in gewohnter Weise weiter bergauf. Ständig vom wildrauschenden Wasser begleitet, bewältigen wir die Höhenmeter und erreichen die **Gertelbach-Hütte (4)**, 595 m. Weiter steigend folgen wir den geländergesicherten Steinstufen, überschreiten auf einer Holzbrücke den Hauptwasserfall und gelangen zum Wegweiser **Obere Gertelbachfälle (5)**, 670 m. Wir verlassen den Bach und biegen links

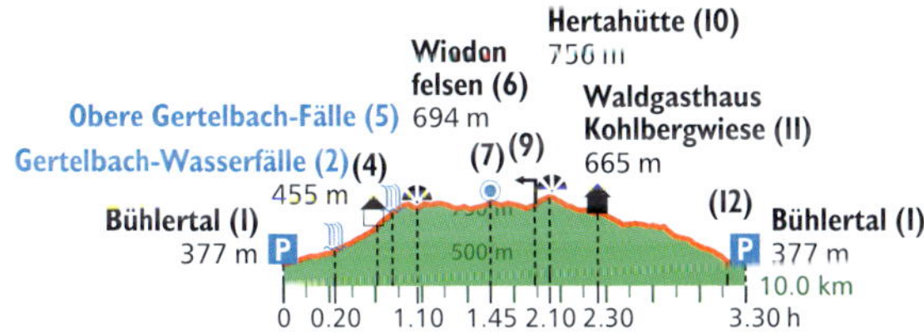

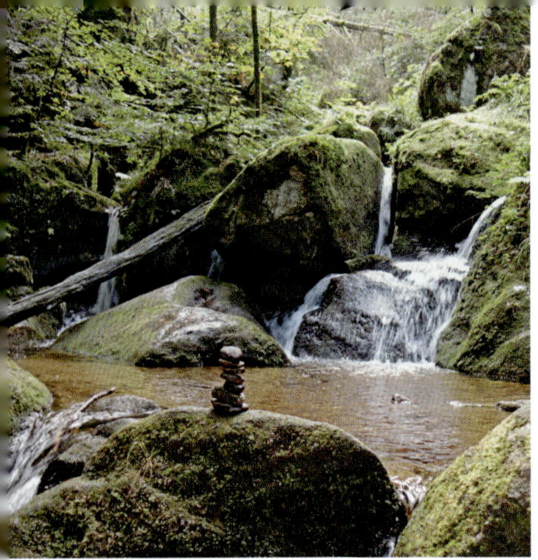

Links: In der Gertelbachschlucht. Rechts: Hauptfall des Gertelbachs.

ab, danach lässt die Steigung merklich nach. Nach 5 Min. folgen wir an der Steinbruchstraße dem breiten Weg nach links zum 200 m entfernten **Wiedenfelsen (6)**, 694 m. Bei klarer Sicht hat man vom Fels einen schönen Blick ins Rheintal und in die walderfüllte Gertelbachschlucht. In der Kehrwende der nach Sand führenden Straße folgen wir der gelben Raute, die gegenüber dem Haus an der Bushaltestelle zu dem Wanderpfad weist. Vorbei an mächtigen Felsen durchstreifen wir den Buchenwald, dabei erblicken wir halb links die Hertahütte, die wie ein Adlerhorst hoch auf dem Felsen thront, und links das Bühlertal. Nach dem glasklaren Wiedenbach, 683 m, steigt der Weg an zum Brunnen beim **Paradiesweg (7)**, 730 m. Ein breiter Weg führt nach links, wir verlassen ihn nach einer Rechtskurve zum rechts abzweigenden Waldpfad in Richtung **Eulenstein (8)**, 705 m. Hier wenden wir uns halb rechts hinauf zum Wegweiser Falkenfelsen, 720 m, wo wir uns links halten. Nach 100 m leitet unter der Hertahütte ein **Stichweg (9)**, 710 m, links hinauf zur aussichtsreichen **Hertahütte (10)**, 756 m. Der Aufstieg lohnt!

Wieder an der **Abzweigung (9)** folgen wir dem breiten Weg in zwei Kehren hinab zum **Waldgasthaus Kohlbergwiese (11)**, 665 m. Der Wanderweg leitet durch die Gartenwirtschaft und danach in den Wald zum Briefträgerweg, einem alten Verbindungsweg von Bühlertal über Herrenwies nach Hundsbach. Neben dem Flotzenbach führt der Hohlweg zu Tale und beim Schotterweg geht's links. Fast eben schreiten wir voran und wenn der Wald sich öffnet, genießen wir den Ausblick. Achtung, verpassen Sie kurz hinter der Sitzbank nicht die Abzweigung nach rechts. Der schmale Waldpfad schlängelt sich auf steinigem Grund hinab zu einem breiten Weg, dem wir nach links folgen. Beständig talwärts führt die gelbe Raute zum Ende des **Briefträgerwegs (12)**, 385 m, wo wir geradeaus gehen und kurz darauf die Hauptstraße kreuzen. Die Gertelbachstraße bringt uns direkt zum Parkplatz im **Bühlertal (1)** zurück.

Falkenfelsen

Am Unterhang der Falkenfelsen wachsen fast reine Laubholzwälder. Sie bezeugen eine ursprüngliche Waldzusammensetzung, die aus alten, knorrigen Buchen besteht und nur mit wenigen Tannen durchsetzt ist. Es zeigen sich die Strukturen eines Waldes, der sich natürlicherweise auf den steinigen, vom Granit durchsetzten Hängen der Schwarzwaldtäler entwickelt. Der namensgebende Wanderfalke ist ein wichtiges Element der Falkenfelsen, er bewohnt im Schonwald die mächtigen Felsen und nutzt sie als Jagdrevier.

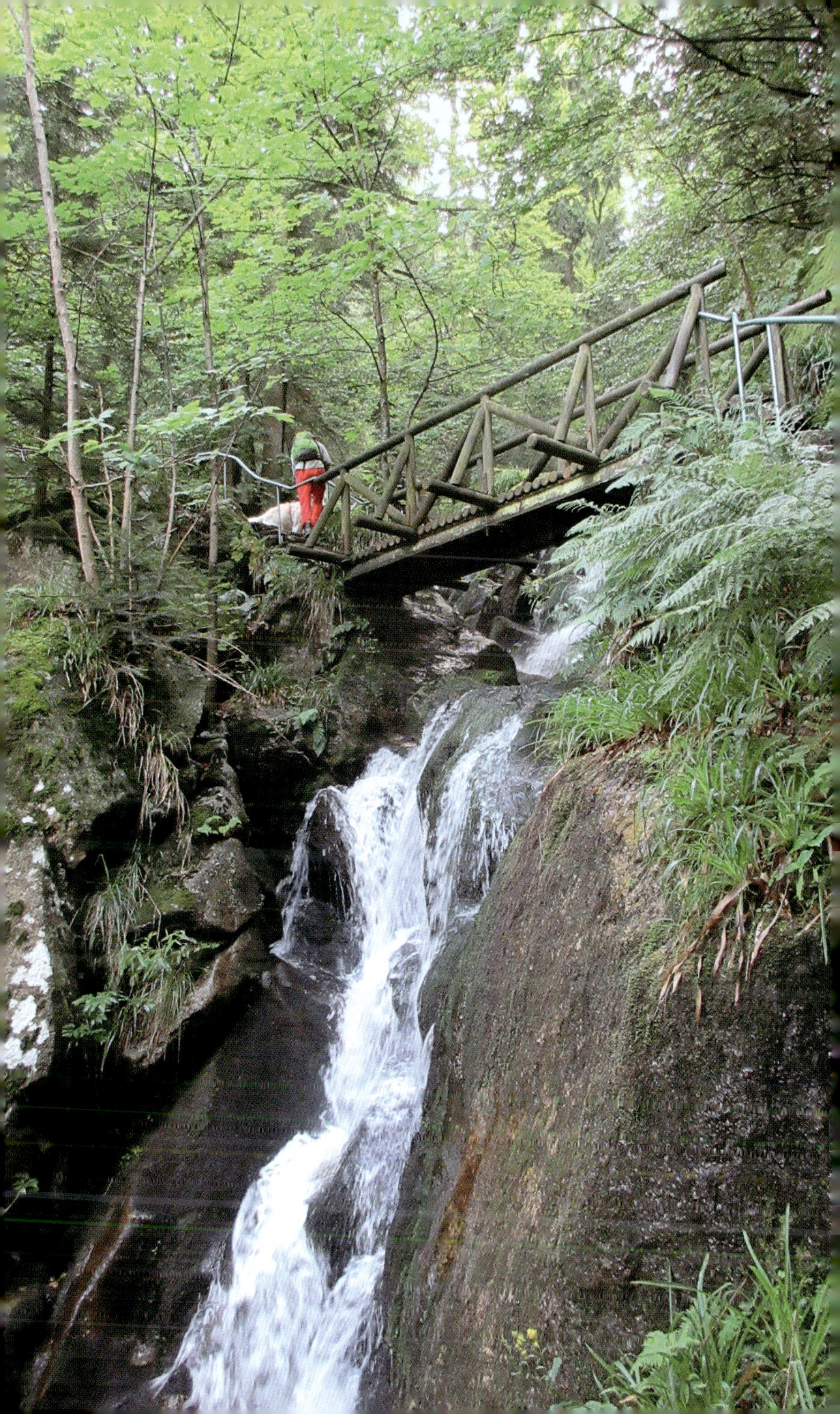

11 Über den Mehliskopf

Nach Herrenwies

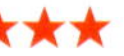

Adrenalinkick beim Sommerrodler

Erleben Sie einen grandiosen und absolut atemberaubenden Fernblick vom Gipfel des Mehliskopfs. Naschen Sie von den wohlschmeckenden Heidelbeeren, die in den urwüchsigen Wäldern wachsen und wählen Sie eine von sage und schreibe fünf Möglichkeiten zur kulinarischen Einkehr aus. Verpassen Sie aber keinesfalls die geschwindigkeitsberauschende Abfahrt mit der Mehliskopf Bobbahn. Genießen Sie eine abwechslungsreiche Wanderung im Nationalpark Schwarzwald mit allen Sinnen; riechen, schmecken, hören, sehen und fühlen.

KURZINFO

 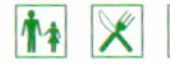

Ausgangspunkt: Hundseck, 884 m, Parkplatz (für Wohnmobile geeignet), Busanschluss. Der Ausgangspunkt liegt an der B 500 zwischen Baden-Baden und Kniebis.
Dauer: 3.15 Std.
Höhenunterschied: 350 m.
Markierung: Gelbe Raute und Westweg.
Anforderungen: Sehr abwechslungsreiche Rundwanderung auf guten Wegen.
Einkehr: Gasthaus Waldesruh, Naturfreundehaus Badener Höhe, Bergwaldhütte, Bobbahn, Hundshütte.
Unterkunft: Naturfreundehaus Badener Höhe, Tel. +49 7226 238; Gästehaus Braun Herrenwies 23, 76596 Forbach-Herrenwies, Tel. +49 7226 265; Gästehaus Waldesruh, Herrenwies 30, 76596 Forbach-Herrenwies, Tel. +49 7226 232, waldesruh-herrenwies.de; Jugendherberge Forbach-Herrenwies, Herrenwies 33, 76596 Forbach, Tel. +49 7226 257.
Tipps: Wer sich mit Wildkräutern und Waldbeeren auskennt, kann diese auf dieser Tour während der Erntezeit in Hülle und Fülle genießen. Ein Abstecher zum Sandsee ist sehr lohnenswert.
Wanderkarte: Landesamt für Geoinformation und Landentwicklung Baden-Württemberg, Wanderkarte Renchtal Ortenau, 1:35.000.

Direkt an der **Schwarzwaldhochstraße** starten wir beim **Hundseck (1)**, 884 m, diese Paradetour. Vor dem Skihang und dem **Berggasthaus Hundshütte** schreiten wir rechts dem Schotterweg zu. Bereits hinter einer Schranke empfängt uns der harzig duftende Nadelwald und lädt uns ein, dem lustigen Vogelgezwitscher zu lauschen. Die Markierung des Schwarzwaldvereins führt in Form einer gelben Raute leicht bergauf. Je höher wir steigen, desto mehr lichtet sich der Wald und öffnet dabei den Blick zu den umliegenden Bergen. Die riesigen Nadelwälder scheinen sich uferlos auszudehnen und lassen uns lediglich erahnen, wie viele Waldtiere hier ihr Zuhause haben.

Am Wegetreff »Westliche Dreikohlplatten«, 955 m, berühren wir die Grenze des Nationalparks und wenden uns scharf links. Das viele Totholz am Wegrand lässt erkennen, dass hier die Natur sich selbst überlassen ist und ein unverzichtbares Ökosystem und Lebensraum für ungezählte Tier- und Pflanzenarten bietet. Mehrere Rastbänke laden zum Verweilen ein. Halten Sie einfach mal an, schließen die Augen

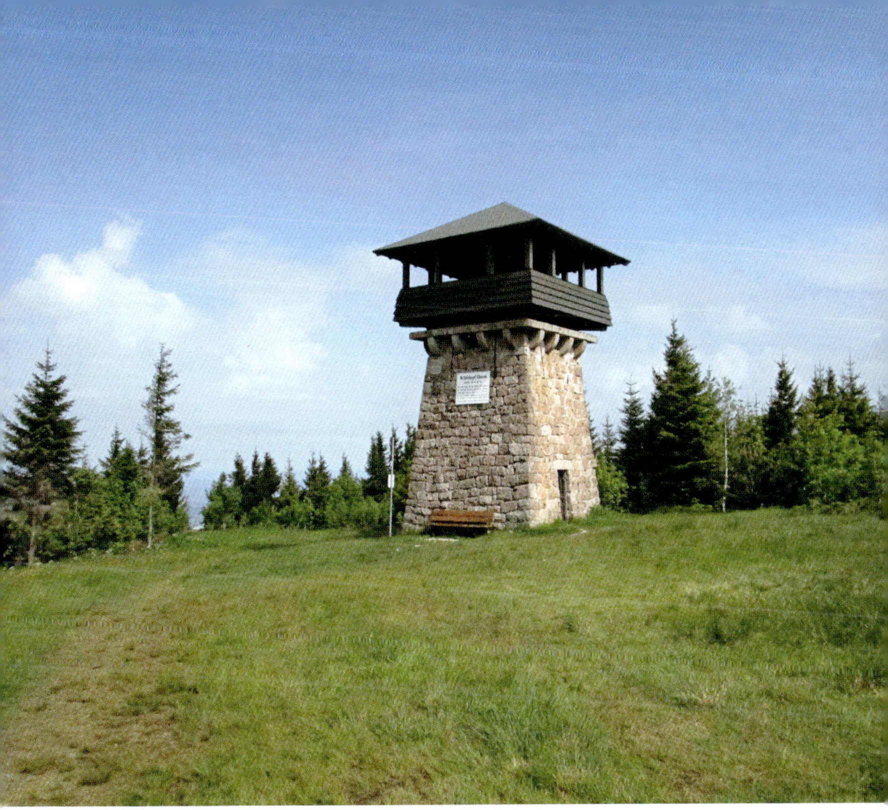

Der Mehliskopfturm.

und genießen fernab von Stress und Hektik der Großstadt den wohltuenden Klang der Stille, der diesen Augenblick bereichert.

Kurz vor dem **Mehliskopfturm (2)**, 998 m, queren wir die Hundseck-Skipiste. Gerade mal 35 Stufen führen im Turminneren hinauf zur Aussichtsplattform und lassen uns dabei die 1000-Meter-Grenze überschreiten. Der gigantische Ausblick reicht im Norden zum Nobelhotel Bühlerhöhe, den Baden-Badener Hausbergen sowie zur markanten Yburg. Im Westen liegt uns das rebenbewachsene Bühlertal quasi zu Füßen und hinter dem breiten Rheingraben ragen schemenhaft die Vogesen auf. Im Süden hingegen bestimmt der höchste Berg des Nordschwarzwalds, die mächtige Hornisgrinde, 1164 m, das Landschaftsbild.

Anschließend führt ein schmaler Saumpfad in den Wald und leitet

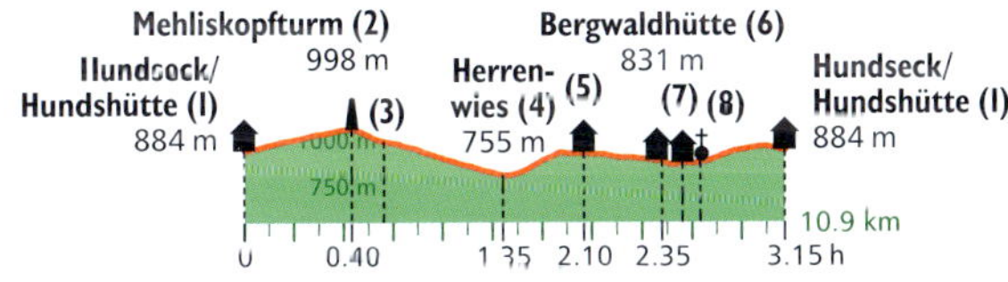

über große Sandsteine talwärts zum Skihang Mehliskopf. Ein »zierlicher« Wiesensteig quert die breite Schneise und bringt uns zur Bergstation der **Mehliskopf-Bobbahn (3)**, 934 m. Erleben Sie jetzt schon die Vorfreude auf das prickelnde Abenteuer, den nachher die rasante Abfahrt bietet!

Ein breiter Forstweg führt jetzt weiter talwärts und vor uns entdecken wir auf dem gegenüberliegenden Gipfel den sandsteinernen Aussichtsturm der Badener Höhe. Beim querenden Forstweg gehen wir links und biegen bereits nach 120 m scharf rechts zum Ziegelweg ab. Abertausende Heidelbeersträucher säumen den Weg auf dem Abschnitt nach **Herrenwies (4)**, 755 m.

Nach dem Wald dient die katholische Pfarrkirche St. Antonius als Orientierung. Wir gehen zum Dorfplatz und setzen bei der Bushaltestelle über die Landstraße. Ein Kunstpfad lädt zur Besichtigung ein, und die ehrliche, gute Küche von Herbert Brennsteiners Gasthaus Waldesruh reicht von der frisch geangelten Bachforelle bis hin zu selbst gebackenem Brot.

Hinter dem Gotteshaus führt ein pädagogisch interressanter Walderlebnispfad geradewegs im Forst des Nationalparks weiter. Wenn Sie wollen, sammeln Sie Naturmaterialien und gestalten damit ein Waldbild. Dies ist vor allem für Kinder eine besonders willkommene Beschäftigung. Schweißtreibend steigt der Weg auf sandigem Boden bergauf, dabei gibt es mehrere Waldtiere aus Holz und Metall zu entdecken und erkennen, sogar ein 200 Mio. Jahre alter Buntsandstein aus der Zeit des Obertrias ziert den Wegrand. Fühlen Sie mit der flachen Hand den Stein. Man könnte fast meinen, er erzählt

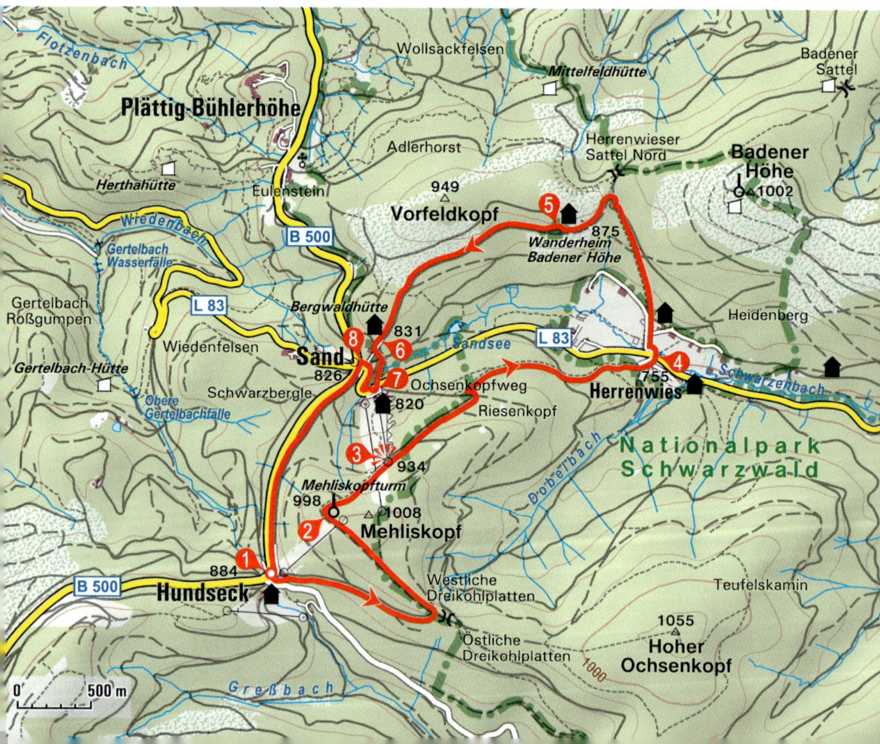

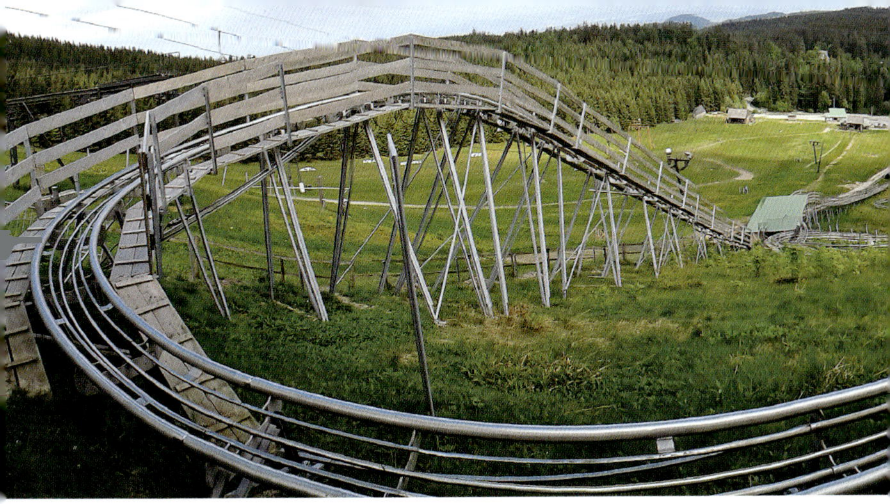

Panorama bei der Bergstation der Bobbahn.

uns eine unglaublich spannende Geschichte aus längst vergangen Tagen.

Wir wandern auf dem knorrigen Pfad so lange bergwärts, bis wir zu einem Forstweg stoßen und diesem nach links folgen. Gleich darauf biegen wir noch einmal links ab und kurze Zeit später stoßen wir am Herrenwieser Sattel auf den **Westweg**. Die rote Raute des populären Fernwanderwegs leitet zielsicher und beinahe eben zum **Naturfreundehaus Badener Höhe (5)**, 875 m.

Frisch gestärkt machen wir uns wieder auf die Socken und folgen im leichten Abwärtsmarsch weiter der Spur des Westwegs durch den lauschigen Nadelwald. Bleiben Sie einfach mal kurz stehen und atmen tief durch. Die frische Luft tut gut, riechen Sie die Natur!

Nach 1,7 km erreichen wir die romantisch gelegene **Bergwaldhütte (6)**, 831 m, die zur nächsten Rast einlädt. Am Wegetreff Vorfeld biegen wir links ab und folgen der Ausschilderung zur Talstation der **Mehliskopf-Bobbahn (7)**, 820 m. Erleben Sie nach dem Hinaufliften eine rasante Talfahrt, einen unglaublichen Adrenalinkick und Sinnesrausch, der seinesgleichen sucht. Völlig überwältigt und beeindruckt gehen wir nach **Sand (8)**, 826 m, und die Kapelle »Zum Guten Hirten« gegenüber der Schwarzwaldhochstraße bietet die Möglichkeit beim Sonntagsgottesdienst um 11.00 Uhr ein stilles Gebet in den Himmel zu schicken.

Neben der Bergwachthütte wandern wir weiter auf dem Fernwanderweg durch den Wald zum Ausgangspunkt zurück. Die hübsche **Hundshütte** am **Hundseck (1)** lädt uns zum kulinarischen Wanderausklang geradezu ein.

Herrenwies

Das 65 Seelen zählende Schwarzwalddorf Herrenwies ist der einzige Ort, der wirklich im Nationalpark liegt. Aber nicht nur die etwa fünf Dutzend Bewohner fühlen sich hier wohl, nein, auch eine Herde schottische Hochlandrinder haben bei Herrenwies ihr Zuhause gefunden.

12 Hundseck

Zwischen dem Nord- und Südteil des Nationalparks 

Um den Bettelmannskopf

Im Sommer geht es im Tal des Greßbachs und dem des Hundsbachs eher ruhig zu. Wenn Sie Stille, Wald- und Bergeinsamkeit suchen, dann sind Sie hier genau richtig. Im Winter hingegen zeigt sich die Gegend um das Hundseck als hervorragendes Wintersportgebiet. Direkt an der Schwarzwaldhochstraße, zwischen Baden-Baden und dem Kniebis gelegen, ist das Hundseck perfekt zu erreichen. Mehrere Skilifte, »Bühlertal«, »Hundseck« und »Mehliskopf,« sowie ein ausgedehntes Loipennetz lassen in der weißen Pracht regelrecht Wintersportfreuden aufkommen.

Bei der Rundwanderung um den Bettelmannskopf erreicht man auf dem Hochkopf einen aussichtsreichen topografischen Tageshöhepunkt.

KURZINFO

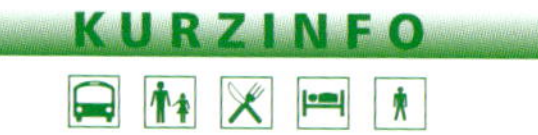

Ausgangspunkt: Hundseck, 884 m, an der B 500 zwischen Baden-Baden und Kniebis, Parkplatz, Busanschluss.
Gehzeit: 3.30 Std.
Höhenunterschied: 390 m.
Anforderung: Herrliche Wandertour, meist abseits der Hauptwanderwege, außer auf dem Westweg.
Einkehr: Hundseck und Unterstmatt.
Unterkunft: Bike Hotel Hochkopf-Stub, Raue Halde 6, 77815 Bühl-Unterstmatt, Tel. +49 7226 289, hochkopf.de.
Karte: LGL BW Wanderkarte Oberes Murgtal, 1:35.000.

An der **Schwarzwaldhochstraße** starten wir vom Parkplatz der Skilifte beim **Hundseck (1)**, 884 m, indem wir der Landstraße in Richtung Hundsbach nach Osten gehen. Kurz nach dem ehemaligen Hotel führt ein schmaler Pfad rechts abwärts zum Skihang und der Skihütte Bühlertal. Während des Abstiegs auf dem breiten Schotterweg begleitet

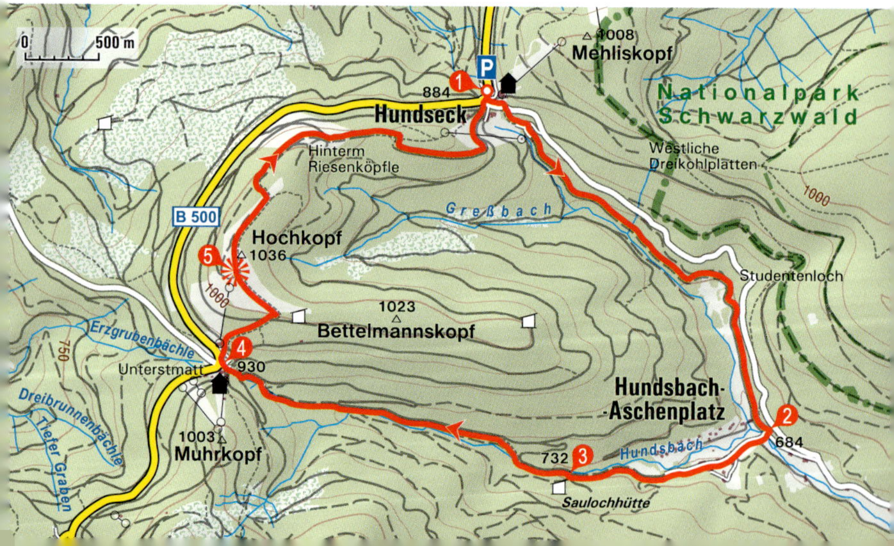

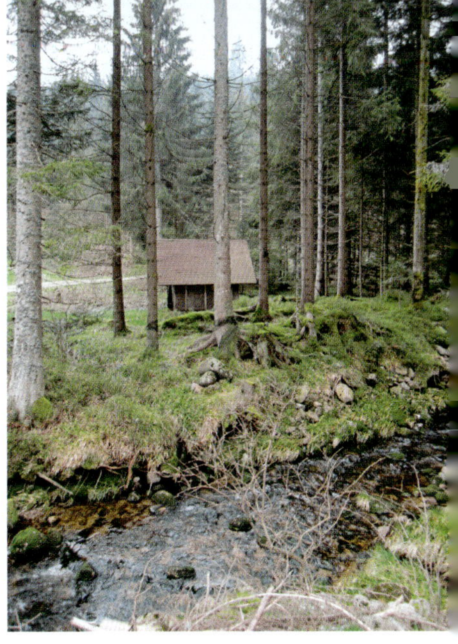

Die Saulochhütte liegt direkt am Hundsbach.

uns rechts der wild rauschende Greßbach. Gemütlich zieht sich der Wanderweg durch den teils lichten Wald und quert immer wieder kleine Wasserrinnsale. In der Lichtung Studentenloch wandern wir weiter talwärts. Bald erreichen wir die Häuser von **Aschenplatz (2)**, 684 m. Am Brückle biegen wir rechts über den Bach ab und wandern auf dem Teerweg in Richtung Südwesten bergan und bleiben an der Weggabelung rechts. Nach dem lieblichen Ort geht's im nahen Wald bergauf und rechts begleitet uns der rauschende Hundsbach. In einer idyllischen Lichtung halten wir uns rechts und folgen beständig dem breiten Weg, der zur holzernen **Sauloch hütte (3)**, 732 m, führt. Im romantischen Nadelwald steigen wir bergan und verlassen in einer Rechtskurve den Forstweg. Wenig später folgen wir dem unscheinbaren Trampelpfad, der sich rechts am Hang emporzieht. Über Stock und Stein steigen wir hinauf zu einem Forstweg, gehen links und verlassen ihn wieder in einer Rechtskurve. Neben dem immer schmäler werdenden Hundsbach folgen wir der blauen Raute hinauf bis zu den Häusern von **Unterstmatt (4)**, 930 m. Wir treffen auf den Westweg, queren den Parkplatz und folgen dem Fernwanderweg nach rechts in das Waldschutzgebiet und hinauf zum Hochkopf.

Ein mit Steinplatten ausgelegter Weg leitet uns sicher über die baumfreie Grindenfläche des **Hochkopf (5)**, 1036 m, der bei klarer Sicht durch eine sehr schöne Aussicht besticht. Vor allem die gegenüberliegende Hornisgrinde beherrscht das Blickfeld. Im leichten Gefälle führt der schmale Pfad durch den Wald zu einem Forstweg. Wir gehen rechts und genießen von der baumfreien Orkanschneise einen weitläufigen Talblick ins Bühlertal. Vor uns erkennen wir jetzt bereits wieder den Skihang Bühlertal Hundseck. Beim Wegetreff »Hinterm Riesenköpfle« bleiben wir geradeaus und folgen der roten Raute bis zu unserem Ausgangspunkt **Hundseck (1)** zuruck.

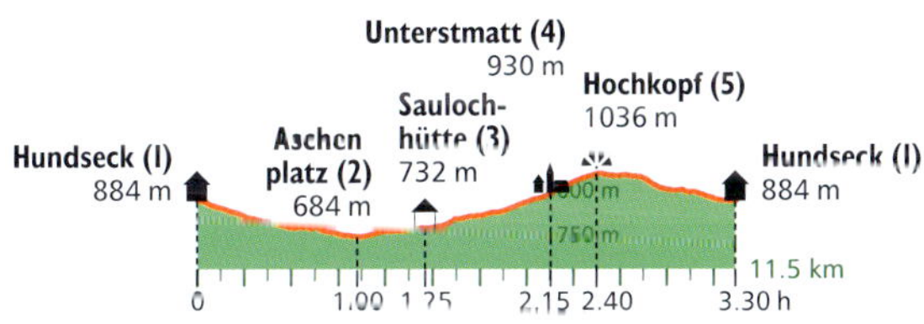

13 Auf Traumpfaden zur Schurmseehöhe

Hoch über Hundsbach 

Wandern in einer unberührten Natur

Hundsbach, oder »Hondsbach«, wie die Schwarzwälder liebevoll zu sagen pflegt, ist ein wunderschön gelegenes Bergdorf. Abseits der viel befahrenen Straßen liegt es in friedvoller Stille, etwa auf halbem Weg zwischen Raumünzach im Murgtal und dem Hundseck am Mehliskopf bei der Schwarzwaldhochstraße. Eine schmale, kurvenreiche Straße verbindet die beiden Orte. Von der Kirche genießt man übrigens einen herrlichen Blick durchs Raumünztal. Auf paradiesischen Traumpfaden steigen wir hinauf zur Schurmseehöhe und blicken von dort tief hinab zum See. Schöne Waldpfade führen nach Erbersbronn und von dort wandern wir durch das Raumünztal wieder zurück nach Hundsbach. Die richtige Wanderung für all diejenigen, die Ruhe suchen.

KURZINFO

Ausgangspunkt: Hundsbach, 630 m, Parkplatz, Busanschluss. Hundsbach liegt zwischen der B462 und B500, etwa 6 km Luftlinie südwestlich der Schwarzenbachtalsperre.
Gehzeit: 4.30 Std.
Höhenunterschied: 620 m.
Anforderung: Ausgedehnte Waldwanderung auf Pfaden und Wegen.
Einkehr: Naturfreundehaus in Erbersbronn etwas abseits der Route und Hundsbach.
Unterkunft: Keine.
Karte: LGL BW Wanderkarte Oberes Murgtal, 1:35.000.

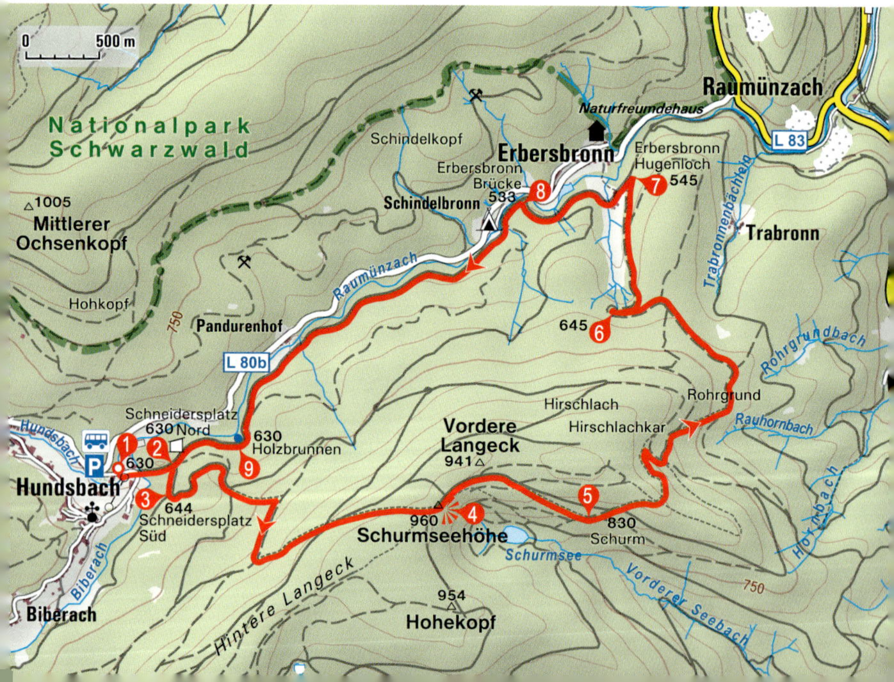

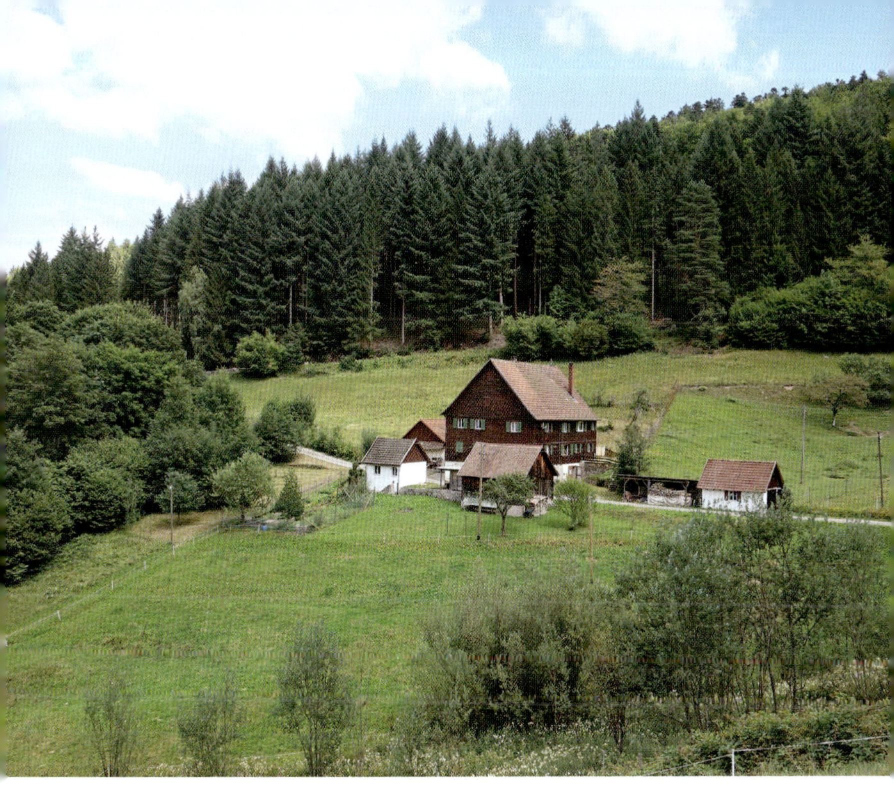

Im ruhigen Erbersbronn scheint es gemütlich zuzugehen.

In **Hundsbach (1)**, 630 m, beim Parkplatz am Skihang nehmen wir den mit der blauen Raute markierten Weg, Richtung Osten, in den Privatwald der Murgschifferschaft. Zunächst präsentiert sich die Waldwanderung als ein ebener Spaziergang, zumindest bis zur Hütte »Stall« am **Schneidersplatz Nord (2)**, 630 m. Hier bereits beginnt der Anstieg. Wir biegen nach rechts ab und gelangen nach 200 m zum **Schneidersplatz Süd (3)**, 644 m. Hier wandern wir nach links weiter und folgen dem breiten Schotterweg im Wald hinauf. Beinahe zart dringt das Glockengeläut der Hundsbacher Kirche in unser Ohr, es wird jedoch stets leiser, je tiefer wir in den Wald hineinwandern. Achtung, wenn sich der Forstweg gabelt, halten wir uns geradeaus auf dem naturbelassenen Pfad! Auf steinigem Waldboden gewinnen wir an Höhenmetern und wenden uns beim Forstweg rechts. Tief im Tal erblicken wir die Häuser von Hundsbach. Nach 400 m zweigt scharf links ein schmaler Weg ab, dem wir hinauffolgen. Der weiche Waldboden ist wie Balsam unter unseren Füßen. Im Anstieg setzen wir über zwei Forstwege. Atmen Sie beim Bergmarsch tief durch, fühlen dabei die Energie des Waldes und füllen Ihre Lungen mit frischer Bergluft, so wie es die Kurgäste im Schwarzwald schon seit Langem tun. Die schmale Pfadspur führt neben Heidekraut und Heidelbeeren durch den Forst,

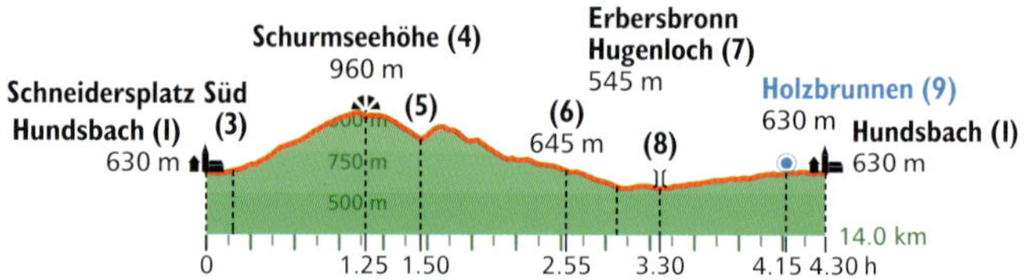

dabei sollte man stets auf den Weg achten und nicht stolpern. Allmählich lässt die Steigung nach und der paradiesische Wegabschnitt leitet über eine reizvolle Hochebene zur **Schurmseehöhe (4)**, 960 m. Zur Aussicht mit Sitzbank gehen wir wenige Meter den Pfad hinter dem Forstweg weiter. Wie ein schwarzes Auge des Waldes liegt er tief unter uns, der zauberhafte Schurmsee. Der kreisrunde Moorsee ist von kesselartig hohen, düsteren Bergwänden umgeben. Er verdankt, wie alle Karseen, früher auch »Zirkusseen« genannt, seine Entstehung den einstigen Gletschern, die damals eine Aushöhlung formten. Der Schurmsee hat einen Umfang von etwa 500 m und ist bis zu 13 m tief. Weit am Horizont baut sich hinter der Besenfelder Höhe majestätisch der Gebirgszug der Schwäbischen Alb auf.

Nach der Aussicht folgen wir dem Forstweg, der jetzt zu der blauen Raute auch mit der Markierung des Seensteigs versehen ist, nach rechts. Wenige Meter später haben wir noch einmal eine Aussicht zum See, aber die vorherige ist wesentlich eindrucksvoller. Der breite Weg präsentiert sich am Vorderen Langeck als wunderschöner Höhenweg. Im Abstieg achten wir auf die Abzweigung nach rechts zum Wiesenwegle, das uns zu einer **Wegkreuzung (5)**, 830 m, bringt. Optional kann man rechts zum 400 m entfernten Schurmsee abzweigen, wir jedoch wandern mit der gelben Raute links bergauf und queren dabei einen Forstweg. In Richtung Nordosten steigen wir auf eine Kuppe, 894 m, und gehen dort halb links. Der Abstieg auf dem Grasweg führt durch einen zauberhaften Waldabschnitt und beim Forstweg am **Hirschlachkar**, 845 m, gehen wir rechts talwärts. Nach 250 m biegen wir links zum Waldweg ab, der uns hinab zu einem 600 m entfernten Forstweg bringt, den wir nach links beschreiten. Die in manchen Karten eingezeichnete Rohrgrundhütte existiert leider nicht mehr. Das gleichmäßige Dahinschreiten im sanften Abwärtsmarsch geschieht ohne Anstren-

Wasser trinken am Holzbrunnen, das frische Quellwasser erfrischt ermüdete Wanderer.

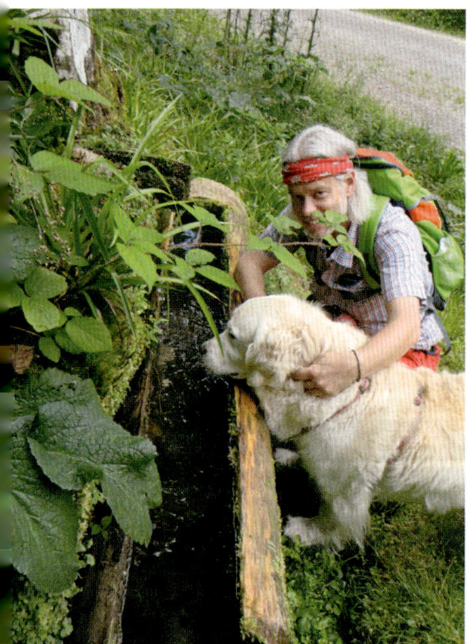

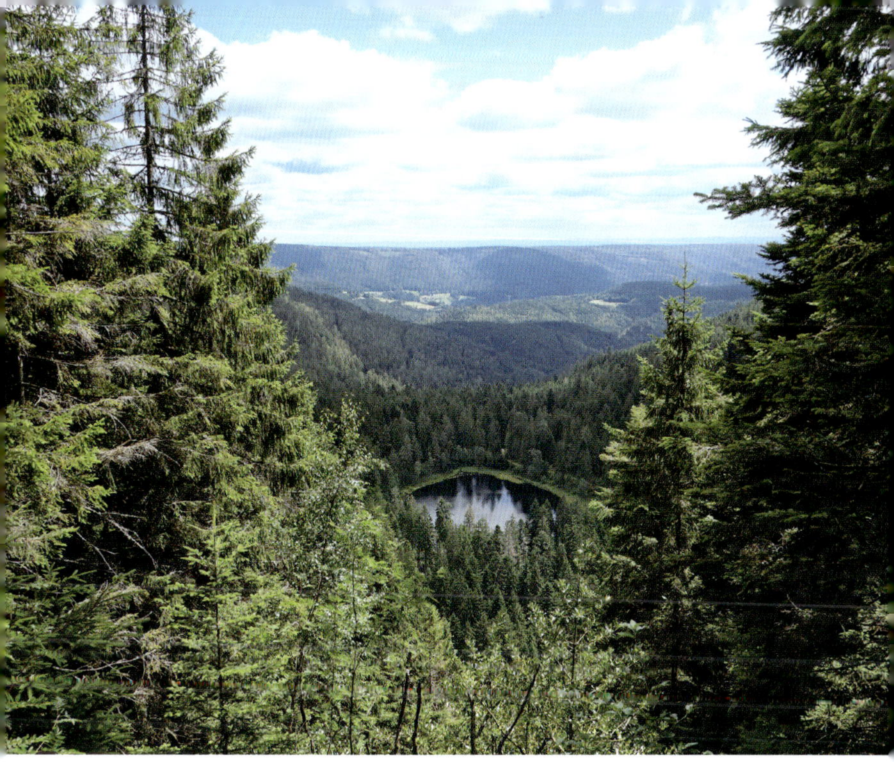

Der grandiose Schurmseeblick reicht bis zur Schwäbischen Alb.

gung und hat beinahe einen meditativen Charakter. Am Wegdreieck halten wir uns links und gelangen ein paar Minuten später bei der Rechtskurve in das **Quellgebiet (6)**, 645 m, eines kleinen Bachs. Bald öffnet sich links der Wald zu einer Viehweide und wir erkennen die Häuser von **Erbersbronn (7)**, 545 m, sowie auf der gegenüberliegenden Talseite das Naturfreundehaus. Beim Wegweiser Hugenloch gehen wir scharf links, kurz mit der Murgleiter und folgen weiter der gelben Raute in den nahen Wald. Vom sanften Plätschern der Raumünzach im Talgrund begleitet wandern wir zur **Erbersbronner Brücke (8)**, 533 m. Unter einer Stromleitung gehen wir links und passieren den gepflegten Campingplatz jenseits des Bachs. Idyllisch zieht sich der breite Wanderweg im Grünen das Tal hinauf, wo wir einen alten **Holzbrunnen (9)**, 630 m, aus dem Jahre 1940 erreichen. Richtung Westen gehend, gelangen wir wieder zum **Schneidersplatz Nord (2)**, von wo der Rückweg nach **Hundsbach (1)** bereits bekannt ist.

Murgschifferschaftswald

Der Murgschifferschaftswald ist noch heute in Privatbesitz einer Waldgenossenschaft altdeutschen Rechts mit Sitz in Gernsbach/Murgtal. »Schiffer« bedeutet so viel wie »Flößer«. Das Geschäft mit der etwa 5000 ha großen Waldfläche hatte im 18. Jahrhundert seine Hochzeit.

14 Auf den Höchsten im Nordschwarzwald

Hüttenwanderung auf die Hornisgrinde 

Anstieg über die Westflanke der Hornisgrinde

Nach anderthalb Kilometern Wanderstrecke auf nahezu ebenem Terrain hat man sich genügend aufgewärmt, dann beginnt der lange und schweißtreibende Anstieg zur Hornisgrinde. Dieser wird durch den einzigartigen Blick zum Mummelsee belohnt, denn er ist besonders sehenswert, aber auch die anderen Fernblicke von dem höchsten Berg des Nordschwarzwalds sind zutiefst beeindruckend. In der Grinde-Hütte, im Ochsenstall und in Unterstmatt lässt es sich prima einkehren, sodass man diese Tour getrost als Schwarzwälder Hüttenwanderung betiteln kann und darf.
Gemütliches Auswandern bestimmt den Gehrhythmus, den wir schon vom Beginn der heutigen Tour kennen.

KURZINFO

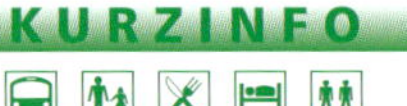

Ausgangspunkt: Unterstmatt, 930 m, an der B500 (Schwarzwaldhochstraße), Parkplatz, Busanschluss.
Gehzeit: 3.15 Std.
Höhenunterschied: 390 m.
Anforderung: Herrliche Wandertour auf teils steinigen Pfaden.
Einkehr: Grinde-Hütte, Wanderheim Ochsenstall und Unterstmatt.
Unterkunft: Bike Hotel Hochkopf-Stub, Raue Halde 6, 77815 Bühl-Unterstmatt, Tel. +49 7226 289, hochkopf.de.
Karte: LGL BW Wanderkarte Renchtal Ortenau, 1:35.000.

In **Unterstmatt (1)**, 930 m, direkt an der Schwarzwaldhochstraße beginnen wir vor dem Gasthaus Zur Großen Tanne unsere Wanderung. Die gelbe Raute weist unterhalb des Murkopfs den Weg in Richtung Südwesten und am Skilift entscheiden wir uns für den Schotterweg, der nach rechts abzweigt. Bald verlassen wir die Wintersportanlage und wandern hinter einer Schranke in den Wald. Nach 1,5 km halten wir an der Horngass dem breiten Weg für weitere 100 m die Treue und biegen am Wegweiser **Kaltenbrunnen (2)**, 902 m, mit der blauen Raute links bergwärts. Wenig später folgen wir dem steinigen Wurzelpfad, der halb links abzweigt. Der Anstieg zur Hornisgrinde hat begonnen und bringt den Kreislauf gehörig in Schwung. Vor einer Steinmauer leiten Stufen

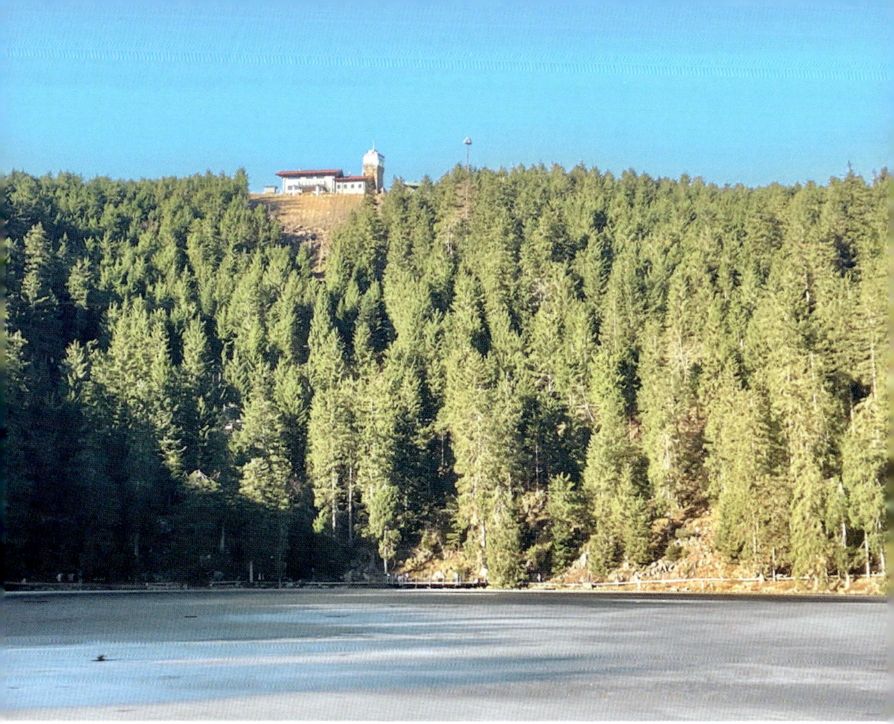

Die Grinde-Hütte liegt hoch über dem Mummelsee.

links hinauf, und rechts versetzt führt der anstrengende Bergpfad weiter in die Höhe. Im Anstieg queren wir einen Forstweg sowie eine Straße. Zahlreiche Felsbrocken und Heidelbeerstauden säumen den Wegrand. Je höher wir steigen, desto lichter wird der Wald und die Aussicht über die Schwarzwälder Vorgebirgszone reicht weit hinaus ins Rheintal. Die blaue Raute führt uns unterhalb des Windparks, 1145 m, durch ein aussichtsreiches Windbruchgebiet, wo wir den nach rechts abzweigenden Waldpfad wählen, der mit der gelben Raute markiert ist. In südliche Richtung wandernd, verlassen wir bald den Wald und erkennen halb links den Hornisgrindeturm. Der weite Fernblick fasziniert und auf den großen Steinen neben dem aus Steinplatten gefertigten Weg kann man sich hinsetzen, um die Szene zu genießen. Ohne merkliche Anstrengung wandern wir unterhalb der Grinde-Hütte zum Westweg und folgen diesem für 200 m in Richtung Süden zum **Katzenkopf (3)**, 1120 m. Mit der gelben Raute und dem Hinweis »Seensteig« bie-

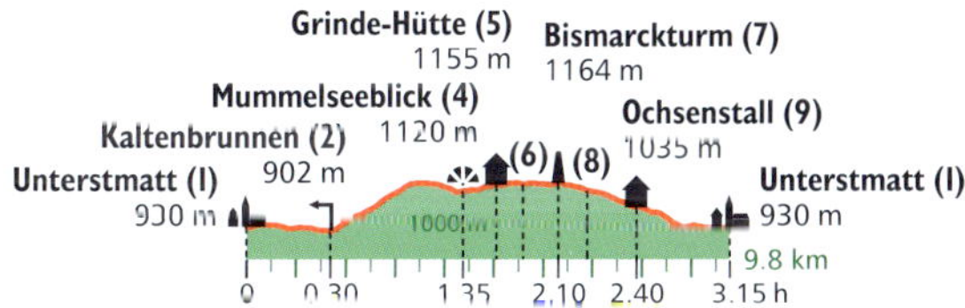

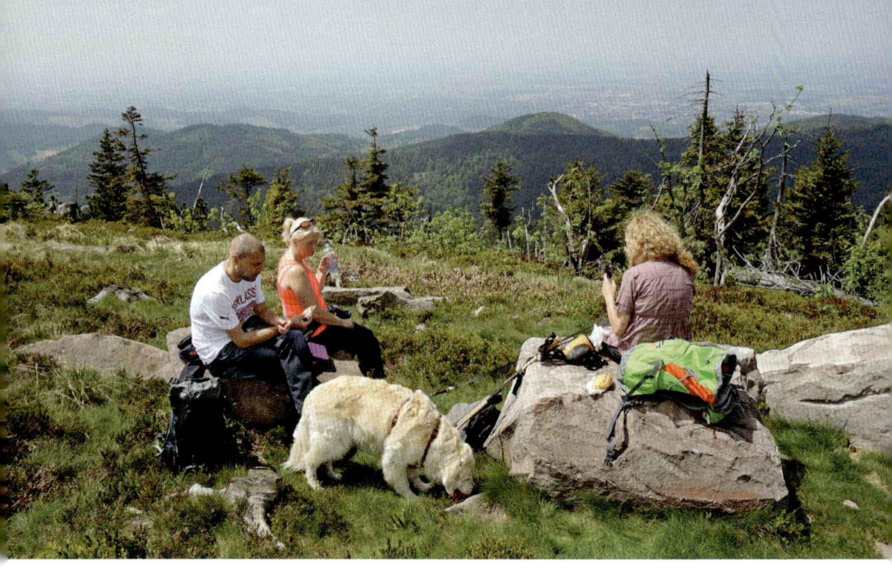

Oben: Rucksackvesper auf der Hornisgrinde.
Rechts: Hornisgrindeabstieg zum Ochsenstall.

gen wir scharf links ab und erreichen auf dem ausgetretenen Weg bald den **Mummelseeblick (4)**, 1120 m. Von hier kann man das bunte Treiben auf und um den beliebten Bergsee beobachten. Nach 300 m wenden wir uns beim Wachgebäude, 1130 m, scharf links der Zufahrtsstraße zu. Nun können wir den Hornisgrindeturm, besuchen und in der **Grinde-Hütte (5)**, 1155 m, einkehren. Frisch gestärkt gehen wir ein paar Meter den Anstiegsweg retour und biegen bei der Segelflughalle halb links ab. Neben einem Zaun schreiten wir in den Wald zum **Dreifürstenstein (6)**, 1154 m. Auf dem Seensteig folgen wir dem fantastischen Bohlenweg, der über das empfindliche Hochmoor der baumfreien Grindenfläche leitet. Beim **Bismarckturm (7)**, 1164 m, haben wir den höchsten Punkt der Hornisgrinde erreicht. Der Wegweiser schummelt sogar noch zwei Höhenmeter dazu! Mittels einer Außentreppe lässt sich der kleine Turm besteigen. Erneut befinden wir uns auf dem Westweg und gehen mit der roten Raute nach rechts. Das Windrad und der Sendemast dienen dabei zur Orientierung. Weit blickt man über die tiefen Wälder des Nationalparks, halb rechts erkennt man den Turm auf der Badener Höhe und tief im Tal den Biberkessel.

Nach dem Windrad betreten wir den Wald und erreichen bald den riesigen **Sender (8)**, 1120 m. Der schmale Pfad führt auf grobem Stein in Richtung Nordosten hinab zum **Ski- und Wanderheim Ochsenstall (9)**, 1035 m. Nach erholsamer Rast wenden wir uns links versetzt dem Waldpfad zu und gehen beim Forstweg kurz links. Bald zweigt rechts der wurzelüberwachsene Pfad (Hans-Reymann-Weg) ab. Beim Forstweg schreiten wir nach rechts und wandern auf dem gemütlichen Weg gemächlich nach **Unterstmatt (1)** zurück.

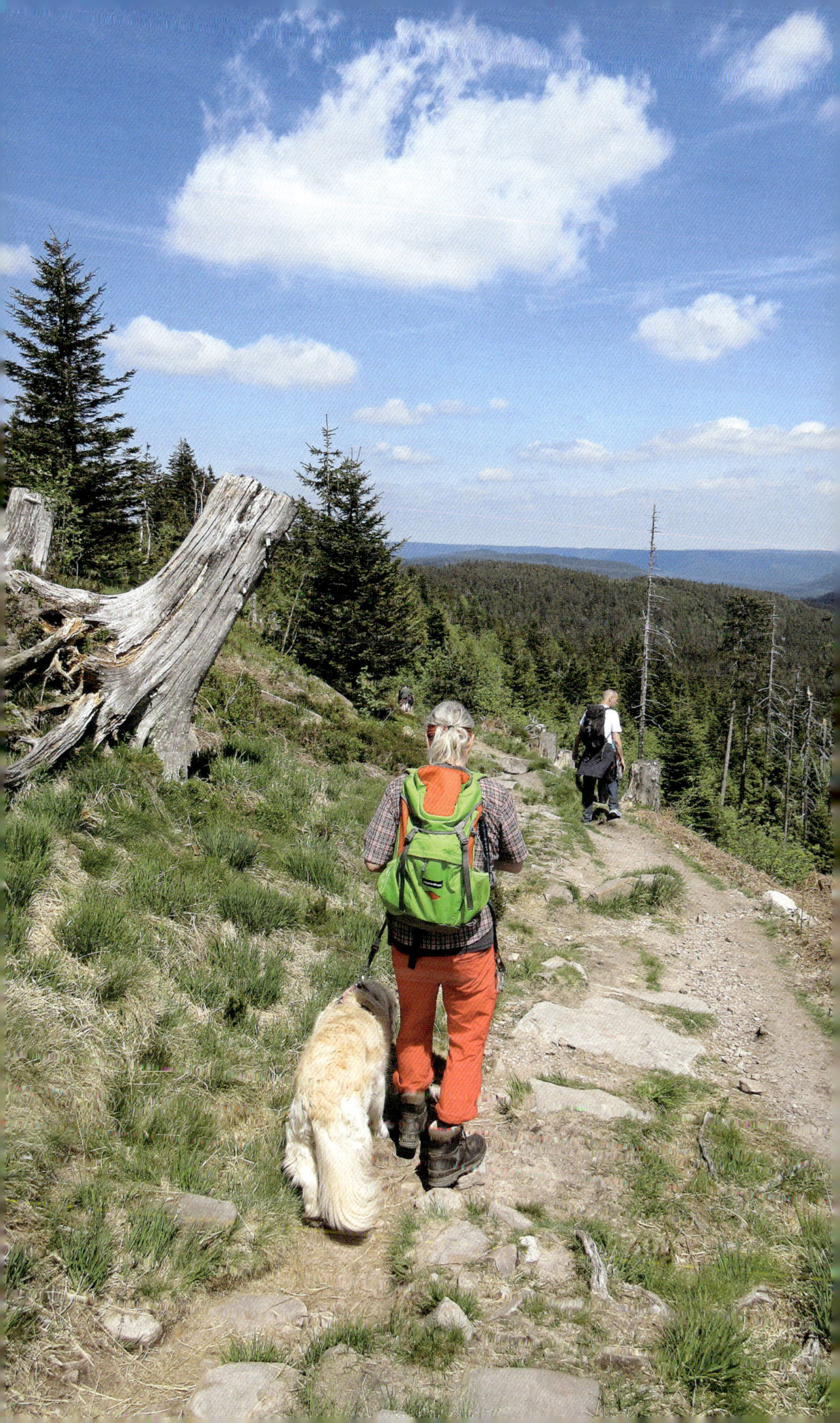

15

Um den Mummelsee

Zur Nixe vom Mummelsee

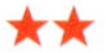

Der Mummelsee – ein Touristenmagnet

Der Mummelsee kann an Wochenendtagen auch getrost Rummelsee genannt werden. Es ist unglaublich, wie viele Tagestouristen sich hier oben tummeln, aber der Reiz des wunderschön gelegenen Karsees unterhalb der 1164 Meter hohen Hornisgrinde, zählt zu den populärsten Ausflugszielen im Schwarzwald. Natürlich ist man auf dem Weg rund um den See selten allein und auch ist der Rundweg für eine Beschreibung in einem Wanderbuch viel zu kurz, aber er soll auch älteren Menschen mit Geheinschränkung die Möglichkeit geben, sich in der Natur zu bewegen. Um den 17 Meter tiefen Mummelsee, der einen Durchmesser von ca. 200 Metern hat, ranken viele Sagen und Geschichten. So soll einst eine junge Nixe in dem dunklen Gewässer gelebt haben. Eduard Mörike wurde hier einst zu seinem Gedicht »Die Geister vom Mummelsee« inspiriert.

KURZINFO

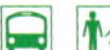  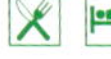

Ausgangspunkt: Parkplatz Mummelseehotel, 1036 m, Busanschluss; Schwarzwaldhochstraße 11, 77889 Seebach.
Gehzeit: 0.15 Std.
Höhenunterschied: 10 m.
Anforderung: Sehr einfacher Spaziergang.
Einkehr: Berghotel Mummelsee.
Unterkunft: Berghotel Mummelsee, Schwarzwaldhochstraße 11, 77889 Seebach, Tel. +49 7842 99286, mummelsee.de.
Karte: LGL BW Wanderkarte Oberes Murgtal, 1:35.000.

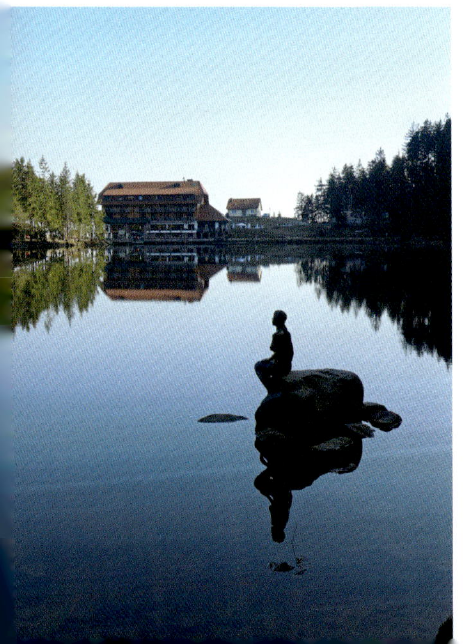

Eigentlich bedarf es zur Umrundung des Mummelsees keiner wandertechnisch detaillierten Beschreibung. Vom **Parkplatz (1)**, 1036 m, beim Mummelseehotel mit dem angrenzenden Bauernladen schreiten wir zum Seeufer und folgen dem breiten Uferweg entgegen dem Uhrzeigersinn. Wer möchte kann der kleinen Kapelle rechts des Wegs einen Besuch abstatten. Vor der steinernen Karwand führt ein Holzbohlenweg sicher am Ufer entlang. Mit jedem Meter ändert sich der Blickwinkel zum See, sodass die Umrundung keineswegs langweilig wird. Das Berghotel Mummelsee

Die Nixe vom Mummelsee bewacht ihren See Tag und Nacht.

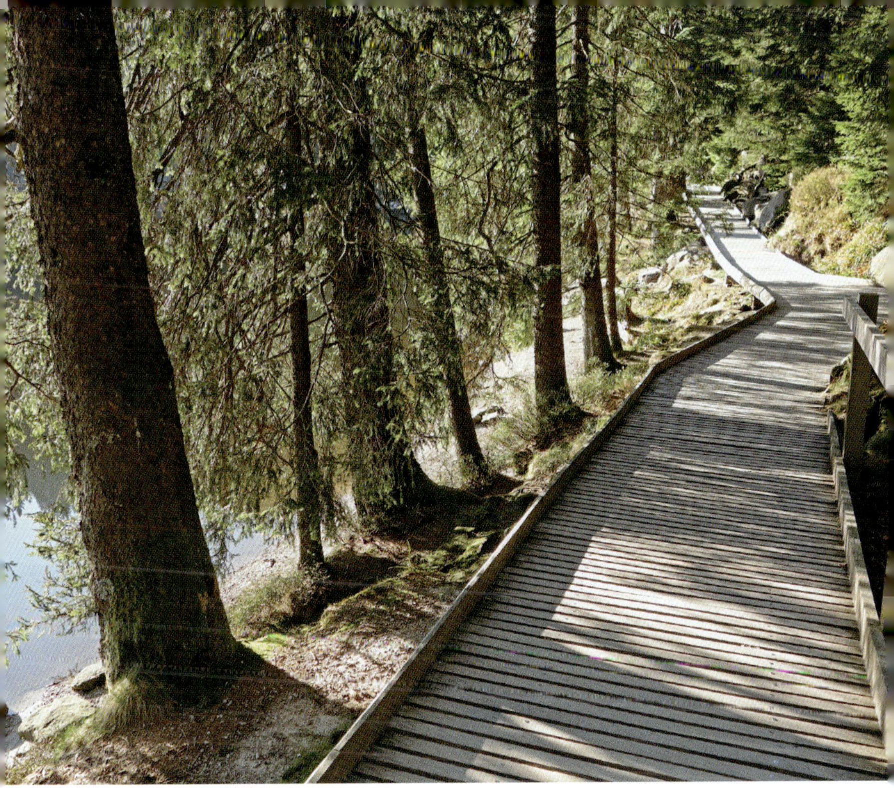

Bohlenweg am Mummelseeufer.

spiegelt sich in der Wasseroberfläche wider. Mehrere Relaxliegen laden auf einer Plattform zum Entspannen und zum Sonnenbad ein. Gegenüber dem großen Gasthaus sitzt die **Nixe vom Mummelsee (2)**, 1036 m, auf einem Stein im Wasser und beobachtet täglich das bunte Treiben auf und um den See aufs Neue. Denn sogar Tretboot kann man hier fahren! Der idyllisch angelegte Rundweg führt problemlos um den bekannten Karsee und neigt sich beim Hotel schon wieder dem Ende zu.

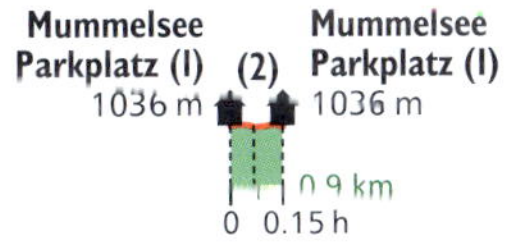

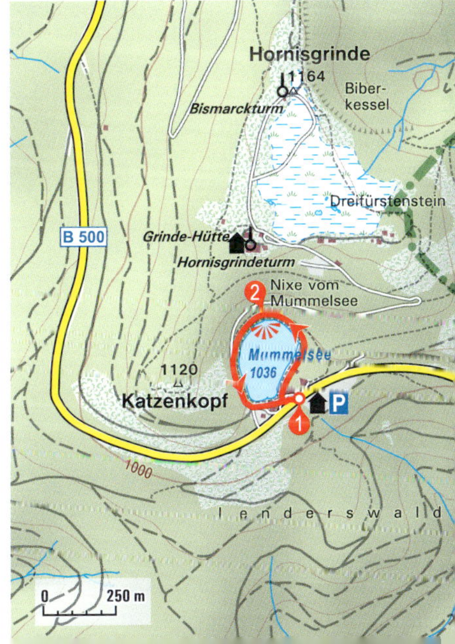

16 Auf die Hornisgrinde

Nationalpark-Feeling pur

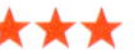

Wandern in urwüchsiger Natur

Ein landschaftlicher Kontrast, wie er größer fast nicht sein könnte. Heidelbeerbewachsene Waldböden, quirlige Schwarzwaldbäche, naturbelassene Wanderpfade mit teils alpinem Charakter, ein Holzdielenweg über die Grindenfläche der Hornisgrinde und ein steiniger Abstieg. All das erwartet uns bei dieser grandiosen Rundwanderung, die Sie mit Sicherheit nicht bereuen werden.

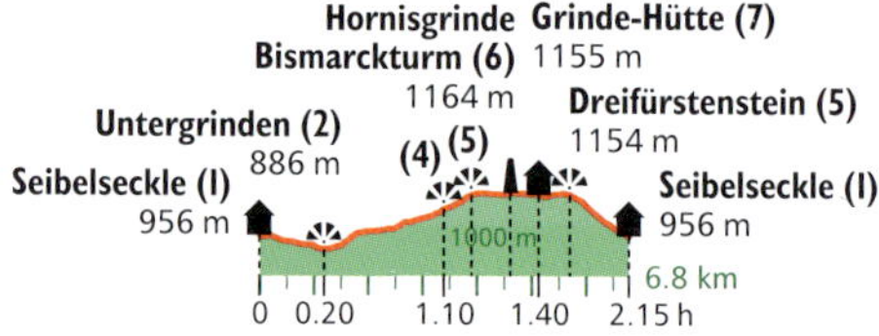

KURZINFO

Ausgangspunkt: Seibelseckle, 956 m, Parkplatz, Busanschluss; an der B 500, etwa 1,5 km östlich vom Mummelsee.
Gehzeit: 2.15 Std.
Höhenunterschied: 300 m.
Anforderung: Trittsicherheit notwendig, teils alpiner Charakter.
Einkehr: Seibelseckle und Grinde-Hütte.
Unterkunft: Berghotel Mummelsee, Schwarzwaldhochstraße 11, 77889 Seebach, Tel. +49 7842 99286, mummelsee.de.
Karte: LGL BW Wanderkarte Oberes Murgtal, 1:35.000.

Vom Nordwestrand am Parkplatz des **Seibelseckle (1)**, 956 m, unterhalb des Skihangs wenden wir uns dem für Fahrzeuge gesperrten Waldweg zu, der hinter einer Schranke und mit der gelben Raute

Aussicht vom Wanderweg zum Skihang Seibelseckle.

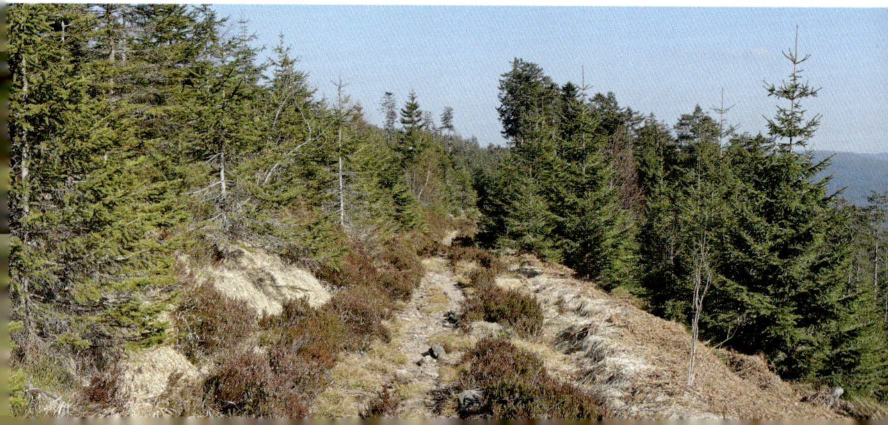

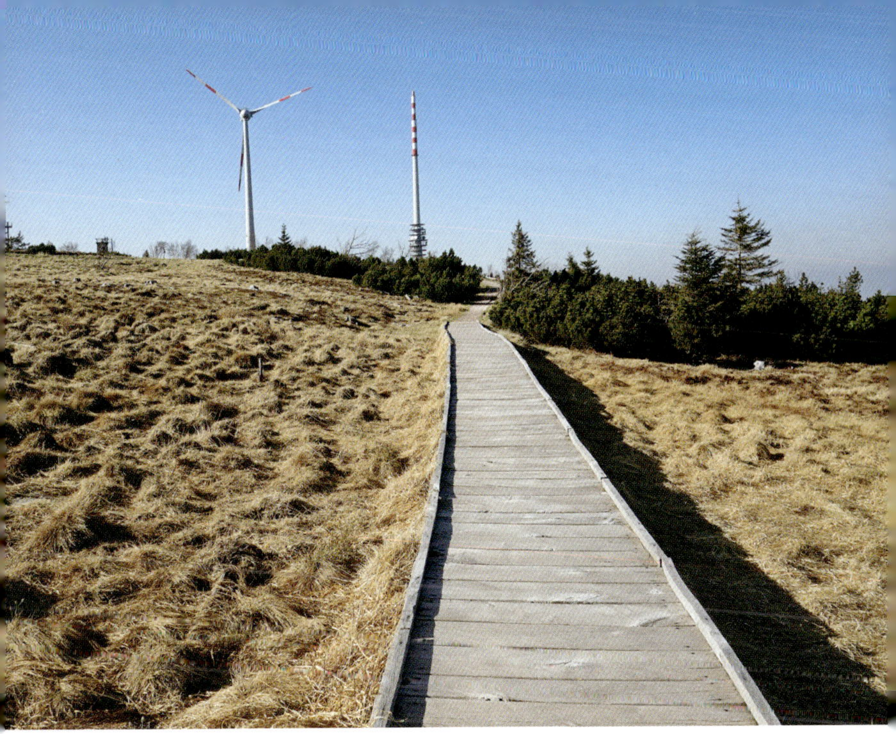

Der Ruthard-Hambrecht-Weg leitet sicher über die Hornisgrinde.

markiert in den Wald hinableitet. Zunächst wandern wir in Richtung Norden – der breite Forstweg führt in den Nationalpark. Beim Pommertsbrunnen, 920 m, gelangen wir in ein wasserreiches Gebiet und der quirlige Kesselbach begleitet uns kurz talwärts. So weit das Auge reicht, breiten sich links und rechts vom Weg Heidelbeerfelder aus. Friedliche Waldidylle umgibt uns. Am **Wegweiser Untergrinden (2)**, 886 m, öffnet sich der weite Blick ins hintere Langenbachtal, wir jedoch biegen mit der gelben Raute links ab hinauf zum **Hinteren Brand (3)**, 915 m. Ein sehr steiler Bergweg führt mit der Markierung des Seen-

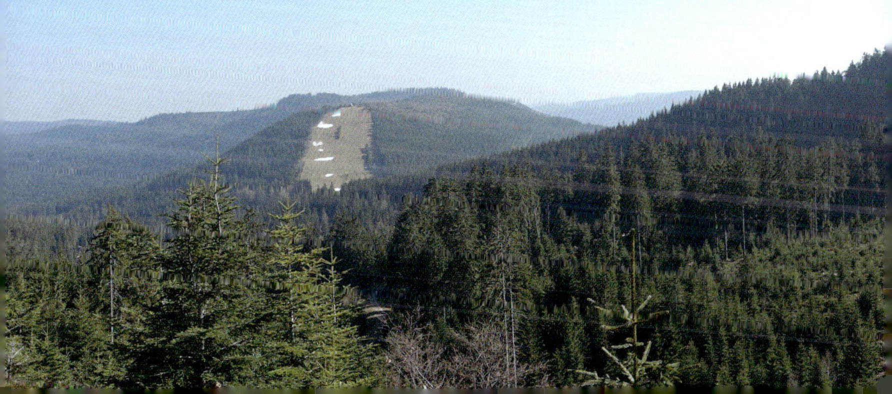

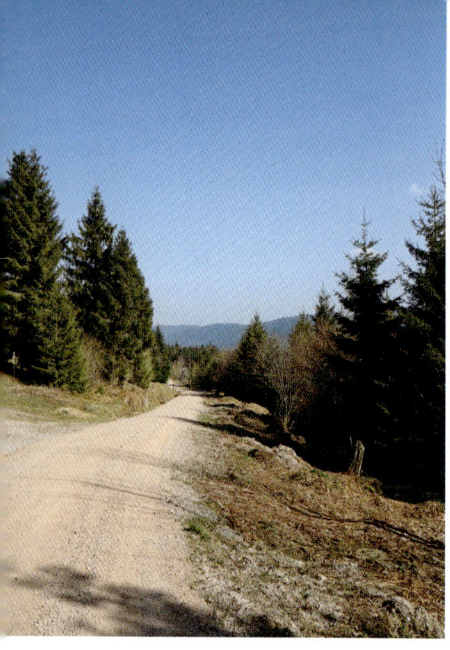

Bei Untergrinden öffnet sich der Blick ins hintere Langenbachtal.

steigs links hinauf zu einer Sitzbank, 970 m, vor der man einen tollen Ausblick auf die Wälder des Nationalparks genießt. Beinahe eben geht es auf dem Waldweg weiter, welcher der Hornisgrinde entgegen führt. Wenn wir nach 500 m Sichtkontakt zu einem Windrad haben, verlassen wir den Forstweg und biegen halb rechts zu einem Wiesenwegle ab. Der mit vielen Steinen durchsetzte Pfad leitet durch eine urwüchsige Natur, die sich selbst überlassen bleibt. Es lohnt sich, einfach mal stehen zu bleiben und in den Klang der Stille hinein zu lauschen. Fast spielerisch gewinnt der Pfad an Höhe und erreicht das **Kieneck (4)**, 1085 m. Wir steigen weiter bergan und folgen dem schmalen alpinen Bergpfad. Beim Blick zurück kann man jetzt den bereits erwanderten Tourenverlauf einsehen, auch der Skihang vom Seibelseckle ist deutlich erkennbar. Am Dreifürstensteinwegle treffen wir auf den Genießerpfad »Mummelsee-Hornisgrinde« und wandern diesen hinauf zum **Dreifürstenstein (5)**, 1154 m, der übrigens Württembergs höchster Punkt ist. Wir halten uns rechts und gehen über den aus Holzboh-

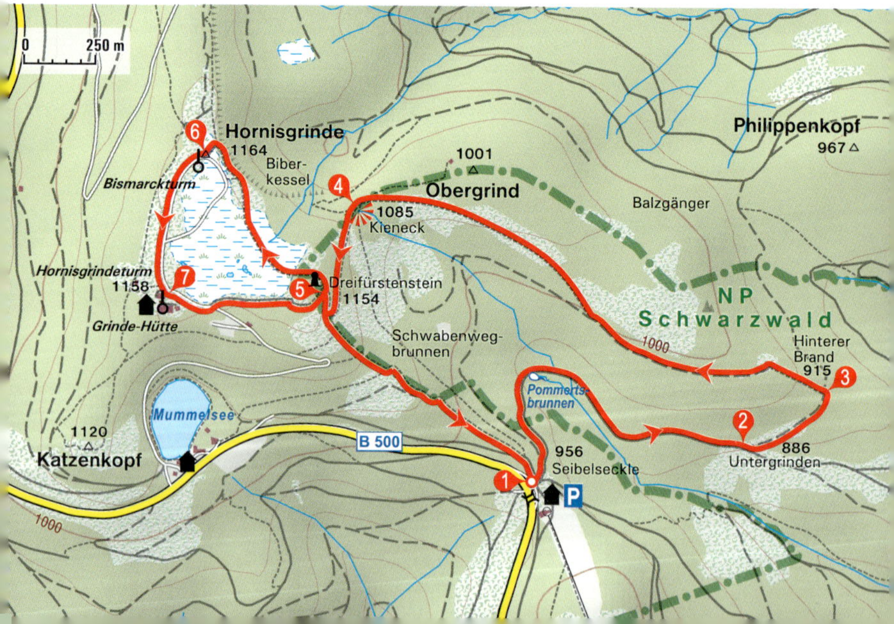

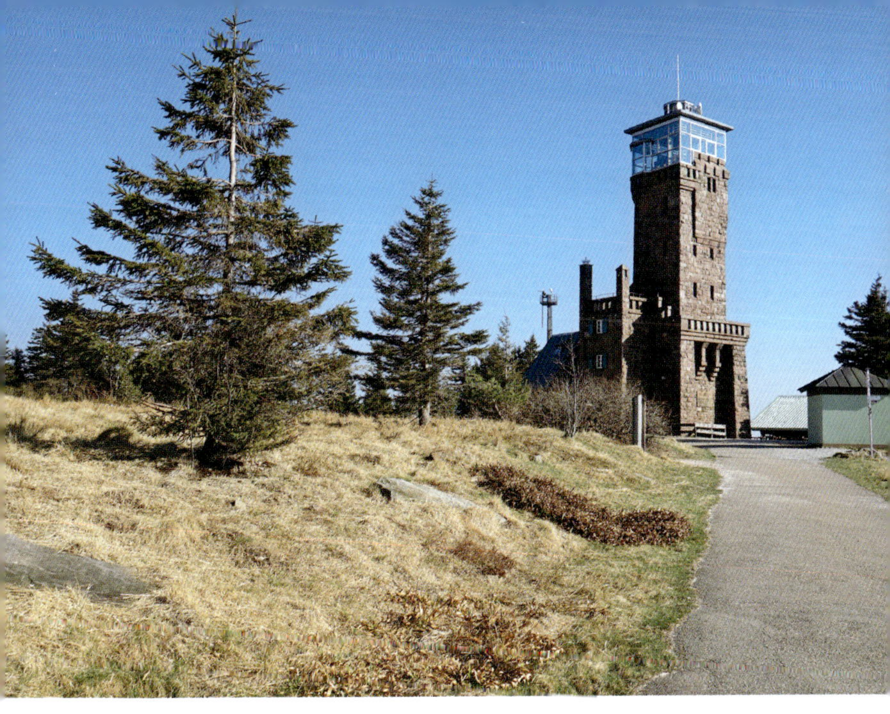

Der sandsteinerne Hornisgrindeturm wurde bereits im Jahre 1910 erbaut.

len gefertigten Ruthard-Hambrecht-Weg. Im Jahre 1972 erreichte Ruthard Hambrecht den Rückbau des Militärzaunes auf der Hornisgrinde und ermöglichte dadurch den Bau des nach ihm benannten Schwellenwegs über das einzigartige Hochmoor.

Links und rechts die naturgeschützte Grindenfläche, ragt vor uns markant der über 200 m hohe Hornisgrinde-Sendemast des SWR auf. Genusswandern pur, ewig weit reicht der Blick zu den benachbarten Gipfeln. Mühelos gelangen wir zum **Hornisgrinde Bismarckturm (6)**, 1164 m, dem höchsten Punkt des lang gezogenen Bergrückens. Hier treffen wir den Westweg und folgen diesem nach links. Topfeben leitet der Fernwanderweg zum 1910 erbauten, sandsteinernen Hornisgrindeturm, und zur **Grinde-Hütte (7)**, 1155 m. Der Ausblick von der Hornisgrinde-Südwestseite reicht bei klarer Sicht weit ins Rheintal und bis zu den Vogesen. Wir verlassen den Westweg, wandern mit der gelben Raute zur Segelflughalle und biegen dort halb links ab. Im angrenzenden Wald treffen wir schließlich wieder auf den **Dreifürstenstein (5)** und schreiten den Genießerpfad, der alpine Züge aufweist und kräftig in die Beine geht, hinab. An der Verzweigung beim Schwabenwegbrunnen, 1085 m, entscheiden wir uns für den linken, schmalen und steinigen Pfad. Wenn der Boden allmählich sandiger wird, ist der Steilabstieg geschafft. Auf den letzten Metern trifft noch einmal der Westweg hinzu und am Ecklesbrunnen kann man sich erfrischen oder aber im **Gasthaus Seibelseckle (1)** einkehren.

17

Durchs Kesselbachtal

Wo der Wildbach rauscht

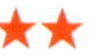

Zur Harfentanne

Vom Seibelseckle geht's auf direktem Wege in den Nationalpark Schwarzwald. Ab der Brandhütte wird der Pfad etwas schmaler und wirkt beinahe alpin. Das Begehen verlangt durchaus Trittsicherheit, aber keine Schwindelfreiheit. Im Talgrund des Kesselbachtals wandert man herrlich neben dem Wasser, das in ungezählten Kaskaden zu Tale rauscht, zur Harfentanne, die durch ihre einzigartige Form fasziniert. Ein steiler Anstieg leitet aus dem idyllischen Tal zurück zur Schwarzwaldhochstraße.

KURZINFO

Ausgangspunkt: Seibelseckle, 956 m, Parkplatz, Busanschluss.
Gehzeit: 1.45 Std.
Höhenunterschied: 230 m.
Anforderung: Abseits der Hauptwanderwege, Trittsicherheit von Vorteil.
Einkehr: Seibelseckle.
Unterkunft: Berghotel Mummelsee, Schwarzwaldhochstraße 11, 77889 Seebach, Tel. +49 7842 99286, mummelsee.de.
Karte: LGL BW Wanderkarte Oberes Murgtal, 1:35.000.

Vom Parkplatz am **Seibelseckle (1)**, 956 m, wandern wir hinter einer rot-weißen Schranke, mit der gelben Raute den Forstweg in das Naturschutzgebiet hinab. Ein Holzschild mit der Aufschrift »Ochsenstall« weist zusätzlich den Weg. Bald treten wir in den Nationalpark ein und gelangen wenig später zum **Pommertsbrunnen (2)**, 920 m. Der breite Waldweg quert den Kesselbach und führt immer tiefer in den Nationalpark. Am Wegweiser **Untergrinden (3)**, 880 m, gehen wir geradeaus und bleiben danach am Jägersitz auf dem breiten Schotter-

Rechts: Die Harfentanne.

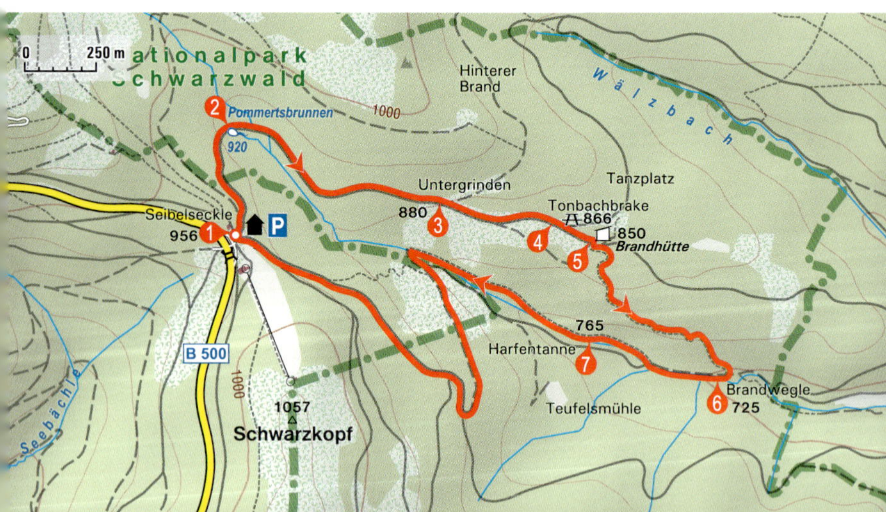

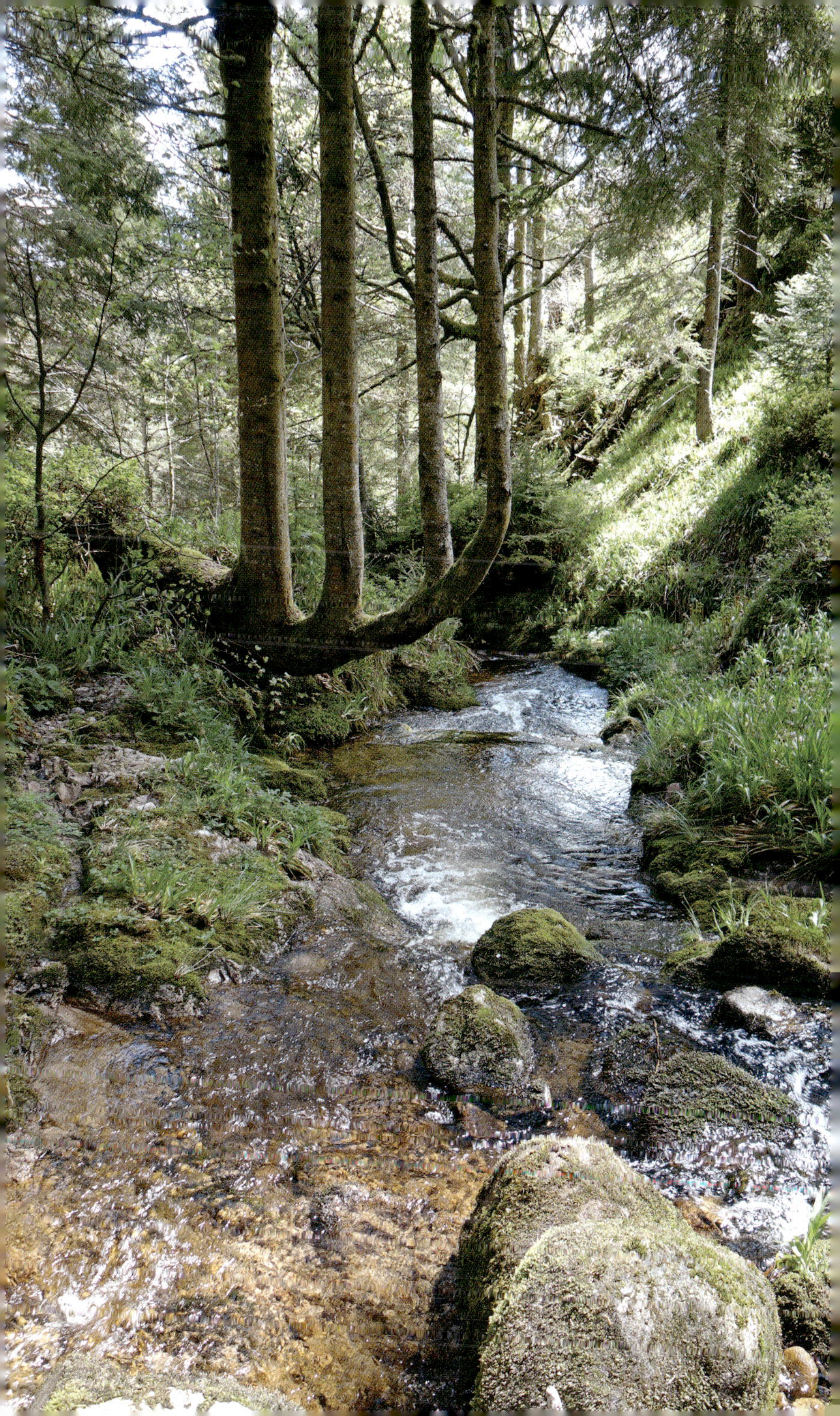

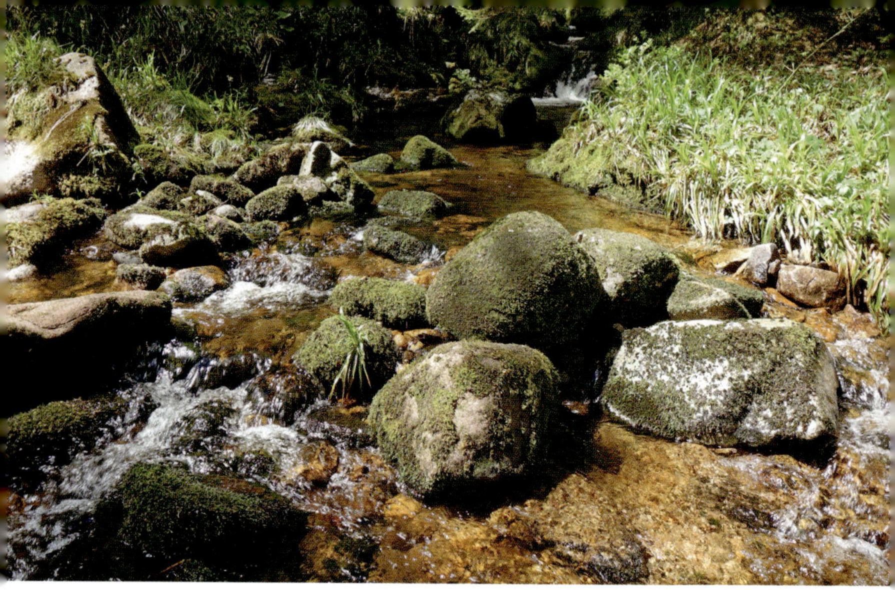

Der Kesselbach ist glasklar, aber eiskalt.

weg. Am Picknickplatz **Tonbachbrake (4)**, 866 m, halten wir uns rechts und biegen nach 100 m, noch vor der **Brandhütte (5)**, 850 m, rechts zum wurzeldurchzogenen Waldpfad ab. Dieser quert einen Wildbach und wir setzen den Marsch auf schmalem Wege fort. Trittsicherheit ist auf diesem Abschnitt von Vorteil. Romantisch schlängelt sich der Pfad durch eine malerische Natur hinab zum Wegweiser **Brandwegle (6)**, 725 m.

Es ist erstaunlich, wie der zuvor noch kleine Kesselbach hier mittlerweile zu einem stattlichen Gebirgsbach angeschwollen ist. Im Talgrund biegen wir auf den breiten Weg nach rechts ab und schreiten neben dem quirligen Kesselbach flussauf.

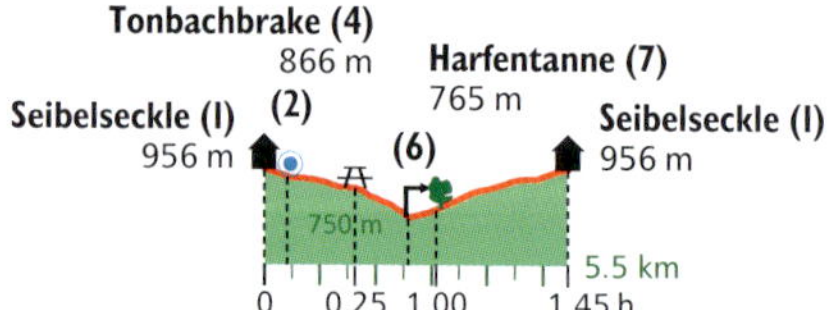

An der Weggabelung Teufelsmühlehütte, 764 m, folgen wir dem schmalen Pfad rechts. Weiter vom Kesselbach begleitet, wandern wir durch das liebliche Tal und können an der Sitzbank bei der **Harfentanne (7)**, 765 m, eine kleine Rast zum Rucksackvesper einlegen. Die nah am Wasser gewachsene Harfentanne hat mit ihren vier Stämmen eine sehr beeindruckende Form. Der Anstieg leitet neben dem Bach weiter in die Höhe zu einem Brunnen. Wir nehmen weiter den steinigen Wanderpfad, bis ein breiter Weg den Kesselbach nach links überquert. Wir folgen dem Forstweg in Richtung Südosten und queren dabei mehrere kleine Quellbäche, die im Talgrund den Kesselbach speisen. Nach einem halben Kilometer Bergmarsch und einer langgezogenen Rechtskurve führt der schweißtreibende Anstieg zu einem Waldweg, auf dem wir rechts gehend nach 800 m wieder den Parkplatz am **Seibelseckle (1)** erreichen.

Vom Seibelseckle zur Darmstädter Hütte

Westweg und Seensteig

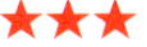

Durch eine wilde, ungezähmte Natur

Wenn man vom Seibelseckle zur Darmstädter Hütte beschreitet, ist allein schon die Aussicht nach Seebach, ins Achertal, Rheintal und bis zu den Vogesen ein besonderes Erlebnis. Da der Rückweg auf dem Westweg und dem Seensteig über den Altsteigerskopf und Schwarzkopf in einer noch höheren Lage verläuft, sind die Ausblicke von dort sogar noch imposanter.

KURZINFO

Ausgangspunkt: Seibelseckle, 956 m, Parkplatz, Busanschluss.
Gehzeit: 2.15 Std.
Höhenunterschied: 220 m.
Anforderung: Einfache Wanderung auf problemlos begehbaren Wegen und Pfaden.
Einkehr: Seibelseckle, Darmstädter Hütte.
Unterkunft: Berghotel Mummelsee, Schwarzwaldhochstraße 11, 77889 Seebach, Tel. +49 7842 99286, mummelsee.de.
Karte: LGL BW Wanderkarte Oberes Murgtal, 1:35.000.

An der Bushaltestelle neben der Schwarzwaldhochstraße, beim Skilift **Seibelseckle (1)**, 956 m, folgen wir dem Forstweg, der in Richtung Süden führt. Die gelbe Raute dient als Wegzeichen und bald blicken wir durch den Wald zum Mummelseehotel hinüber. Beinahe eben schlängelt sich der breite Weg für 1 km durch den Wald, dann biegen wir halb links zu einem Waldpfad ab, der auf steinigem Grund empor leitet. Auf diesem queren wir bald einen Forstweg und biegen beim

Wandergruppe zwischen dem Altsteigerskopf und Schwarzkopf.

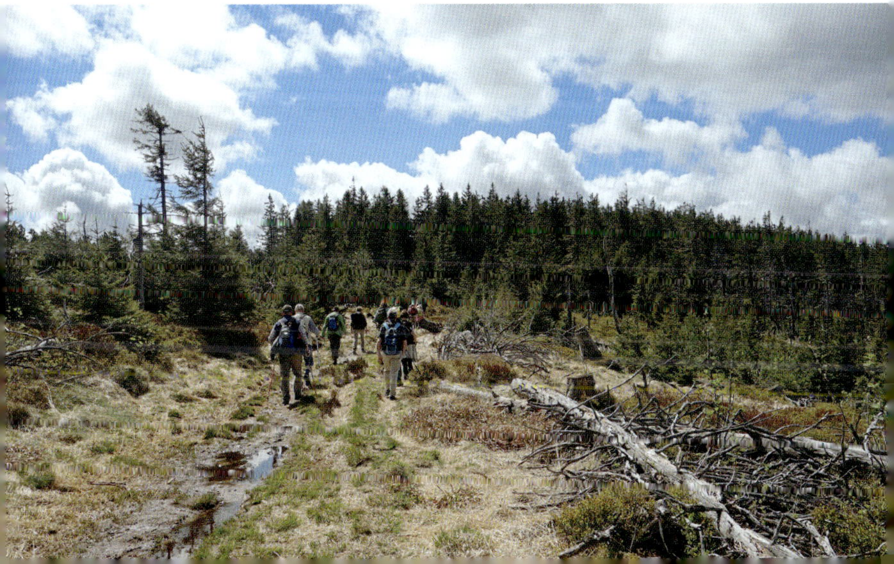

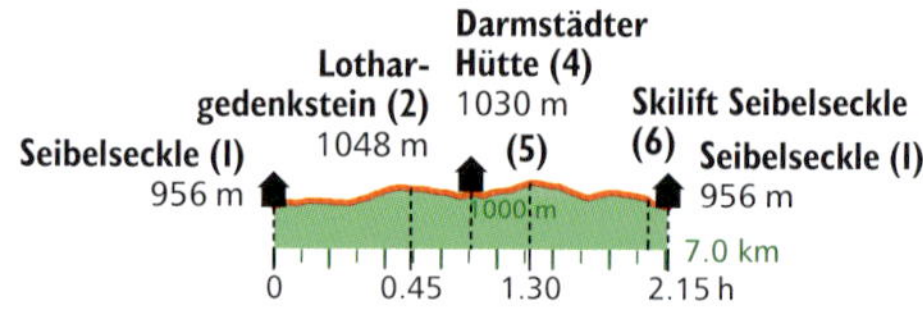

zweiten breiten Weg links ab bergan. Der kontinuierliche Anstieg, hoch über der Schwarzwaldhochstraße, führt durch ein aussichtsreiches Windbruchgebiet. Der Blick ins Achertal reicht bis zu den Vogesen, die am fernen Horizont bläulich schimmern. Mehrere Sitzbänke laden zum Verweilen und Genießen ein, dann erreichen wir den **Lothargedenkstein (2)**, 1048 m, der an den fürchterlichen Sturm vom 26. Dezember 1999 erinnert. Der Weg beschreibt einen Linksknick, und der Blick fällt unweigerlich zum Nationalparkzentrum am Ruhestein und dem baumfreien Schliffkopf dahinter. Der Höhenweg führt in den Wald zum Wegweiser **Skilift Darmstädter Hütte (3)**, 1010 m. Wir biegen mit Sichtkontakt zur 200 m entfernten, viel besuchten **Darmstädter Hütte (4)**, 1030 m, nach links ab. Nach einer zünftigen Hüttenrast folgen wir frisch gestärkt kurz dem unmaskierten Waldweg, rechts neben der Gartenterrasse des Berggasthauses in Richtung Südwesten hinab. Bald erreichen wir wieder den **Skilift (3)**, und wandern vor dem ersten Mast rechts unter der Anlage hindurch in den Wald. Die rote Westweg-Raute und die Markierung »Seensteig« dienen als Orientierungshilfe, wenn wir den steinigen Pfad bergauf wandern. Die Vegetation ähnelt der einer Heidelandschaft und wir überschreiten den **Altsteigerskopf (5)**, 1075 m. Hier finden wir eine ungezähmte Natur vor. Der Traumpfad führt an entwurzelten Bäumen vorbei und der weiche Waldboden kann nach Regenfällen durchaus etwas matschig sein. Seebach und das Achertal liegen uns quasi zu Füßen und vor uns baut sich die markante Hornisgrinde auf. Im leichten Abstieg treffen wir zu einem breiten Weg, 1028 m, den wir bald schon halb rechts zu einem schmalen Wanderpfad hin verlassen. Nach kurzem Marsch bergauf schauen wir erneut zum Mummelseehotel hinüber, passieren den Gipfel des **Schwarzkopf** und wandern im leichten Abstieg zum Skihang **Seibelseckle (6)**, 998 m. Am Rand der Waldschneise biegen wir talwärts ab und wenden uns nach dem zweiten Liftmasten links dem Forstweg zu. Nach ein paar Schritten gelangen wir scharf rechts zum Skilift **Seibelseckle (1)** zurück.

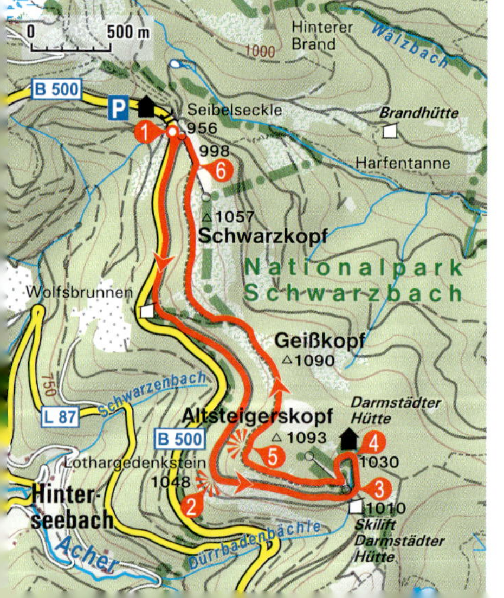

Prachtpanoramablick vom Altsteigerskopf bis ins Rheintal.

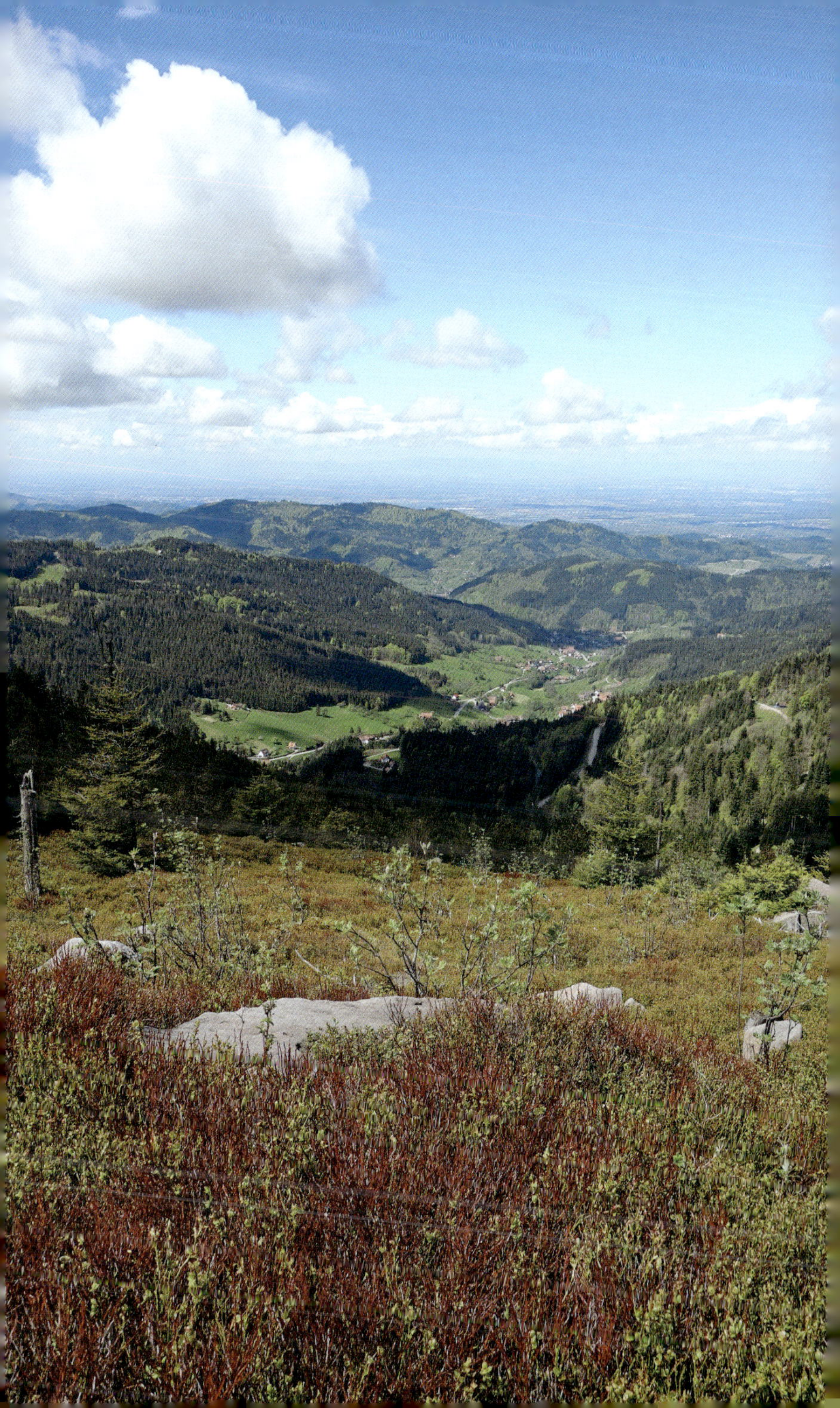

19 Vom Langenbachtal zum Blindsee

Über die Langengrinde ★

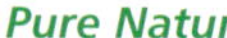

Pure Natur

Die lange Streckenwanderung durch das Langenbachtal zu Beginn dieser Tour kann getrost als Aufwärmübung für den Steilanstieg zum Philippenkopf betrachtet werden. Dabei erzeugt das dauerhaft gleichmäßige Plätschern des Langenbachs beinahe eine meditative Stimmung. Der traumhafte Pfad über den Bergrücken der Langengrinde ist ein Teilstück des einzigartigen Seensteigs, der in fünf Tagen rund um Baiersbronn führt und dabei oft durch den Nationalpark Schwarzwald leitet. Der Pfad führt zum Blindsee, der trotz der Namensgleichheit nicht mit dem Blindensee, bei Triberg am Westweg, verwechselt werden darf. Er ist seit Jahren schon am Vertrocknen, stellt aber trotzdem mit seiner Flora und Fauna ein einzigartiges Biotop dar, weshalb er keinesfalls betreten werden darf. Forstwege führen zurück, hinab ins lauschige Langenbachtal.

KURZINFO

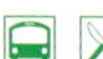  

Ausgangspunkt: Zwickgabel, 550 m, 5 km in Richtung Westen von Schönmünzach entfernt; Parkmöglichkeit am Ortsausgang, Busanschluss.
Gehzeit: 5.15 Std.
Höhenunterschied: 480 m.
Anforderung: Nach langer Talwanderung steiler Anstieg und schmaler Pfad auf die Langengrinde.
Einkehr: Hinterlangenbach.
Unterkunft: Hotel Forsthaus Auerhahn, Hinterlangenbach 108, 72270 Baiersbronn, Tel + 49 7447 9340, forsthaus-auerhahn.de; Hotel Klumpp, Schönmünzstraße 95, 72270 Baiersbronn/Schönmünzach, Tel. +49 7447 94670, hotel-klumpp.de.
Karte: LGL BW Wanderkarte Oberes Murgtal, 1:35.000.

Herrliche Wanderung im herbstlichen Langenbachtal.

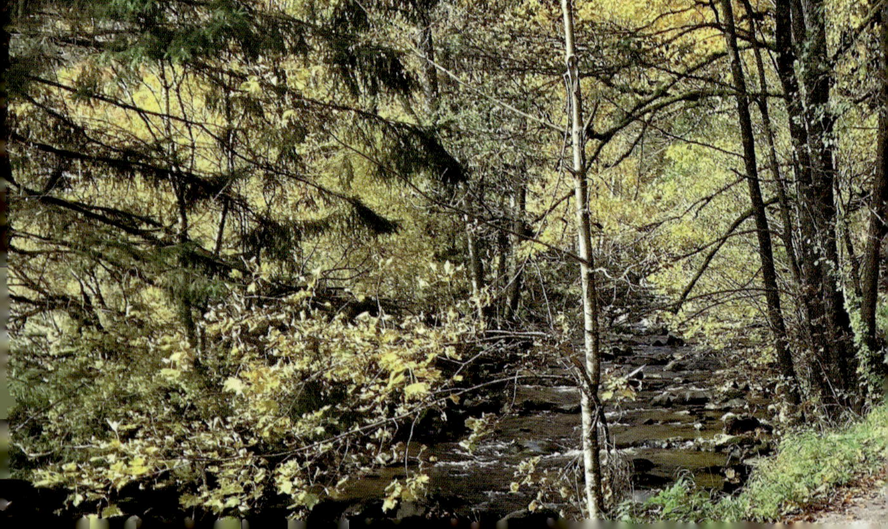

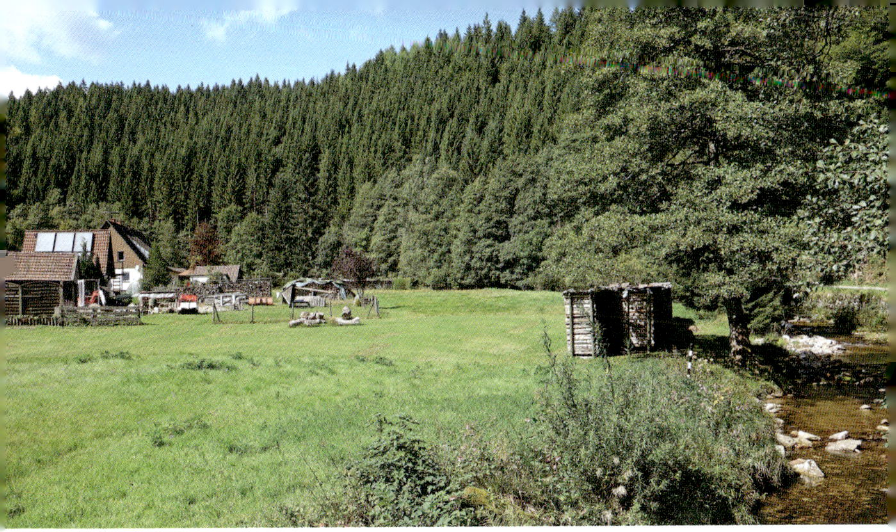

Bei Zwickgabel.

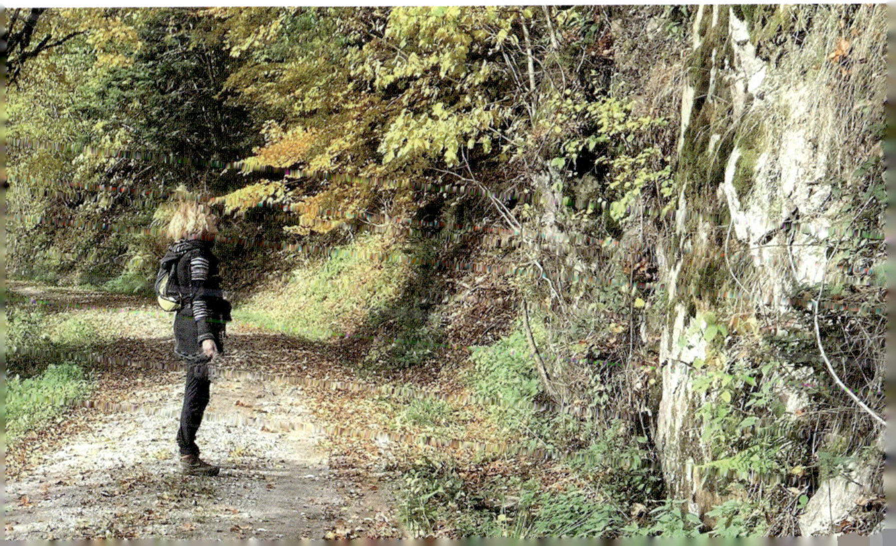

In **Zwickgabel (1)**, 550 m, folgen wir bei der Bushaltestelle der gelben Raute zum Schönmünzbrückle hinüber. Hier fließen Schönmünz und Langenbach zusammen, und das Wasser wird talwärts Schönmünz und bergwärts Langenbach genannt. Wir folgen also dem Langenbach flussaufwärts und gelangen nach 2 km zu dem kleinen Weiler **Vorderlangenbach (2)**, 590 m. Weiter geradeaus passieren wir 10 Min. später die Weiherhütte mit ihrem erfrischenden Brunnen und erkennen bald linker Hand die Häuser von **Mittellangenbach (3)**, 618 m. Beständig den breiten Weg in der Flussaue weiter wandernd, erreichen wir den Ort **Hinterlangenbach (4)**, 670 m, wo wir den Wälzbachweg in Richtung Nordwesten nehmen. Wer aber Hunger verspürt, der kehrt links im Forsthaus Auerhahn ein. Neben dem Wälzbach

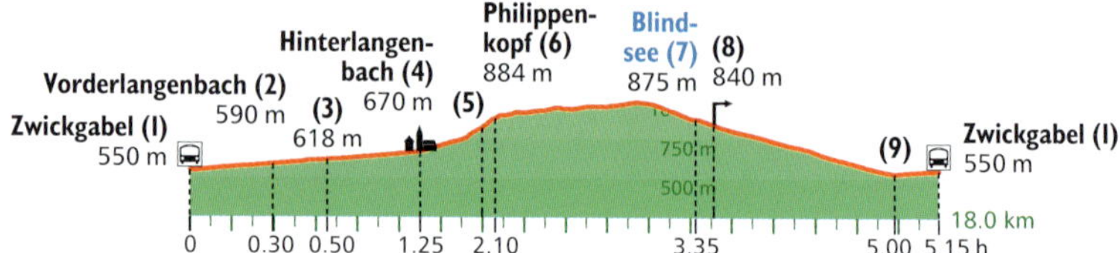

steigen wir kontinuierlich bergan, und, inmitten einer idyllischen Landschaft, verlassen wir nach etwa 1,5 km den Forstweg nach rechts, hin zu dem schmalen Waldpfad. Der teils wurzeldurchzogene und manchmal auch grasbewachsene Pfad ist relativ steil. In einer kleinen Waldöffnung schreiten wir an der Verzweigung rechts hinauf zum Wegweiser **Zwieseleckpfad (5)**, 825 m. Der Seensteig trifft hinzu, und wir folgen ihm hinter dem Forstweg bergwärts zum **Philippenkopf (6)**, 884 m. Hier wenden wir uns rechts dem Naturpfad zu, der durch eine urwüchsige Natur aufwärtsleitet. Allerdings kann der Untergrund nach Regenfällen durchaus matschig sein. Trotzdem ist das Wandern auf dem Pfad über den Bergrücken der **Langengrinde** ein einzigartiger Genuss. Links blicken wir über das Hundsbachtal, rechts übers Langenbachtal und erkennen im Rücken die Hornisgrinde aufragen. Die beiden Markierungen, gelbe Raute und Seensteig, leiten zuverlässig durch den teils dichten Nadelwald. Umgeben von frischer Bergluft und purer Natur treffen wir auf einen Forstweg, gehen kurz rechts und gleich wieder links. Der breite Waldweg führt am Diebaukopf, 999 m, vorbei und beginnt dann unterhalb des Hinteren Langecks, allmählich an Höhe zu verlieren. Wir lassen sämtliche Abzweige unberücksichtigt und sehen am fernen Horizont die Höhen der Schwäbischen Alb aufragen. Der Abstieg durch den heidelbeerbewachsenen Steilhang führt zum **Blindsee (7)**, 875 m. Im klassischen Sinn ist der Blindsee eigentlich gar kein See mehr, denn er verlandet langsam.

Wir folgen dem Forstweg in einer S-Kurve hinab zum Wegetreff **Abzweig Blindsee (8)**, 840 m, verlassen den Seensteig und wandern mit der gelben Raute nach rechts. Beständig talwärtsgehend, umwandern wir einen Taleinschnitt, lassen die Abzweigung nach rechts unberücksichtigt und wenden uns beim Querweg nach links. Vor uns erkennen wir die Höhen beim Blindsee. Nach einer engen Rechtskehre folgen wir dem Schotterweg neben dem Hinteren Seebach talwärts und

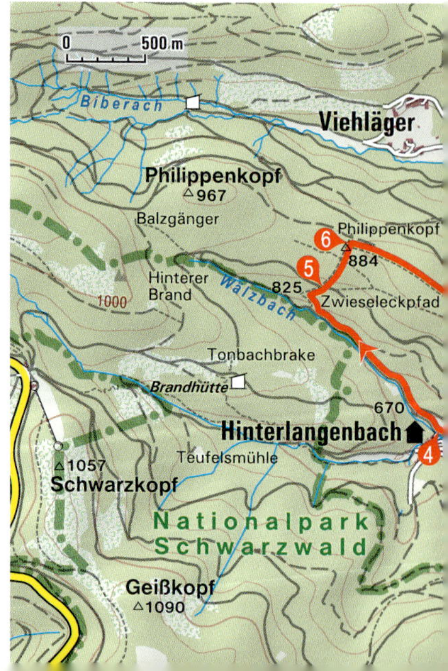

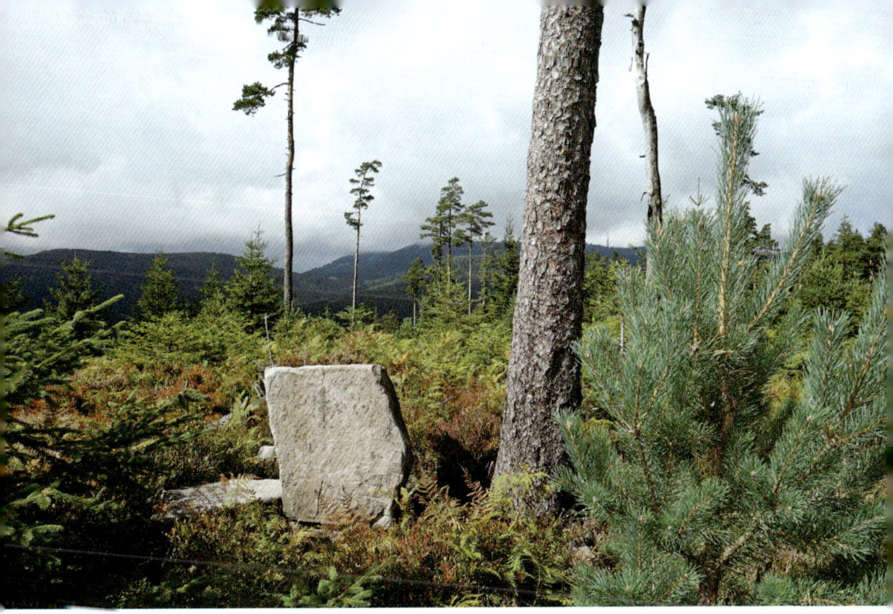

Auf der Langengrinde.

passieren ein Holzblockhaus mit Brunnen, 604 m. Weiter talwärts geht's zum Standort Reutenhart. Wir biegen nach rechts ab, treffen bald wieder zur Flussaue der Schönmünz und gehen am Standort **Hinterer Seebach (9)**, 530 m, rechts. Bequemen Schrittes wandern wir taleinwärts und queren auf dem Schönmünzbächle das Wasser. Zum Ausgangspunkt in **Zwickgabel (1)** sind es nur noch wenige Schritte.

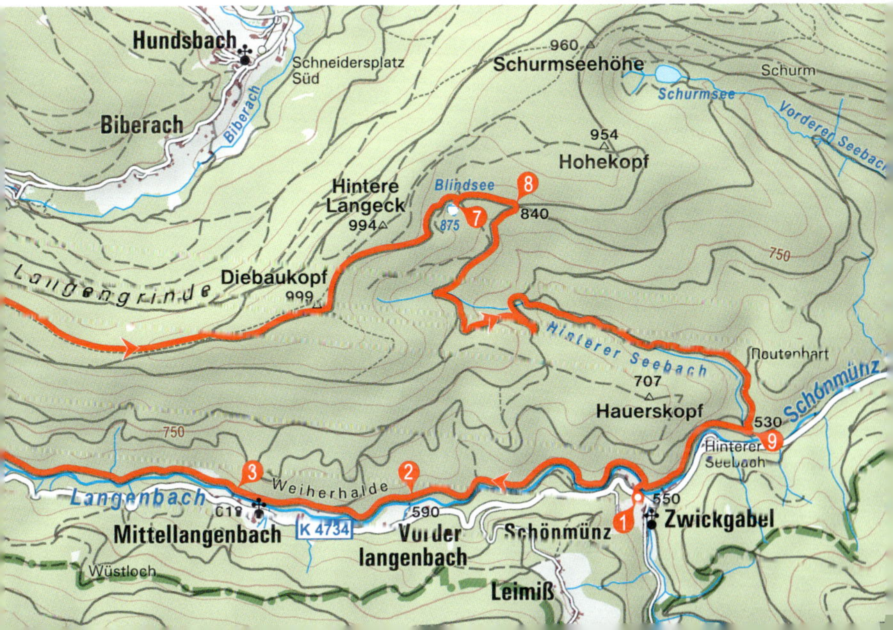

20 Zum Huzenbacher See

Traumaussichten ins Murgtal

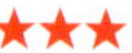

Romantische Waldwanderung abseits der Zivilisation

Das Gasthaus Panoramastüble erwandert man bereits am Anfang der Wegstrecke und kann sich gleich für den Rest der Tour stärken. Danach führt die aussichtsreiche Tour im weiten Bogen um das beschauliche Bergdörfchen Schwarzenberg und beim Mähder Brunnen gibt es für einen kleinen Obolus sogar delikaten Wein. Nachdem das Murgtal durchwandert ist, steigt man zum Huzenbacher See hinauf, und schmale Waldpfade führen zu einer kleinen Runde an die sagenhaft schöne Aussichtskanzel Huzenbacherseeblick. Der Abstieg nach Silberberg und zurück nach Schönmünzach ist recht lang und geht noch einmal kräftig in die Beine.

KURZINFO

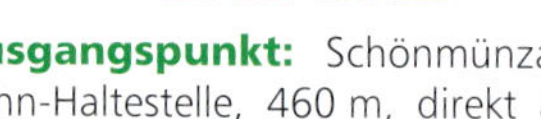

Ausgangspunkt: Schönmünzach S-Bahn-Haltestelle, 460 m, direkt an der B462, zwischen Forbach und Baiersbronn, Parkplatz.
Gehzeit: 7.30 Std.
Höhenunterschied: 1050 m.
Anforderung: Teils kräftige Steigungen, lange Waldwanderung, meist auf Pfaden, Trittsicherheit teilweise nötig.
Einkehr: Löwens Panoramastüble, Schwarzenberg, Schönmünzach.
Unterkunft: Hotel Löwen, Murgtalstraße 604, 72270 Baiersbronn-Schwarzenberg, Tel. +49 7447 9320 oder +49 7447 9311, sackmanns-wanderhotel-loewen.de; Flair Hotel Sonnenhof, Schifferstraße 36, 72270 Baiersbronn-Schönmünzach, Tel. +49 7447 9300, hotel-sonnenhof.de.
Karte: LGL BW Wanderkarte Oberes Murgtal, 1:35.000.

Das Panoramastüble ist eine erstklassige Wanderhütte.

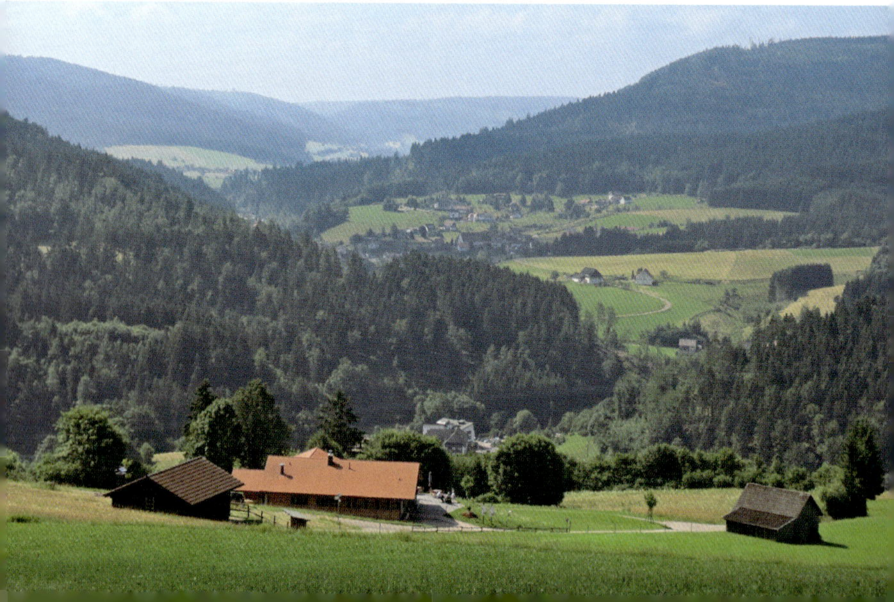

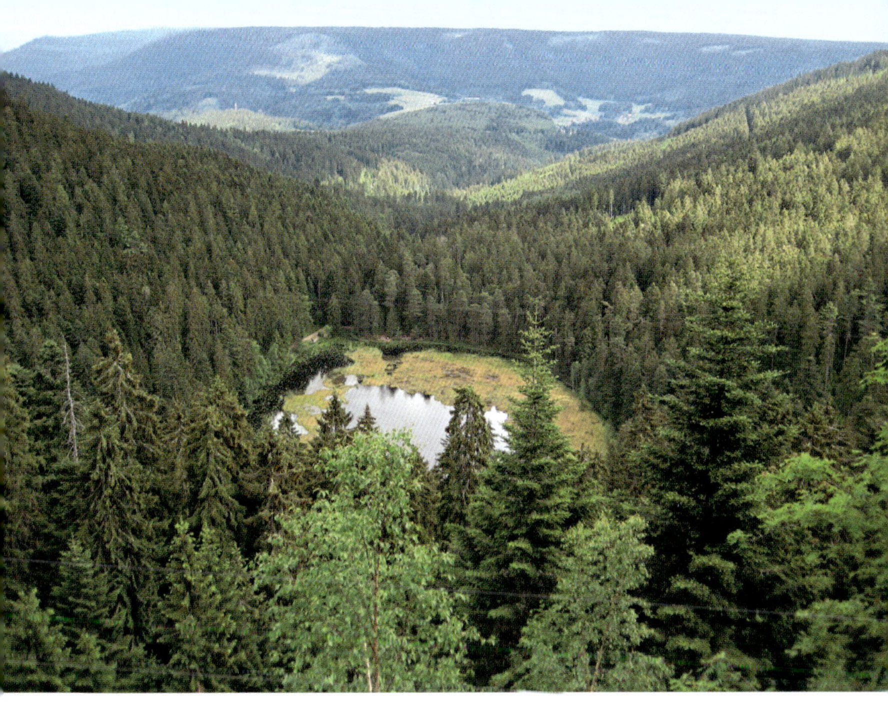

Vom Huzenbacherseeblick blickt man hinab zum Huzenbacher See.

Bei der S-Bahn-Haltestelle in **Schönmünzach (1)**, 460 m gehen wir zum Bahnübergang und folgen dem Radweg parallel der Schienen in Richtung Norden. Nach 500 m biegen wir scharf rechts auf den Bergpfad ab, der in zahlreichen Serpentinen zum aussichtsreichen **Verlobungsfelsen (2)**, 542 m, führt. Der schmale Genießerpfad leitet nach dem Ausblick auf Schönmünzach weiter bergauf. Bei einer kleinen Waldlichtung flacht die Steigung schließlich ab, und der Grasweg bringt uns zum Wegetreff Grub, 600 m, wo wir den Forstweg geradeaus weiter hinauf wandern. Unterhalb vom Grubenberg schreiten wir strikt bergan und wenden uns erst am Zwerchberg, 721 m, rechts hinab. Der Waldweg bringt uns an eine Kreuzung, dort halten wir uns links. Nach dem Wald erreichen wir das **Panoramastüble (3)**, 620 m und könnten einkehren. Der Pfad aber biegt noch vor dem Gasthaus links in den Tannenwald ab. Auf Schotter wandern wir hinauf, bis halb rechts ein Pfad abzweigt, der steil zu einem Forstweg hinableitet. Auf diesem schreiten wir weiter bis zum Schwarzenbach, 600 m, und wenden uns kurz danach links dem wurzeligen Waldpfad zu. Bald passieren wir den Wegpunkt Eichäcker, 550 m, und blicken nach Schwarzenberg hinab und weit über's Murgtal. Im weiten Bogen umwandern wir das Tal des Mittelbachs und folgen am Dachsberg der Kehre hinab. An dem folgenden Verzweig schreiten wir links und im ständigen Wechselspiel aus An- und Abstiegen folgen wir dem Forstweg, dabei kreuzen wir einen Wildbach, der in mehreren Kaskaden vom Berg herab-

Huzenbacher See

Der Huzenbacher See ist ein Karsee, dessen Becken von den Gletschern der letzten Eiszeit (Würmeiszeit, bis vor etwa 12.000 Jahren) geformt wurde. Das Eis der Gletscher schmolz und hinterließ eine Mulde. Am Rand blieb die Endmoräne, ein Damm aus Gestein und Schutt erhalten, hinter dem sich der Karsee aufstaute. Das Besondere an diesem See ist seine schwimmende Insel mit Schwingrasen, Pflanzenbewuchs und kleinen Bäumen. Früher war der See bereits schon stark verlandet, doch als 1895 ein künstliches Stauwehr erbaut wurde, stieg der Wasserspiegel an. Dadurch löste sich der Grund, und es entstand die schwimmende Insel. Sehenswert sind auch die Seerosen auf der Wasseroberfläche des Huzenbacher Sees.

rauscht. Am Wegetreff Roter Rain, 560 m, geht es weiter in Richtung Süden, bis die Markierung halb links zu einem grasbewachsenem Waldweg abzweigt. Ein Teerweg leitet rechts zu einer Unterstandshütte und dem wenige Meter entfernten **Mähder Brunnen (4)**, 550 m. Entlang einer Wiese und am Waldrand gehen wir rechts, dann zweigt links ein Waldpfad ab und wir werden vom rauschenden Haselbach begleitet. Am Teerweg schreiten wir rechts hinab zur S-Bahn-Haltestelle von **Schwarzenberg (5)**, 480 m. Wir folgen der Murgleiter-Markierung in

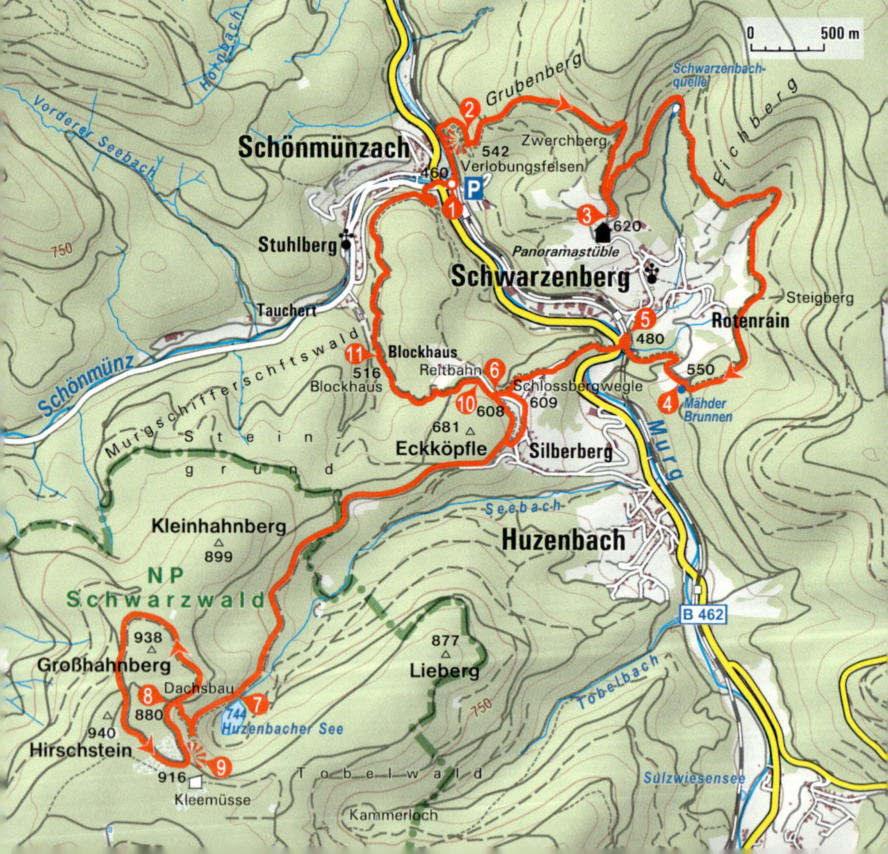

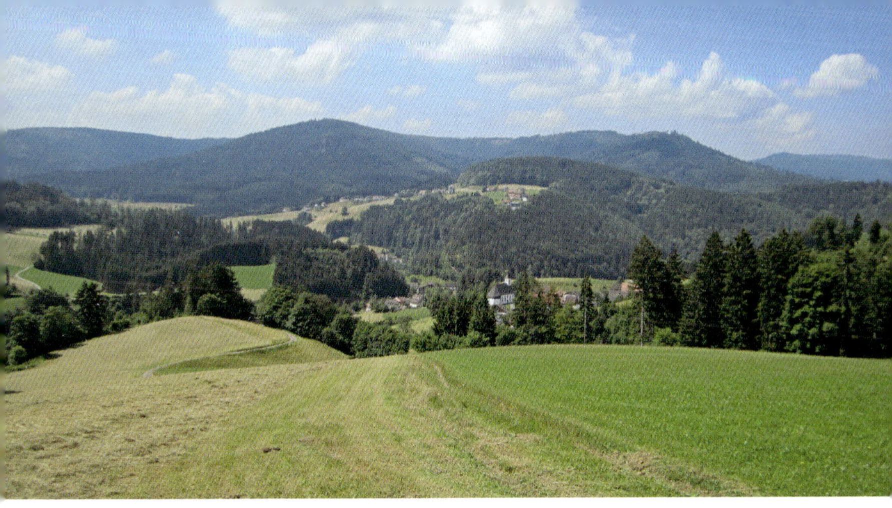

Der Blick fällt auf das Kirchlein von Schwarzenberg.

Richtung Südwesten hinauf und biegen am Wegweiser **Schlossbergwegle (6)**, 609 m, am Waldrand unterhalb des Eckköpfle nach links ab. Oberhalb des verträumten Weilers Silberberg wandern wir nach einem Kneippbecken rechts und folgen schnurgerade dem Forstweg. Ein 30-minütiger Anstieg bringt uns in den Nationalpark und zum anmutigen **Huzenbacher See (7)**, 744 m. Am rechten Seeufer schlängelt sich ein steiniger Steig über viele Wurzeln bergan und nach dem Bergweg wenden wir uns am **Dachsbau (8)**, 880 m rechts dem Forstweg zu. Im weiten Linksbogen umwandern wir den **Großhahnberg**, 938 m, und gehen an der Fürstenhütte geradeaus. Nach gut 10 Min. erreichen wir den grandiosen Aussichtspunkt **Huzenbacher-See Blick (9)**, 916 m. Umgeben von den dichten Wäldern des Nordschwarzwalds liegt der dunkle Karsee verträumt in der Tiefe. Beflügelt von der Schönheit der Natur folgen wir dem Forstweg in Richtung Nordwesten und gelangen ein weiteres Mal zum **Dachsbau (8)**. Der Rückweg erfolgt bis zum Wegweiser **Schlossbergwegle (6)** auf dem bereits bekannten Weg, dann gehen wir geradeaus weiter zur **Reitbahn (10)**, 608 m, und dort links. Wir folgen dem Weg und wandern entlang einer Lichtung hinab zum **Blockhaus (11)**, 516 m. Dem als Seensteig markierten Wirtschaftsweg halten wir für etwa 800 m die Treue und wandern dann auf dem Pfad durch den Mischwald hinab. **Schönmünzach (1)** kommt wieder in Sichtweite und unsere Tour neigt sich langsam ihrem Ende zu.

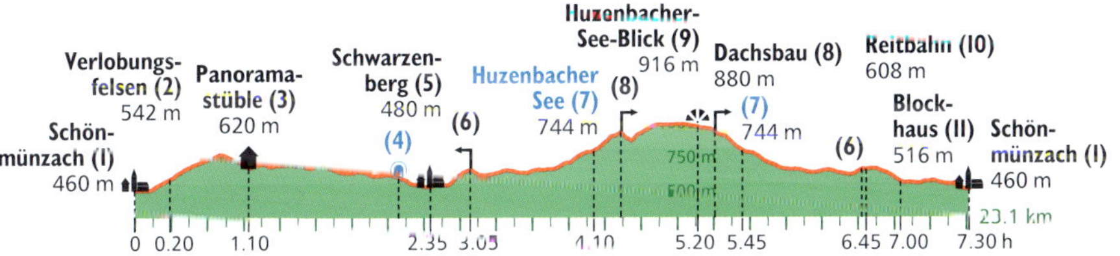

21

Zum Brennte Schrofen

Felskanzel hoch über Ottenhöfen

Blick zum Ortenauer Weinland

Diese Wanderung zum Brennte Schrofen ist kein Gewaltmarsch, trotzdem bedarf es auf den holprigen Waldpfaden guten Schuhwerks. Der Brennte Schrofen ist eine Felskanzel mit einem Ausblick allererster Güte. Weit schweift der ungehinderte Fernblick in das Ortenauer Weinland und ins Achtal nach Ottenhöfen hinab.

KURZINFO

 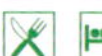 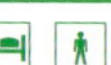

Ausgangspunkt: Nationalparkzentrum Ruhestein, 917 m, Parkplatz, Busanschluss; neben der B500, wo die L401 von Baiersbronn einmündet.
Gehzeit: 2.30 Std.
Höhenunterschied: 300 m.
Anforderung: Angenehmer Rundkurs abseits der Hauptwanderwege.
Einkehr: Ruhestein.
Unterkunft: Seebach-Hotel, Ruhesteinstraße 67, 77889 Seebach, Tel. +49 7842 992900, seebach-hotel.de.
Tipp: Nach der Tour lohnt ein Abstecher ins Waldulmer Tal, wo ein hervorragender Spätburgunder gedeiht.
Karte: LGL BW Wanderkarte Renchtal Ortenau, 1:35.000.

Zur Wanderung an den Brennte Schrofen starten wir beim **Nationalparkzentrum Ruhestein (1)**, 917 m. Als Markierung dienen uns die blaue Raute und der Bosensteiner Almpfad, die gegenüber der Schwarzwaldhochstraße in den Wald leiten. Wir wandern in unmittelbarer Nähe zur K5370 auf einem wildromantisch wirkenden Pfad an moosgrün überzogenen Steinen vorbei. Der Karl-Ross-Weg bringt uns zum ehemaligen **Gasthaus Bosenstein (2)**, 818 m, das mit einer zünftigen Einkehr lockt. Da wir das Gasthaus später noch ein zweites Mal streifen, können wir auch später einkehren.
Auf einer wunderschönen Hochweidealm wandern wir Richtung Westen und erblicken rechts das markante Massiv der Hornisgrinde sowie das Naturfreundehaus Bosenstein. Im angrenzenden Wald leitet ein steiniger Weg geradeaus weiter hinab zu einer großen, hölzernen Schutzhütte, linker Hand davon befindet sich die gesicherte Felsnase des **Brennte Schrofen (3)**, 783 m. Der prachtvolle Ausblick zählt zu den schönsten im Schwarzwald. Der Blick schweift hinab nach Ottenhö-

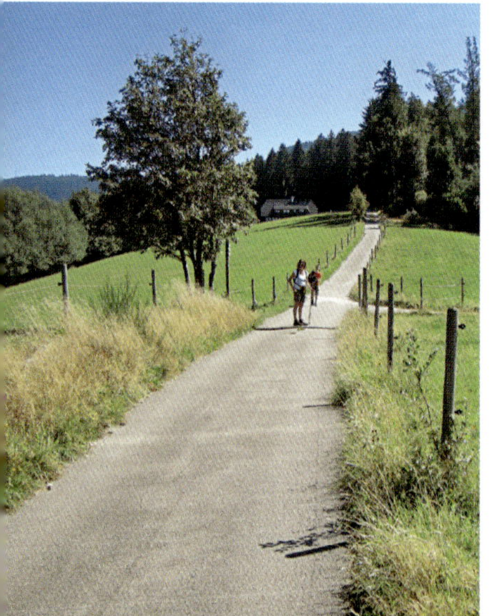

Weidealm beim ehemaligen Gasthaus Bosenstein.

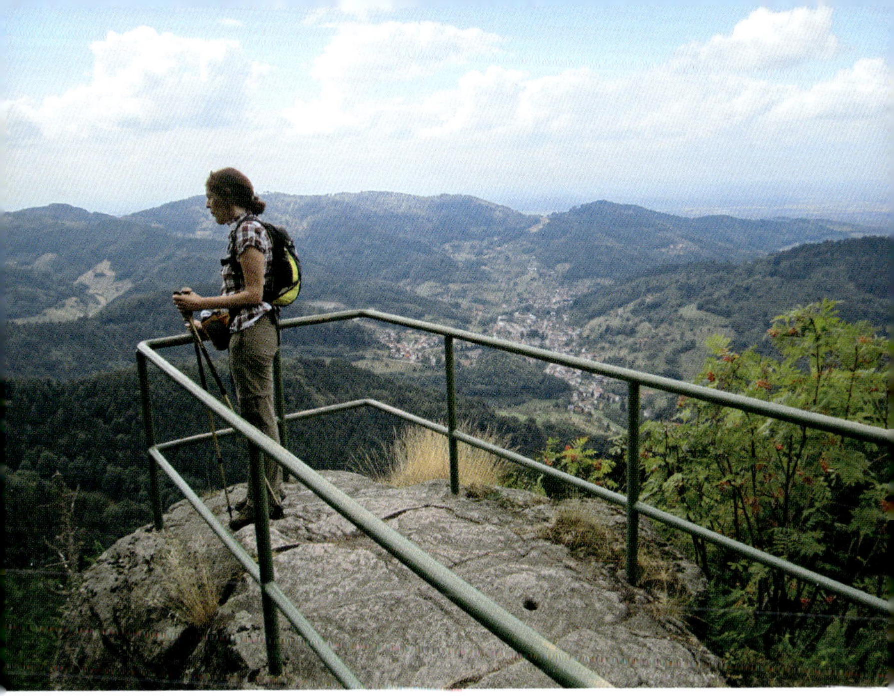

Gesicherte Felskanzel auf dem Brennte Schrofen.

fen und zu den bewaldeten Bergen der Umgebung. Im Südwesten ist sogar der steinerne Turm auf dem Mooskopf zu erkennen.
Nachdem wir die Aussicht genossen haben, folgen wir auf weichem Waldboden dem Bosensteiner Almpfad und biegen nach 5 Min. rechts zum **Wanderheim Bosenstein (4)**, 798 m, ab.
Nach ein paar Metern in südlicher Richtung erreichen wir wieder die bereits bekannte Hochweidealm. Wir wenden uns links und wandern erneut dem früheren **Gasthaus Bosenstein (2)**, 818 m, entgegen.

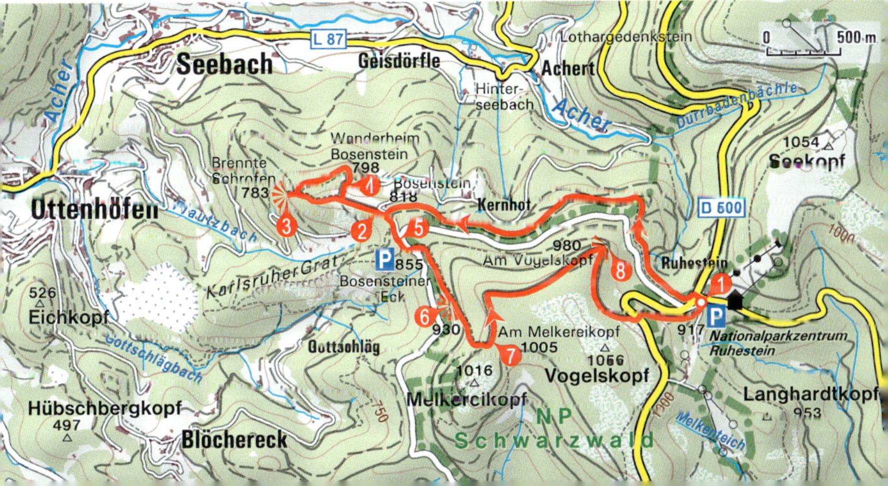

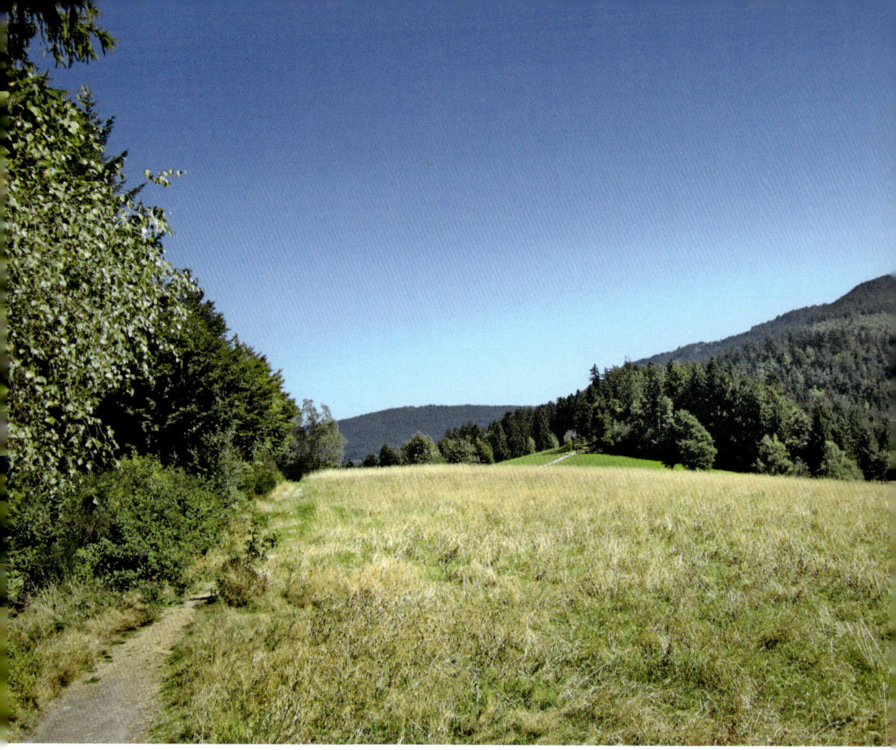

Blick zum Bosensteiner Eck.

In Richtung Südosten gelangen wir zur Straße K 5370, setzen behutsam über und schreiten über den **Parkplatz Bosensteiner Eck (5)**, 855 m. Die gelbe Raute leitet im Wald empor, an der Heidelbeermauer vorbei zum Wegetreff **Schöne Aussicht (6)**, 930 m. Rückblickend sehen wir jetzt das schroffe Felsengelände des Karlsruher Grats. Weiter ansteigend leitet ein weicher Naturweg weiter hinauf zum Wegweiser am **Melkereikopf (7)**, 1005 m. Wir wenden uns scharf links und folgen dem breiten Forstweg und wandern in fast gleichbleibender Höhe durch den Wald zum Bergrücken nördlich des **Vogelskopfs (8)**, 980 m. Kurz hinter einer Rechtskurve befindet sich rechter Hand ein riesiger Buntsandstein, und links schauen wir bei einer Sitzbank zum Nationalparkzentrum, zum Skihang am Ruhestein und tief hinab ins obere Murgtal nach Baiersbronn. Nach einem Kilometer leitet der Vogelskopfweg zurück zum **Nationalparkzentrum Ruhestein (1)**.

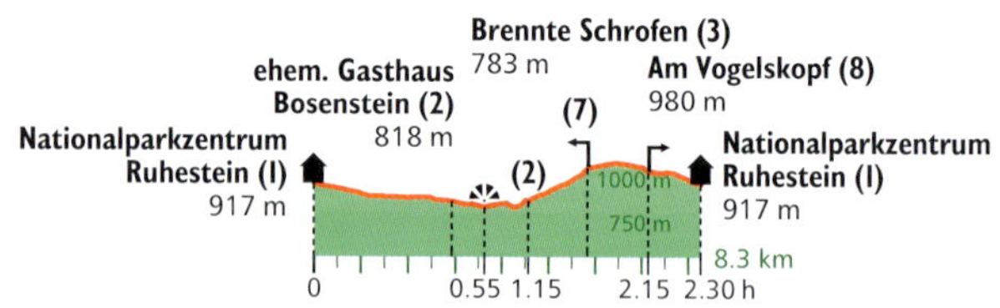

Eine Spur wilder – zum Wilden See

Im Herzen des Nationalparks

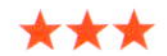

Stille genießen

Noch vor ein paar Jahren, als es den Nationalpark Schwarzwald noch gar nicht gab, war am Ruhestein längst das Naturschutzzentrum angesiedelt. Daraus wurde das Nationalparkzentrum, auch der ehemalige Wildsee hat mittlerweile seinen Namen leicht verändert, er heißt jetzt Wilder See, aber sein Reiz ist unvermindert schön geblieben – nein sogar noch einen Ticken reizvoller geworden, denn heute bleibt sich die Natur völlig selbst überlassen. Deshalb muss man, wenn man den alpinen Pfad zum See hinabsteigt, auch immer mal wieder über und unter Baumstämmen hindurchkraxeln, »eine Spur wilder« eben.

KURZINFO

 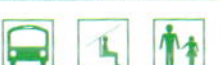 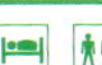

Ausgangspunkt: Nationalparkzentrum Ruhestein, 917 m, Parkplatz, Busanschluss. Anfahrt entweder aus dem Murgtal über Baiersbronn, oder A8 Ausfahrt Achern und Richtung Schwarzwaldhochstraße und Ruhestein.
Gehzeit: 2.30 Std.
Höhenunterschied: 290 m.
Markierung: Westweg, Seensteig und gelbe Raute.
Anforderung: Der Abstieg zum Wilden See erfolgt auf einem alpinen Bergpfad.
Einkehr: Ruhestein und Darmstädter Hütte.
Unterkunft: Darmstädter Hütte, Schwarzwaldhochstraße 5, 77889 Seebach, Tel. +49 7842 2247, darmstaedter-huette.de.
Karte: LGL BW Wanderkarte Renchtal Ortenau, 1:35.000.

Am Parkplatz des **Nationalparkzentrums Ruhestein (1)**, 917 m, wenden wir uns dem mit der roten Raute markierten Westweg zu. Rechts neben dem Sessellift folgen wir großzügigen Kehren den Skihang hinauf, auf dem sich im Sommer häufig Weidetiere befinden. Talwärts blickend erkennen wir das Gebäude des Nationalparkzentrums und dahinter die Skisprungschanzen am Vogelskopf. Der Westweg und auch der Seensteig leiten auf dem breiten Michael Glaser-Weg auf den **Seekopf (2)**, 1039 m, wo eine große Infotafel über den Bannwald und besondere

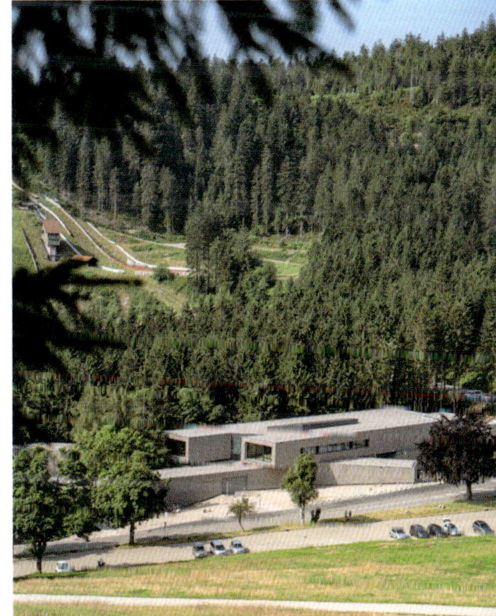

Das neue Nationalparkzentrum wurde 2021 offiziell eröffnet. Der Bau kostete 50 Mio. Euro!

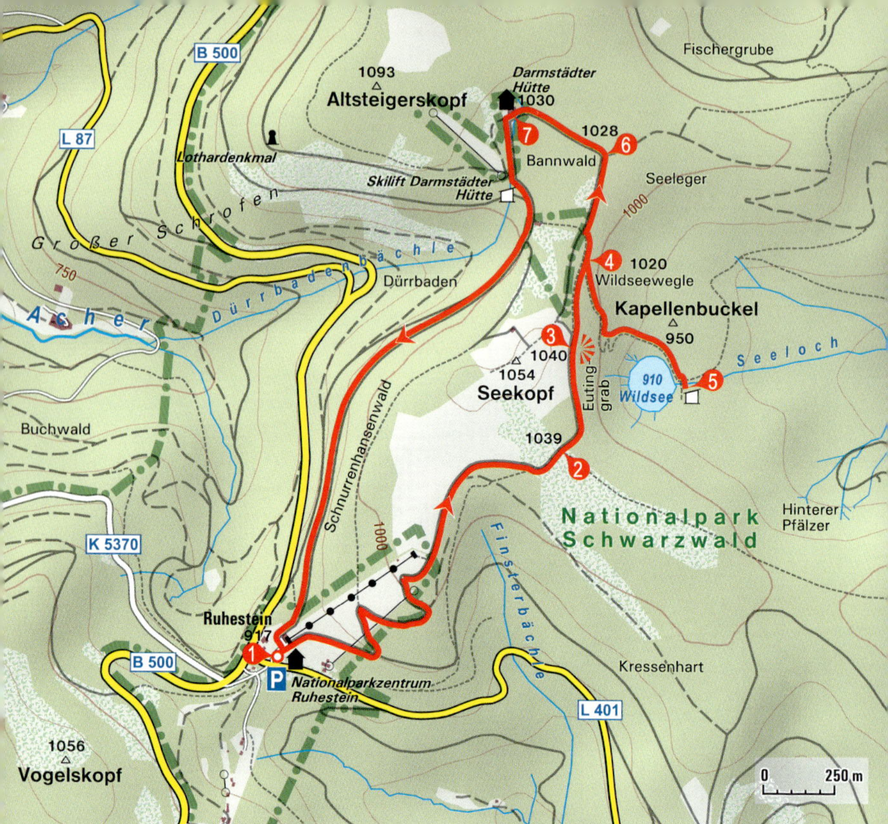

Tiere informiert. Bald wandern wir an vielen entwurzelten Bäumen vorbei, die in wilder Unordnung im Wald liegen. Wenn der Blick rechts in die Tiefe zum Wilden See hinabschweift, bleiben wir unweigerlich staunend stehen, wir haben das **Eutinggrab (3)**, 1040 m, erreicht. Nach wenigen Metern entscheiden wir uns an der Weggabelung für den rechten, schmalen Pfad. Über teils grobe Steine geht es an Farnen vorbei zum Wegweiser **Wildseewegle (4)**, 1020 m. Ein Warnschild mit der Aufschrift: »Betreten auf eigene Gefahr, nur für geübte Wanderer! Kein befestigter Weg, Rutsch- und Sturzgefahr«, und »Pfad nur mit festem Schuhwerk begehen!«, warnt ausdrücklich vor möglichen Gefahren, die auf dem Wildseewegle warten können. Wir biegen trotzdem scharf rechts ab und folgen behutsamen Schrittes dem mit der gelben Raute markierten alpinen Bergpfad hinab. Gleich zu Beginn muss man an einem Fels ein paar große Schritte machen, aber mit etwas Zuversicht ist dies kein großes Problem. Nach 800 m herrlichstem Wanderpfad erreichen wir den **Wilden See (5)**, 910 m. Bei Regen findet man in der nahen Hütte Schutz. Am Ufer des herrlichen Karsees umgibt uns eine tiefe Stille. Zwar ist das Baden und Umrunden des Gewässers verboten, aber am kleinen Sandstrand unterhalb der Schutzhütte kann man sich auf einen Stein setzen und einfach die Seele baumeln lassen.

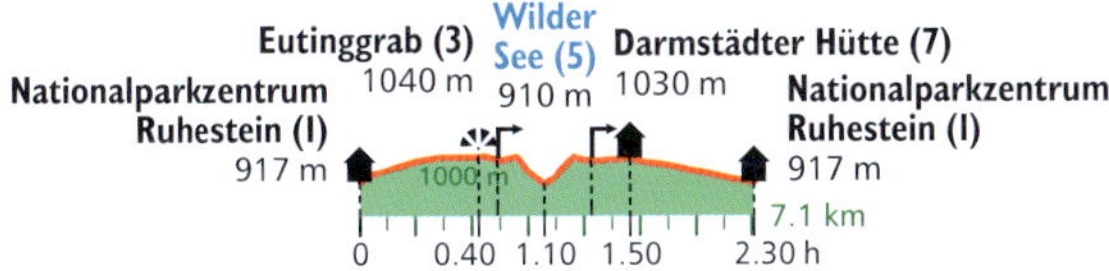

Auf demselben Weg steigen wir wieder zum Westweg hinauf, gehen rechts zur Wegkreuzung **Bannwald (6)**, 1028 m, und biegen dort halb links zur 400 m entfernten **Darmstädter Hütte (7)**, 1030 m, ab. Deftige Hüttenkost, aber auch gepflegte Oberkircher Weine erwarten uns. Gestärkt machen wir uns auf den Rückmarsch und folgen zunächst dem Fernwanderweg zum Skilift hinab, wo wir uns links der gelben Raute zuwenden. Der breite Forstweg passiert bald ein Holzhaus. An der ersten Verzweigung gehen wir rechts und bei der zweiten links, dabei wandern wir permanent abwärts. Rechts blickend erkennen wir durch den lichten Nadelwald den weiteren Verlauf des Westwegs und wie er sich unterhalb des Altsteigerskopf zum Mummelsee durch den vom Windbruch beschädigten Hang schlängelt. Wenig später erhaschen wir einen bezaubernden Talblick hinab nach Seebach und weit hinaus ins Rheintal. Bald ist wieder der Ruhestein erreicht, wo sich ein Besuch des **Nationalparkzentrums Ruhestein (1)** lohnt.

Idylle pur und eine Oase der Ruhe findet man am Wilden See.

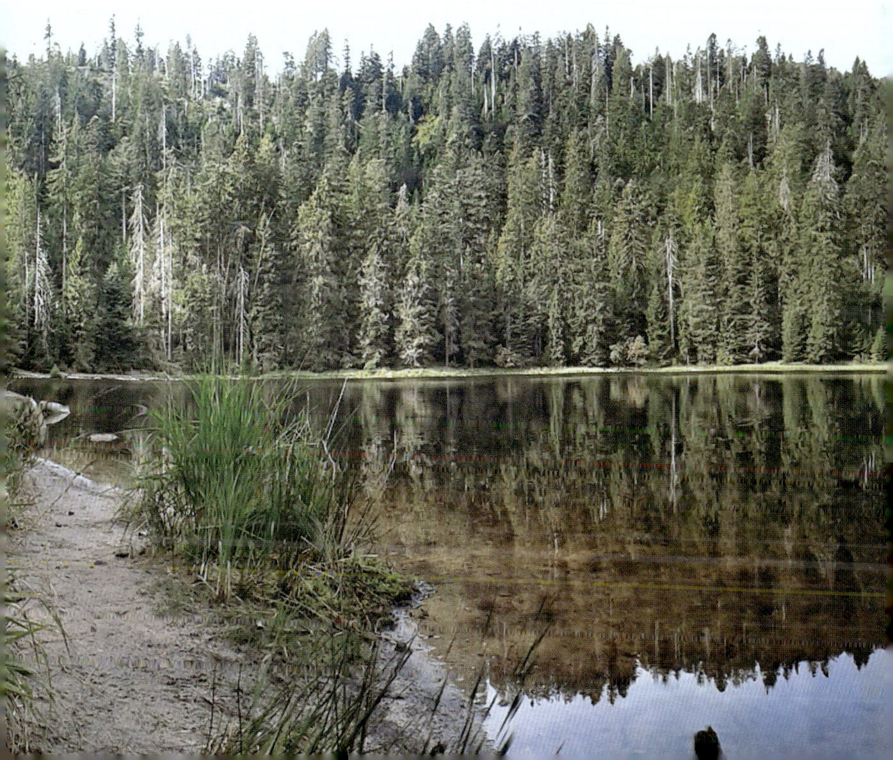

23 Über den Karlsruher Grat

Phänomenaler Klettersteig im Schwarzwald

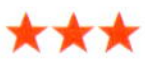

Eine grandiose Gratwanderung

Die luftige Wandertour am Karlsruher Grat über den Eichhaldenfirst ist immer wieder ein besonderes Erlebnis. Hierbei sei bemerkt, dass der Karlsruher Grat nur von Bergerfahrenen mit Schwindelfreiheit und Trittsicherheit zu begehen ist! Wanderschuhe mit griffiger Profilsohlen sind notwendig. Die Szenerie ist schroff, wenn man die exponierten Felsen überwandert und hat tatsächlich alpinen Charakter. Gänzlich ungesichert geht es für mehrere Hundert Meter über den Fels, der keinen Fehltritt verzeiht. Natürlich ist dieser Klettersteig im Vergleich zu anderen in den Alpen als leicht einzustufen, darf aber nicht unterschätzt werden.

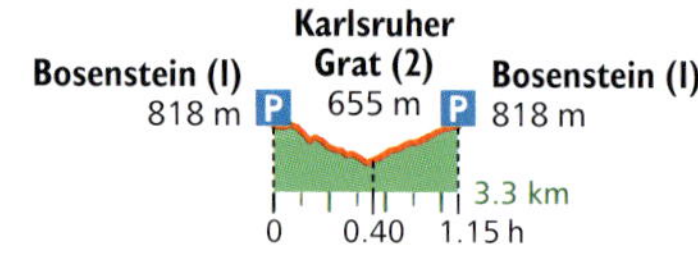

KURZINFO

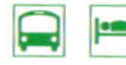

Ausgangspunkt: Früheres Gasthaus Bosenstein, 818 m, Parkplatz, Busanschluss nicht weit entfernt. Das Bosensteiner Eck liegt in der Nähe an der Passstraße zwischen Allerheiligen und Ruhestein.
Gehzeit: 1.15 Std.
Höhenunterschied: 220 m.
Anforderung: Anspruchsvolle Kletterpassage, nie bei Nässe oder Schnee begehen!
Einkehr: Keine.
Unterkunft: Seebach-Hotel, Ruhesteinstraße 67, 77889 Seebach, Tel. +49 7842 992900, seebach-hotel.de.
Wanderkarte: LGL BW Wanderkarte Oberes Murgtal, 1:35.000.

Rechts: Steinwüste am Karlsruher Grat.

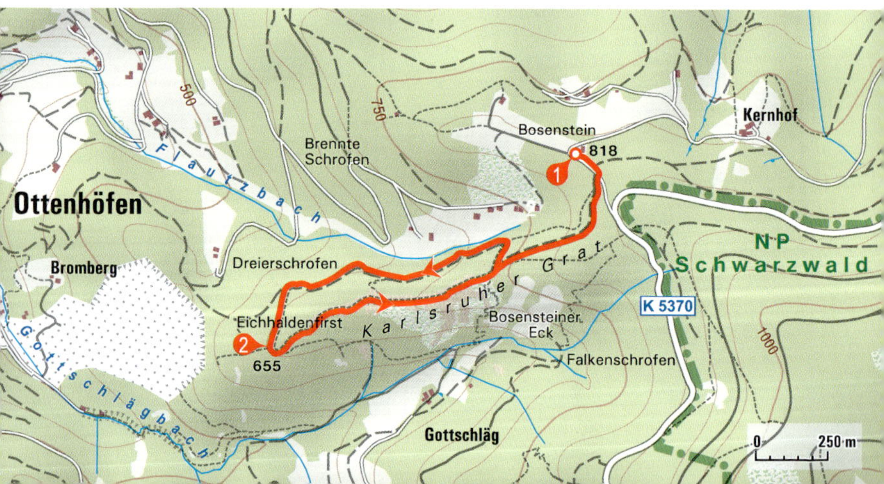

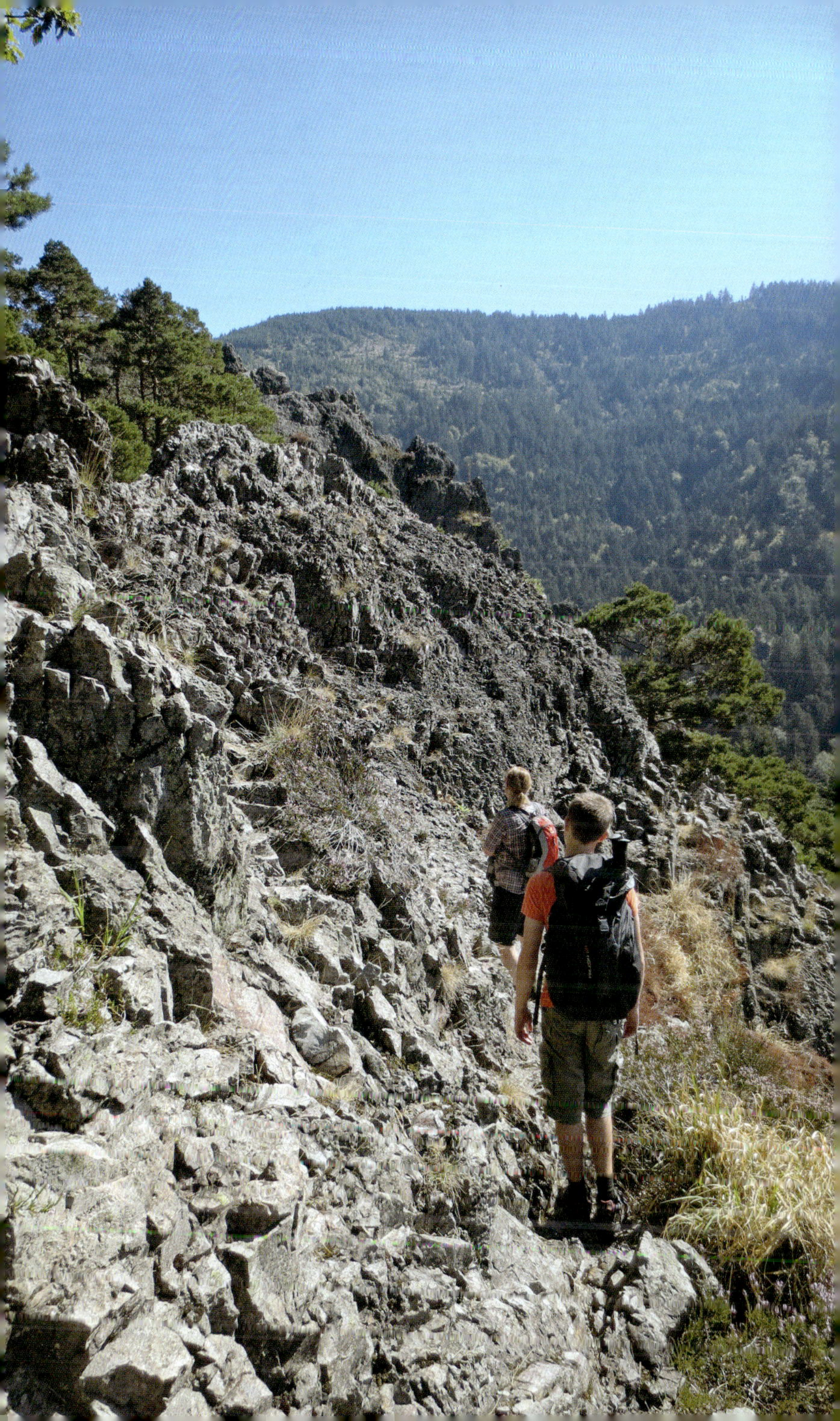

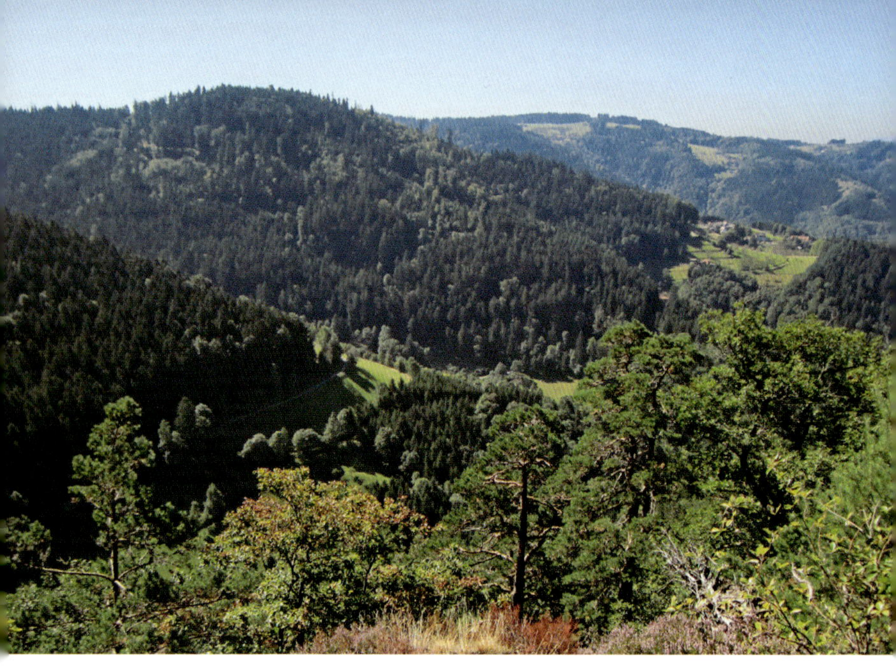

Ausblick vom Karlsruher Grat.

Vom früheren **Gasthaus Bosenstein (1)**, 818 m, wandern wir auf dem Zufahrtsweg kurz in Richtung Südosten und biegen mit der Markierung des Genießerpfads sowie der blauen Raute nach rechts ab. Dieser Wegabschnitt wird später auch wieder unser Rückweg sein. Nach etwa 600 m ab dem Bosensteiner Eck biegen wir zur gefahrlosen Umgehungsvariante der Kletterpassage scharf rechts ab und gehen nach 100 m links. Wir folgen der ausgetretenen, steinigen Pfadspur durch den Wald und gelangen zur Verzweigung beim **Karlsruher Grat (2)**, 655 m. Zum ungesicherten Klettersteig biegen wir links ab und wandern auf grobem Stein hinauf. Bei der folgenden, teils luftigen Kletterei, ist es ratsam die Hände zu Hilfe zu nehmen.

Nach der aussichtsreichen Kletterpartie kommt von links wieder die bereits erwanderte Umgehung herauf und wir nehmen wieder den mittleren der drei Wege, der hinauf zum **Bosensteiner Eck**, und dem nahe gelegenen ehemaligen **Gasthaus Bosenstein (1)** führt.

Karlsruher Grat

Das 154 ha große Gebiet um den Karlsruher Grat und das Gottschlägtal wurde bereits im Jahre 1975 als Naturschutzgebiet ausgewiesen. Schon vor über 100 Jahren lockte das Achertal viele Wander- und Kletterfreunde aus der Region Karlsruhe an. Leider forderte der steile Felskamm immer wieder seinen Tribut, sodass manch Wanderer nicht mehr von der Tour zurückkehrte. Mittllerweile wurde der Klettersteig auf dem bei trockener Witterung eigentlich griffigem Granitporphyr vom ursprünglichen Namen »Eichhaldenfirst« in »Karlsruher Grat« umbenannt.

Um den Vogelskopf

Zwischen Mummelsee und Schliffkopf

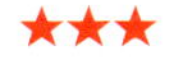

Traumblick in die Ortenau

Eine traumhaft schöne Runde, so darf man diese Wanderung zu Recht charakterisieren. Weite Fernblicke vom Vogelskopf und Melkereikopf krönen nämlich die Tour. Das Panorama reicht zum Südschwarzwald, zur Schwäbischen Alb, zu den Vogesen und je nach Wetterlage sogar bis zu den Alpen. Von einer anderen Stelle aus lässt sich der Klettersteig Karlsruher Grat überblicken und ein weiterer Ausguck lässt den Blick ins obere Murgtal bis nach Baiersbronn zu.

Die Strecke um den Melkereikopf ist im Winter ein Teilstück des Skifernwanderwegs Freudenstadt – Herrenwies.

KURZINFO

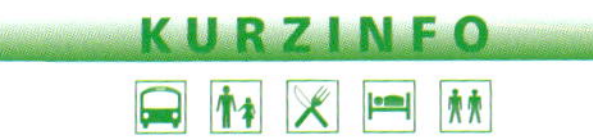

Ausgangspunkt: Nationalparkzentrum Ruhestein, 917 m, Parkplatz, Busanschluss; direkt neben der B 500, in der Nähe der Einmündung der L 401 von Baiersbronn.

Gehzeit: 2.15 Std.

Höhenunterschied: 190 m.

Anforderung: Einfache Wanderung auf gut begehbaren Wegen.

Einkehr: Ruhestein.

Unterkunft: Seebach-Hotel, Ruhesteinstraße 67, 77889 Seebach, Tel. +49 7842 992900, seebach-hotel.de.

Karte: LGL BW Wanderkarte Renchtal Ortenau, 1:35.000.

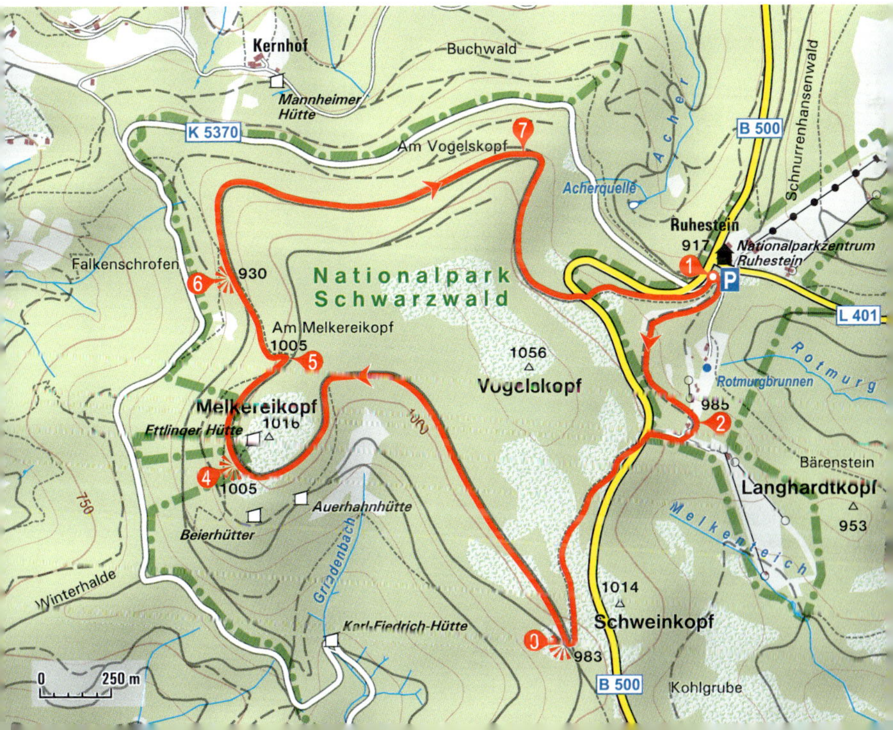

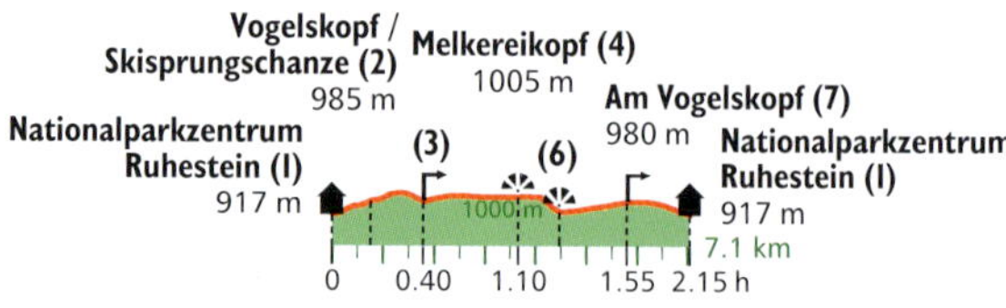

Am **Nationalparkzentrum Ruhestein (1)**, 917 m, folgen wir dem Westweg in Richtung Südwesten. Der steinige Weg leitet durch eine Waldschneise hinauf zur **Vogelskopf-Skisprungschanze (2)**, 985 m, auch **Ruhesteinschanze** genannt. Der Blick schweift hinüber zum Ruhestein und dem Seekopf. Wenn man die schmale Rinne der Sprungschanze hinabschaut, kann man in etwa erahnen, welchen Mut die Skispringer aufbringen müssen.

Wir gehen rechts über den Parkplatz des Vogelskopf-Skilifts und kreuzen danach vorsichtig die Schwarzwaldhochstraße. Die rote Raute leitet bergan zu einer fast nur noch mit Buschwerk bewachsenen Hochebene. Links erkennt man die Silhouette der Schwäbischen Alb am fernen Horizont. Nach einem leichten Abstieg wenden wir uns am **Schweinkopf (3)**, 983 m, scharf rechts einem mit der gelben Raute markierten Forstweg zu. Bleiben Sie einfach mal kurz stehen und lauschen in das Rauschen des Windes, wie er sanft durch die Baumwipfel weht und finden dabei den Einklang mit der Natur. In Richtung Nordwesten schlängelt sich der breite Weg im leichten Bergauf durch den Nadelwald. Beim **Melkereikopf (4)**, 1005 m, öffnet sich auf der linken Seite der Wald und wir blicken von der ersten Rastbank weit über den Schwarzwald: Brandenkopf, Mooskopf, Feldberg, Belchen und bei klarer Sicht sogar die Alpen! Von der zweiten Sitzbank kurz danach sehen wir vor uns den Klettersteig Karlsruher Grat und rechts davon die Hochebene beim Bosensteiner Eck. Weit fällt der Blick hinab ins Achertal nach Ottenhöfen, der Ortenau und das weite Rheintal. Ein fest installiertes Fernrohr hilft bei der Orientierung. Die Ettlinger Hütte lassen wir rechts im Wald liegen, es sei

Bergpanorama vom Melkereikopf aus gesehen.

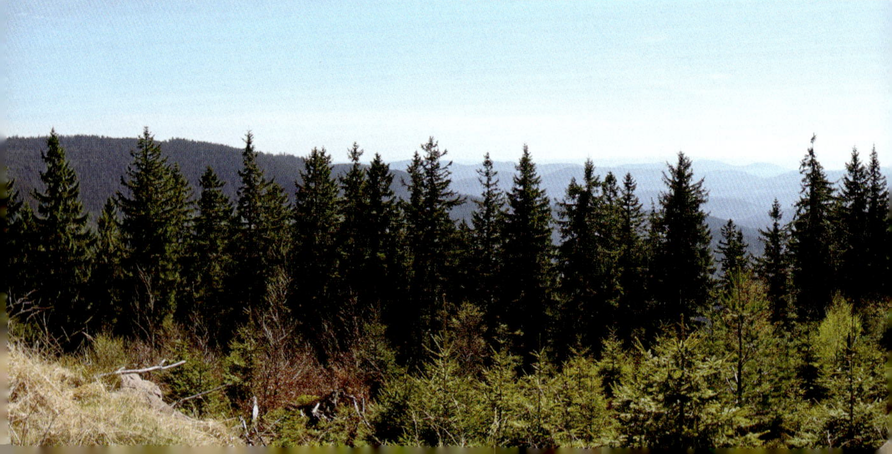

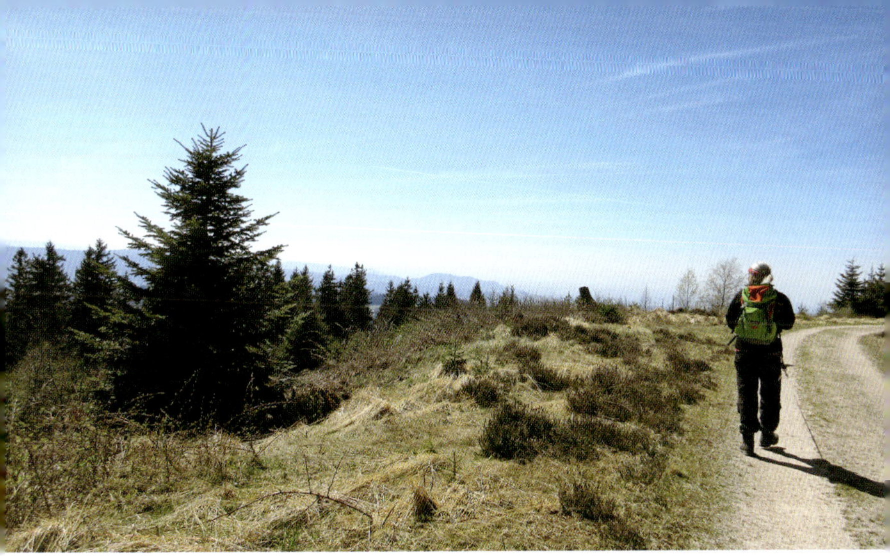

Am Melkereikopf.

denn, ein Unwetter zieht auf. Ein paar Meter weiter biegen wir beim Wegweiser **Am Melkereikopf (5)**, 1005 m, links ab. Der weiche Naturweg leitet im dichten Wald hinab zur 400 m entfernten **Schönen Aussicht (6)**, 930 m. Erneut blicken wir auf das schroffe Felsengelände des Karlsruher Grats, jetzt jedoch etwas näher als zuvor. Mit diesem Traumblick wenden wir uns nach rechts dem Wirtschaftsweg zu, und erspähen im leichten Bergaufmarsch bald das Berghotel am Mummelsee sowie den markanten Rücken der Hornisgrinde. Der breite Weg führt durch den Forst zum Bergrücken nördlich des **Vogelskopfs (7)**, 980 m. Kurz hinter einer Rechtskurve findet sich rechts ein riesiger Buntsandstein und links blicken wir bei einer Sitzbank zum Nationalparkzentrum am Ruhestein und tief hinab ins obere Murgtal nach Baiersbronn. Nach einem Kilometer leitet der Vogelskopfweg zurück zum **Nationalparkzentrum Ruhestein (1)**, quert aber zuvor noch die B 500.

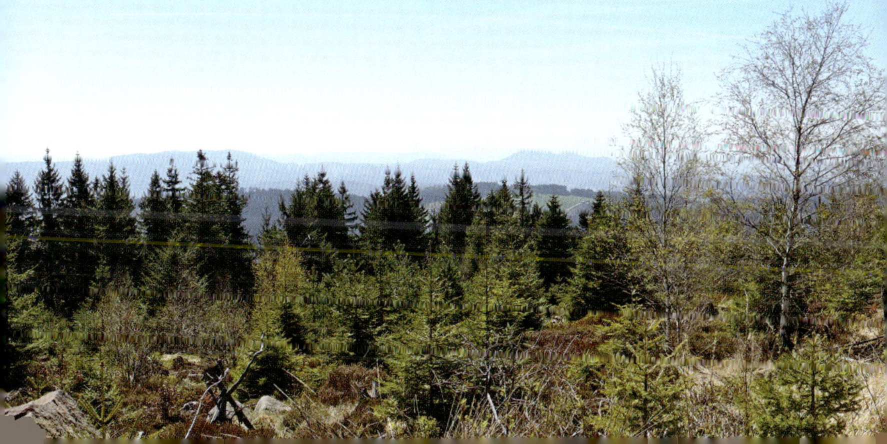

25 Westweg und Seensteig

Wandern am Vogelskopf

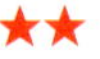

Zum Melkenteich hinab

Über die Grindenfläche des Schweinkopfs wandern wir zum Hübschen Platz, neben dem Gipfel des Schliffkopfs. Jenseits der Schwarzwaldhochstraße geht's hinab zum Roten Schliff, einem der drei Erosionsschliffen, die dem Schliffkopf seinen Namen geben. Am idyllischen Melkenteich kann man eine Rastpause einlegen, bevor der Wanderpfad alpin und spannend wird. Dieser Abschnitt vom Melkenteich zum Ruhestein wird auch »Kaisersteigle« genannt, eine »wunderbar wanderbare« Passage.

KURZINFO

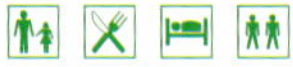

Ausgangspunkt: Skilift Vogelskopf, 985 m, Parkplatz, Busanschluss am Ruhestein; an der B 500, zwei Straßenkehren südlich des Ruhesteins.
Gehzeit: 2.30 Std.
Höhenunterschied: 230 m.

Anforderung: Längere Strecken auf Forstwegen, beim Kaisersteigle Schwindelfreiheit ratsam.
Einkehr: Ruhestein.
Unterkunft: Seebach-Hotel, Ruhesteinstraße 67, 77889 Seebach, Tel. +49 7842 992900, seebach-hotel.de.
Karte: LGL BW Wanderkarte Oberes Murgtal, 1:35.000.

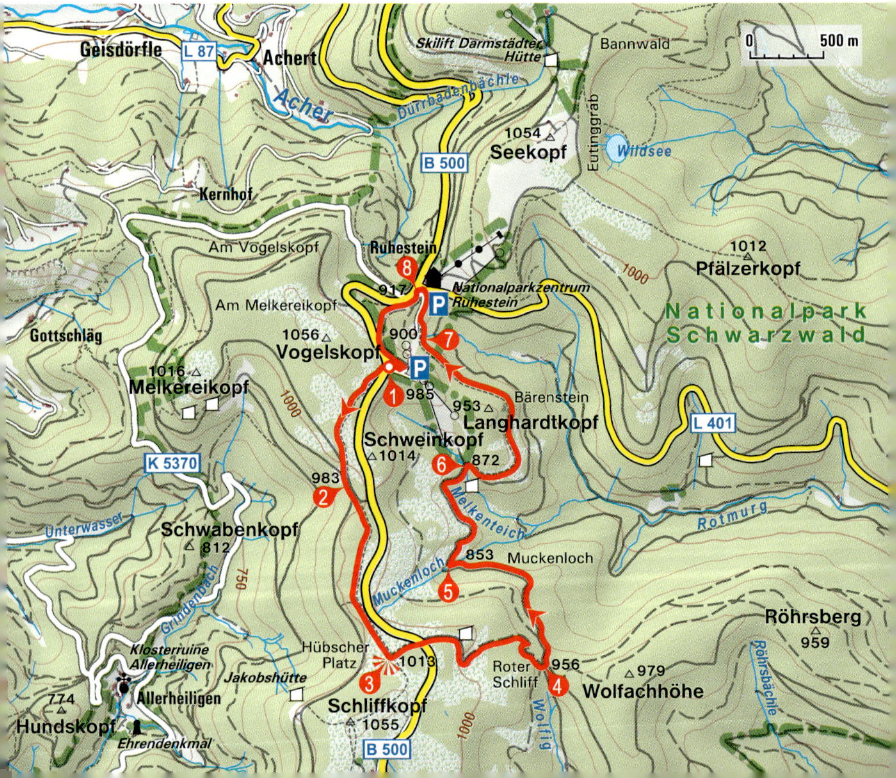

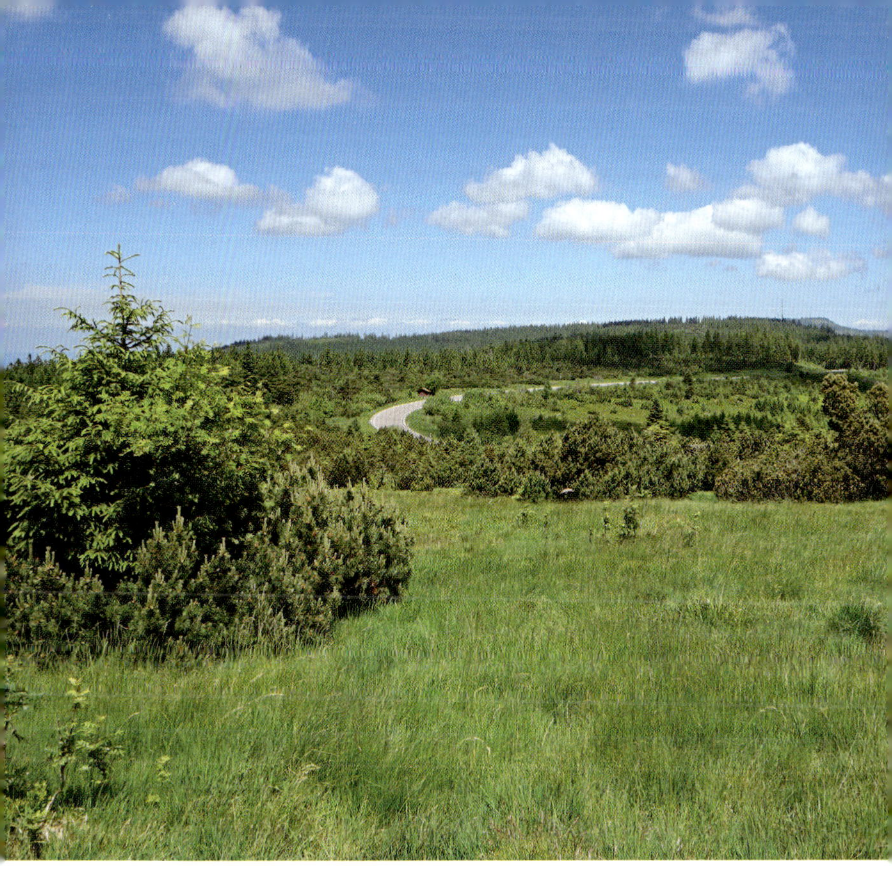

Blick über die Schwarzwaldhochstraße zur Hornisgrinde.

Vom Parkplatz des **Skilifts Vogelskopf (1)**, 985 m, queren wir die Schwarzwaldhochstraße und folgen dem viel begangenen Westweg in Richtung Südwesten hinauf zur Grindenfläche des Schweinkopfs. Auf teils grobem Schotter leitet der Pfad mit einer schönen Aussicht hinab zum Wegweiser **Schweinkopf (2)**, 983 m. Wir folgen weiter dem Westweg und biegen nach etwa 50 m halb links zum Forstweg hinauf. Bereits nach einer Minute zweigen wir halb rechts zum Wanderpfad ab. Bald öffnet sich erneut der Wald und wir gelangen in ein wunderschönes, stimmungsvolles Hochmoor. Bedingt durch den geringen Baumwuchs auf der Grindenfläche kann man halb links deutlich den Gipfel des Schliffkopfs erkennen. Wir folgen dem Traumpfad bis zum sogenannten **Hübschen Platz (3)**, 1013 m, den wir 400 m nach einem Linksknick erreichen. Hier biegen wir links zur Kaiservariante des Seensteigs ab, und erblicken weit hinter der Schwarzwaldhochstraße die markante Hornisgrinde und die tiefen Wälder des Nordschwarzwalds im und um den Nationalpark. Der steinige Weg führt zur B 500, die wir vorsichtigen Fußes queren. Jenseits folgen wir dem Forstweg talwärts und erblicken am Horizont schemenhaft kurzfristig die Schwäbische Alb. Kurz nach der Baiersbronner Hütte leitet der Grasweg in einer Linkskurve in Richtung Nordosten in den Wald. Inmitten einer traumhaft schönen Natur erreichen wir die 6-fach-Wegspinne **Roter Schliff (4)**, 956 m. Wir biegen mit der gelben Raute auf den Seensteig nach links ab, bleiben am Verzweig rechts und verlieren weiter an Höhe. Der Forstweg leitet kurvenreich durch den Wald. Im weiten Bogen umwandern wir den tiefen Taleinschnitt des oberen Murgtals, in dessen Grund man nach Baiersbronn gelangen würde. Mühelos geht's zur Senke **Muckenloch (5)**, 853 m, wo wir den Rechtsabzweig entlang des Bachs unbeachtet lassen. Einfach mal stehen bleiben, kurz innehalten und dem Gezwitscher der Waldvögel lauschen. Unser Forstweg steigt gegenüber wieder leicht an, passiert einen Brunnen mit erfrischendem Nass und erreicht bald die **Melkenhütte** und das Naturidyll, den **Melkenteich (6)**, 872 m. Der Seensteig wird jetzt romantisch, denn er verlässt den Forstweg und leitet in Form einer schmalen Pfadspur in Richtung Nordosten. Der traumhafte Wegabschnitt führt an Heidelbeersträuchern vorbei und ist manchmal so schmal, dass man sich regelrecht »durch die Büsche schlagen« muss. Die Markierungen verleihen uns die Sicherheit, auf dem richtigen Weg zu sein. Bei der Querung des Steil-

Ein Baum versperrt den Weg.

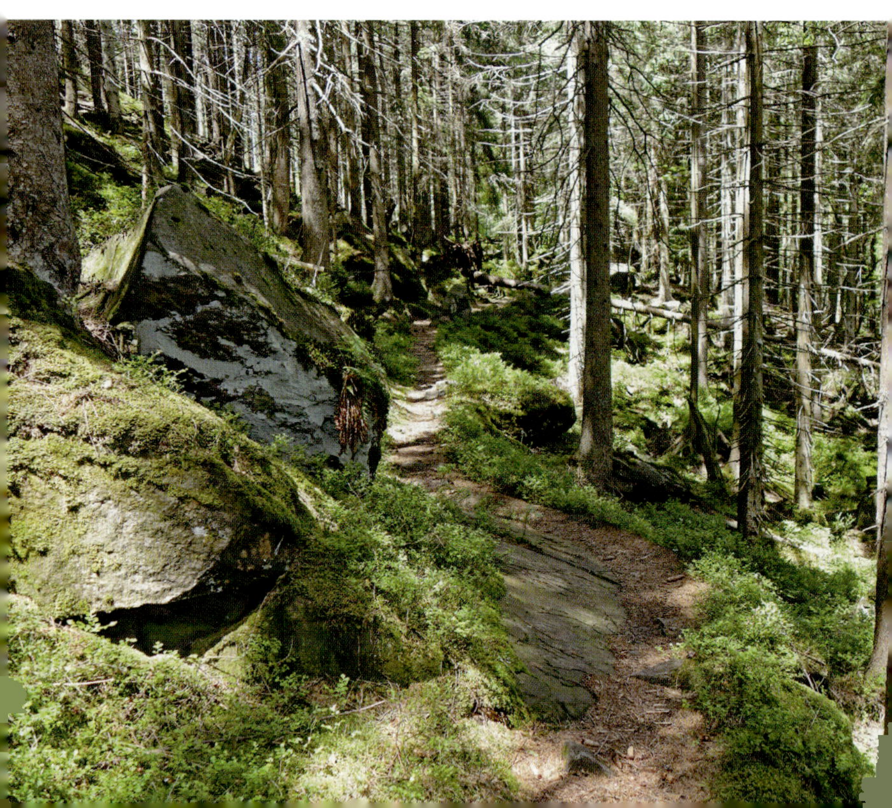

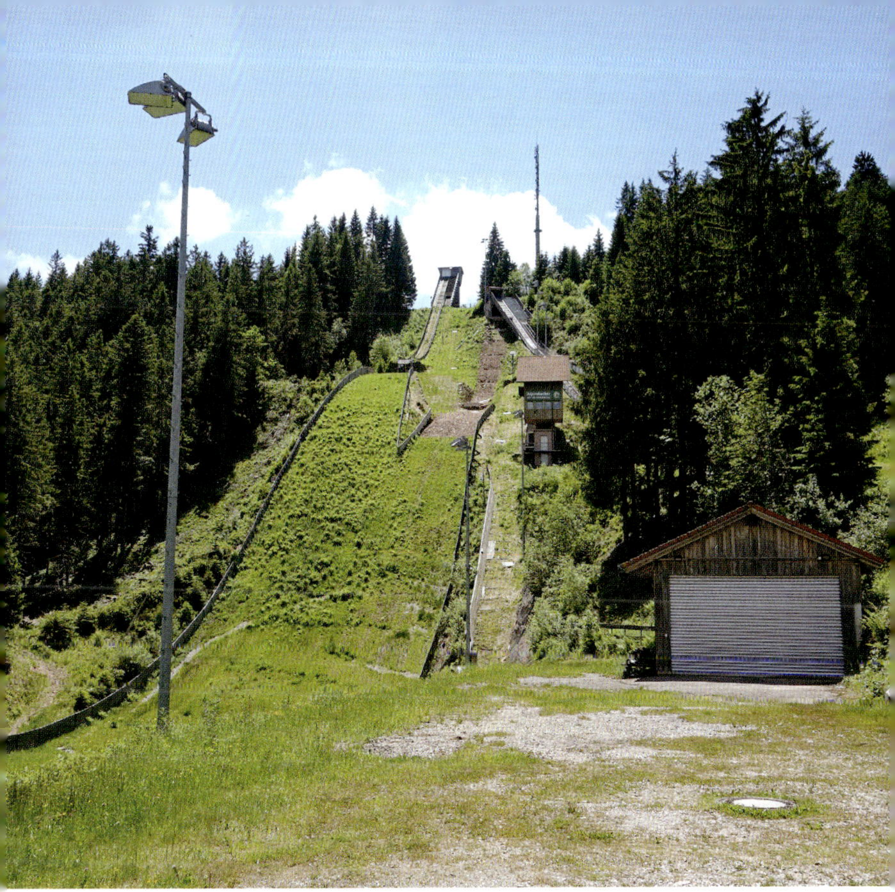

Die Skischanze am Vogelskopf wird auch Ruhesteinschanze genannt.

hangs unterhalb des Bärensteins ist eine gewisse Portion Schwindelfreiheit von Vorteil. Mehrmals müssen vom Sturm geworfene Bäume überklettert werden, dann öffnet sich urplötzlich wieder der Wald und wir sind an der **Skischanze Vogelskopf (7)**, 900 m. Wir schreiten über die Wiese der Auslaufspur und verlassen das winterliche Sportgelände hin zum **Nationalparkzentrum Ruhestein (8)**, 917 m.

Nach der Einkehr in der Ruhestein-Schänke folgen wir dem Westweg in Richtung Südwesten durch den Wald hinauf und erreichen auf diesem in 15 Minuten unseren Ausgangspunkt am **Skilift Vogelskopf (1)**.

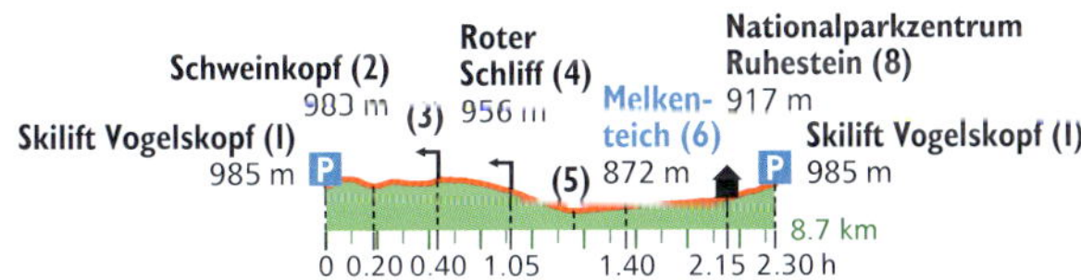

26 Die Allerheiligenfälle

Gigantischer Wasserfall in malerischer enger Schlucht ★★★

Fast 20 Dutzend Treppen

Früher war die wilde Klamm bei Allerheiligen unzugänglich. Erst zu Beginn des 19. Jahrhunderts gelang es den Pionieren, den felsigen Engpass zu durchsteigen. Im Jahre 1840 wurde die Schlucht erschlossen. Sage und schreibe 232 Stufen führen neben dem tosenden Wasser in die Höhe. Die Allerheiligenfälle mit einer Fallhöhe von 83 Metern bestehen im eigentlichen Sinn aus sieben Hauptfällen, die bis zu 12 Meter hoch sind. Sie sind weithin bekannt und werden jährlich von mehreren Hunderttausend Besuchern durchwandert.

Die beschriebene Wanderung ist relativ kurz. Man kann entweder mit dem Bus von St. Ursula zurückfahren, oder aber zu Fuß die Schlucht ein zweites Mal durchwandern, bloß eben in die andere Richtung. Wer sich fürs Wandern entscheidet, geht nicht bis St. Ursula, sondern kehrt schon bei der Klosterruine um.

KURZINFO

  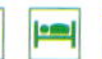

Ausgangspunkt: Allerheiligen unterer Wasserfallparkplatz, 518 m, Parkplatz, Busanschluss. Die Allerheiligenfälle liegen zwischen Ottenhöfen und Oppenau.
Endpunkt: St. Ursula, 695 m, Regiobus 7126 nach Allerheiligen.
Gehzeit: 1.00 Std.
Höhenunterschied: Aufstieg 350 m, Abstieg 170 m.
Anforderung: Auf 232 Treppenstufen führt der Wanderweg neben den Wasserfällen hinauf.
Einkehr: Allerheiligen.
Unterkunft: Hotel Pflug, Allerheiligenstraße 1, 77883 Ottenhöfen, Tel. +49 7842 99420, hotel-pflug.de (Transfer notwendig).
Karte: LGL BW Wanderkarte Renchtal Ortenau, 1:35.000.

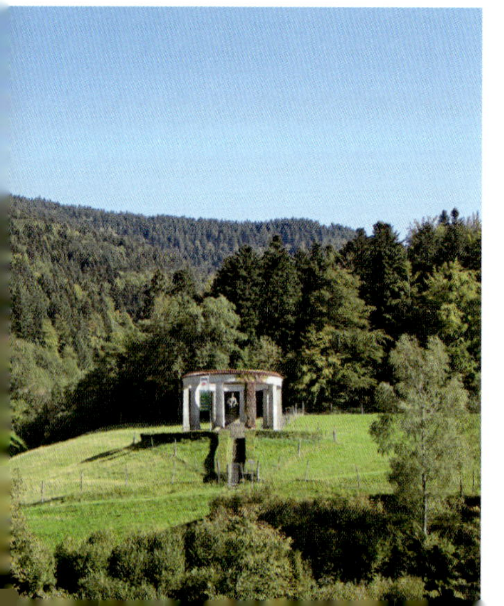

Ehrendenkmal des Schwarzwaldvereins.

Am unteren Parkplatz der **Allerheiligenfälle (1)**, 518 m, gehen wir zuerst den Fußweg entlang des Grindenbachs. Bald ändert sich die anfangs noch lieblich wirkende Szenerie und wir durchwandern auf einem vorbildlich gesicherten Steig die tosende Klamm. Die Allerheiligenfälle wurden früher übrigens als Büttensteiner Fälle bezeichnet und der Wildbach heißt Lierbach. Neben rauschenden Kaskaden steigen wir auf vielen Stufen rasch empor und biegen in der flachen Passage halb

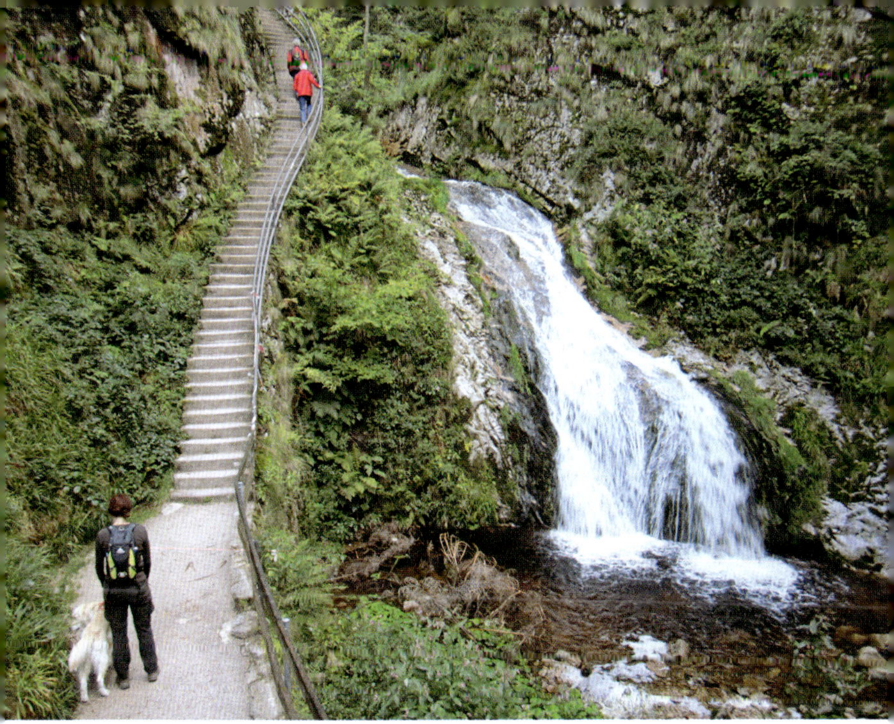

Treppenweg in der Schlucht neben dem Lierbachwasserfall.

rechts hinauf zum **Ehrendenkmal des Schwarzwaldvereins (2)**, 624 m. Die Markierung des Renchtalsteigs führt uns bald wieder auf den Hauptweg zurück und wir gelangen kurzerhand zur Gaststätte und der **Klosterruine Allerheiligen (3)**, 637 m. Da sich hier zwei unterschiedliche Tagesrouten des Renchtalsteigs queren, ist die Wegführung etwas wirr. Wir steigen den Fußweg zur steinernen Kapelle hinauf und gelangen über eine Wiese zur Passstraße. Gegenüber leitet ein Waldweg bergan und bringt uns bei einer zweiten Straßenquerung zu Bushaltestelle von **St. Ursula (4)**, 695 m.

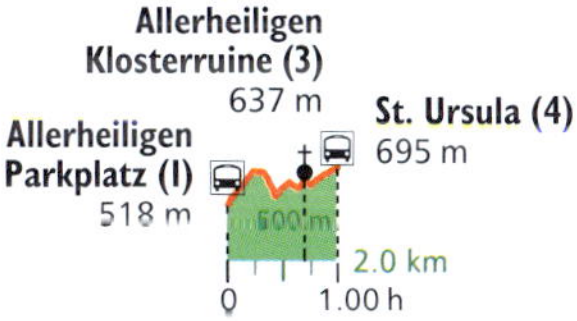

Allerheiligen Klosterruine (3)
637 m
Allerheiligen Parkplatz (1)
518 m
St. Ursula (4)
695 m
600 m
2.0 km
0
1.00 h

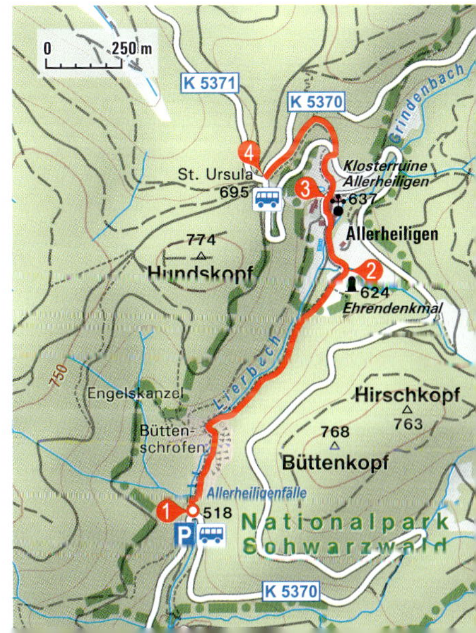

27 Von den Allerheiligenfällen zum Schliffkopf

Wilde Klamm und Traumgipfel

Top Wanderung mit Top Aussicht

Zuerst gilt es, die wildtosende Klamm der Allerheiligenfälle zu durchwandern und an den alten Klostermauern die alte architektonische Baukunst zu bestaunen. Die Allerheiligenfälle, auch Büttensteiner Fälle genannt, stürzen tosend in sieben Stufen durch die malerische und enge Felsschlucht.
Nach dem langen Gipfelaufstieg zum Schliffkopf gibt es erneut wieder etwas zum Staunen, denn der Ausblick zu den benachbarten Bergen ist fantastisch. Ein Hauch von Fernwander-Feeling kommt auf, wenn man jetzt auf den Spuren des Westwegs (Pforzheim–Basel) am Schurkopf vorbei zur Schwabenrankhütte wandert. Der Abstieg über die Weiler Wahlholz und Hinterwahlholz ist ein absoluter Geheimtipp!

KURZINFO

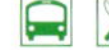
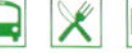

Ausgangspunkt: Allerheiligenfälle Portal, 518 m, Parkplatz, Busanschluss.
Gehzeit: 4.15 Std.
Höhenunterschied: 560 m.
Anforderung: Langer und schweißtreibender Anstieg zum Schliffkopf.
Einkehr: Allerheiligen, Schliffkopf-Hotel.
Unterkunft: Hotel Pflug, Allerheiligenstraße 1, 77883 Ottenhöfen, Tel. +49 7842 99420, hotel-pflug.de (Transfer notwendig).
Karte: LGL BW Wanderkarte Renchtal Ortenau, 1:35.000.

Noch immer zeugen die altehrwürdigen Mauern von einem einstigen Klosterdasein bei Allerheiligen.

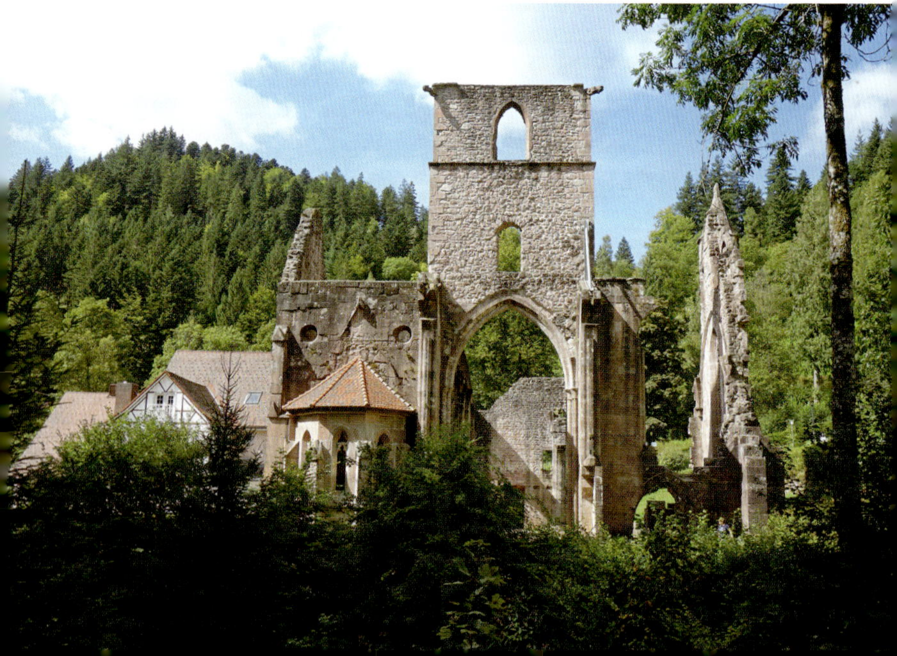

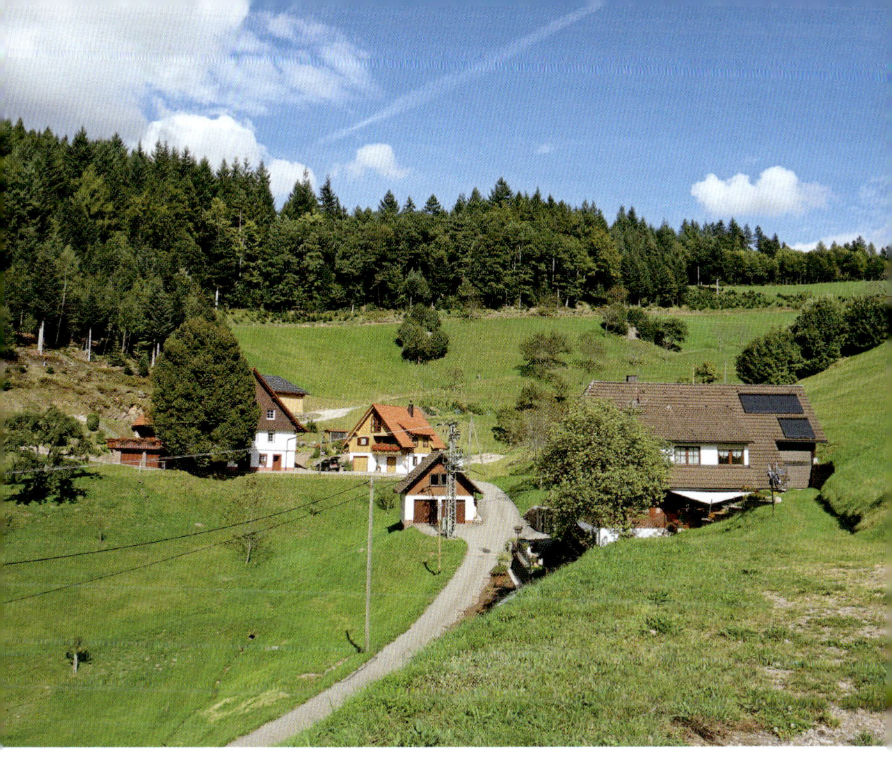

Hinterwahlholz ist ein kleiner, verträumter Ort.

Vom unteren **Parkplatz der Allerheiligenfälle (1)**, 518 m, wandern wir durch das Nationalpark-Portal. Wir folgen dem Lierbachweg und der blauen Raute zum gesicherten Steig in die Schlucht. Das Wildwasser fließt links neben uns zu Tal und lässt bereits jetzt schon erahnen, welch Schauspiel uns bevorsteht. Am untersten Fall queren wir auf einer Holzbrücke den Bach und steigen dann zur nächsten Fallstufe treppauf. Steil geht es weiter bergauf, dann wird plötzlich die Szenerie lieblicher und ein nur noch zahmer Bach begleitet uns. Wenn der Wald sich öffnet, schreiten wir geradeaus weiter zum Zierteich, 622 m, von Allerheiligen. Ein Museum, alte Häuser, ein Klosterlädle und ein Gasthaus liegen auf dem Weg zur geschichtsträchtigen **Klosterruine Allerheiligen (2)**, 637 m. Bei dem altehrwürdigen Gemäuer biegen wir halb rechts auf einen Pfad ab, queren kurz darauf den Lierbach und folgen dem Wanderpfad an einer alten Weißtanne vorbei zur Bushaltestelle bei der Passstraße, die wir vorsichtig queren. Die Markierung des Renchtalsteigs begleitet uns in Richtung Nordosten. Hinter einem Forstweg steigen wir halb rechts hinauf und gewinnen schnell an Höhe. An sonnigen Tagen erfreut man sich am schattenspendenden Wald. Beim querenden Sandgrubenweg geht es links versetzt weiter. Auf dem Boden aus Sandstein wäre es eigentlich gut zu wandern, wenn die Steigung nicht wäre. Deshalb ist es unabdinglich, einen ausreichen-

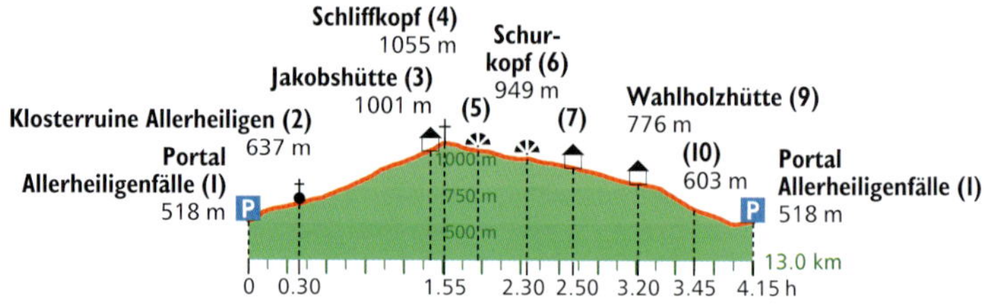

den Wasservorrat mitzuführen. Weiter oben öffnet sich der Blick zum mittleren Schwarzwald. Am Forstweg schreiten wir rechts und gelangen bald zur Kehre beim Geröllfeld Steinmäuerle, 894 m. Beflügelt von der Aussicht folgen wir dem Fuchsbühlweg hinauf zur hölzernen **Jakobshütte (3)**, 1001 m. Von hier nur kurz eben nach links weiter und am Wegweiser Tausendmeterweg, 1006 m, nach rechts. Über grobe Steine steigen wir im Wald noch einmal rund 50 Höhenmeter bergauf und erklimmen den Gipfel des **Schliffkopfs (4)**, 1055 m. Der erhabene Blick von der fast baumfreien Grindenfläche besticht. Wir folgen der roten Westwegraute in Richtung Süden hinab und gehen beim Querweg rechts zur hölzernen Aussichtskanzel **Steinmäuerle (5)**, 1000 m. Wieder zurück auf dem Westweg, wandern wir südöstlich zum Wegweiser beim Parkplatz an der Infotafel Steinmäuerle. Ein Pfad zweigt nach rechts ab, und Heidelbeersträucher säumen den Wegrand, wenn wir dem bekannten Schwarzwald-Fernwanderweg zum **Schurkopf (6)**, 949 m, folgen. Bei der Rastbank genießt man das Rucksackvesper sowie die Aussicht gleichermaßen, die vom Feldberg bis zum Grand Ballon in Frankreich reicht. Nach dem beliebten Rast-

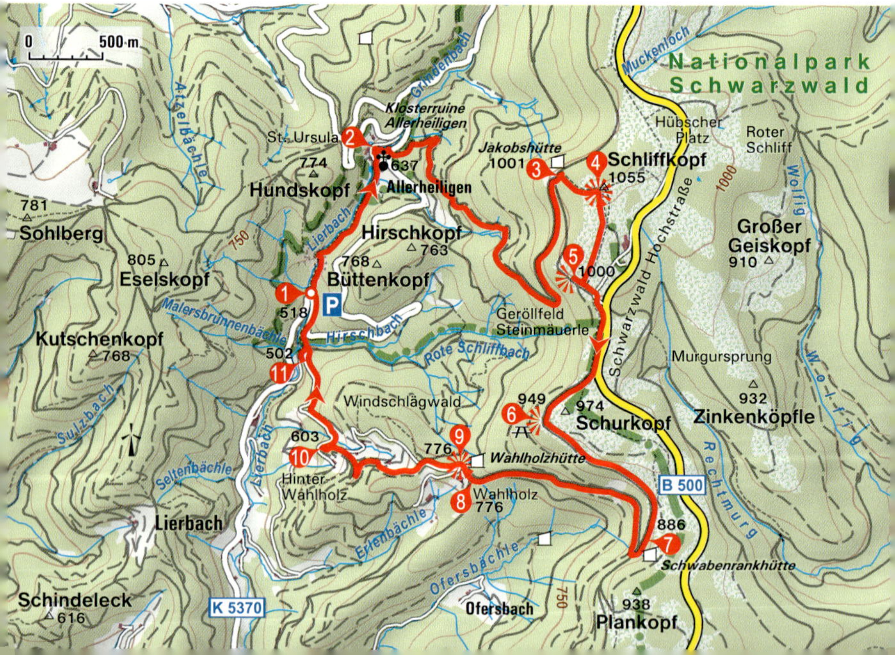

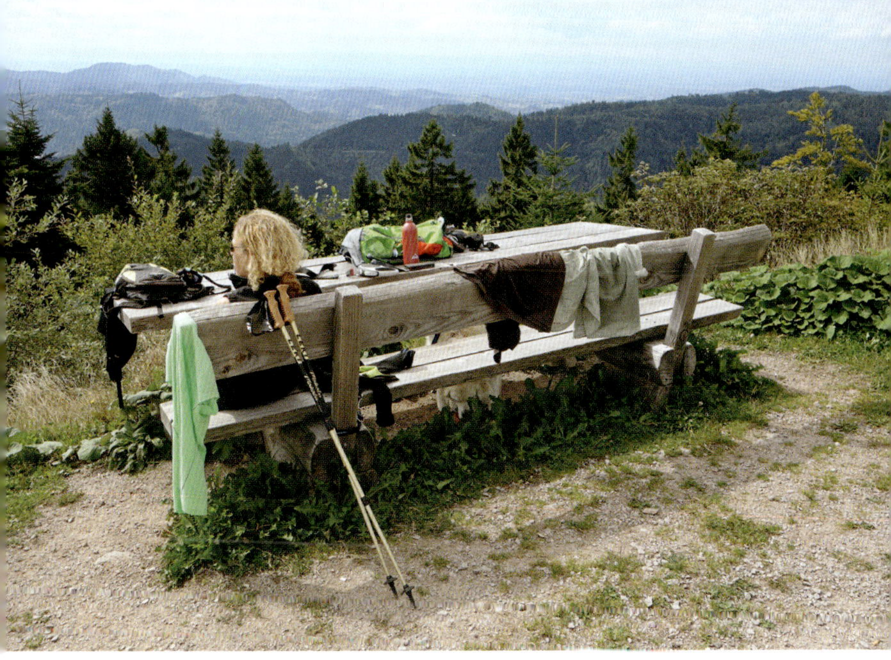

Rast beim Schurkopf.

platz schreiten wir den breiten Weg hinab zur **Schwabenrankhütte (7)**, 886 m. Der Schwabenweg knickt kurz danach scharf rechts ab, die gelbe Raute dient als Markierung. Oberhalb eines Geröllfeldes ist der Blick noch einmal besonders schön. An der Weggabelung **Wahlholz (8)**, 776 m, gehen wir rechts zur 100 m entfernten **Wahlholzhütte (9)**, 776 m, wo wir uns zunächst links halten und an der Verzweigung geradeaus die Wahlholzstraße nehmen. Bald weist die Markierung in einer kleinen Lichtung halb links in ein kleines Waldstück. Danach geht es entlang des Waldrands und am Abzweig rechts wieder in den Forst hinab. Der grasbewachsene Waldpfad leitet in der S-Kurve hinab und schlängelt sich nach **Hinterwahlholz (10)**, 603 m. Die Wahlholzstraße führt talwärts, bis sie vor dem tief eingegrabenen Hirschbach links abknickt. Am **Wegweiser Windschlägwald (11)**, 502 m, nehmen wir den Wiesenweg scharf rechts. Entlang des rauschenden Lierbachs queren wir den Hirschbach und folgen geradeaus der blauen Raute. Romantischer könnte der Abschluss nicht sein und mit etwas Wehmut erreichen wir bald wieder den **Parkplatz der Allerheiligenfälle (1)**.

Allerheiligen

Das Kloster von Allerheiligen wurde 1191 gegründet und im Laufe der Zeit dreimal durch Feuer zerstört. Im Jahr 1803 wurde es endgültig aufgehoben. Die Mauern der einstigen Klosterkirche stammen aus dem 13. Jahrhundert und zählen mit zu den frühesten gotischen Bauwerken Deutschlands.

28 Über den Schliffkopf

Genusswandern am Schliffkopf

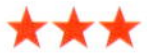

Weite Ausblicke

Als Genusswanderung kann man diese aussichtsreiche Runde getrost bezeichnen, denn bereits zu Beginn erwartet uns von der Aussichtsplattform Steinmäuerle ein Prachtbild auf die Berge des Mittleren Schwarzwalds. Wenig später blicken wir zu den Ortenauer Rebgebieten und vom Gipfel des Schliffkopfs erwartet uns ein atemberaubendes Panorama.

KURZINFO

 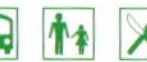 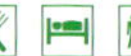

Ausgangspunkt: Steinmäuerle Infotafel, 997 m, Parkplatz, Busanschluss in 300 m Entfernung; an der B500, nah des Schliffkopfhotels.
Gehzeit: 1.30 Std.
Höhenunterschied: 100 m.
Anforderung: Einfache Wanderung mit schönen Aussichtspunkten.
Einkehr: Schliffkopfhotel.
Unterkunft: Nationalpark-Hotel Schliffkopf, Schwarzwaldhochstraße 1, 72270 Baiersbronn-Schliffkopf, Tel. +49 7449 9200, schliffkopf.de.
Karte: LGL BW Wanderkarte Oberes Murgtal, 1:35.000.

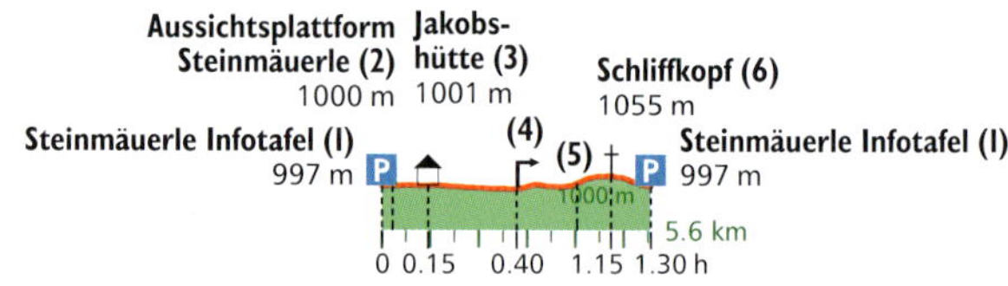

Vom **Parkplatz Steinmäuerle Infotafel (1)**, 997 m, etwa 300 m südwestlich vom Schliffkopfhotel, folgen wir dem Westweg in Richtung Nordwesten direkt in den Nationalpark. Auf dem Tausendmeterweg verlassen wir nach 100 m den Fernwanderweg und folgen der gelben Raute hin zur bereits sichtbaren hölzernen **Aussichtsplattform Steinmäuerle (2)**, 1000 m. Der breite Weg leitet an den Rand der Grindenfläche des Schliffkopfs und bringt uns bald in den Schatten

Diesen Panoramablick genießt man beim Abstieg vom Schliffkopf.

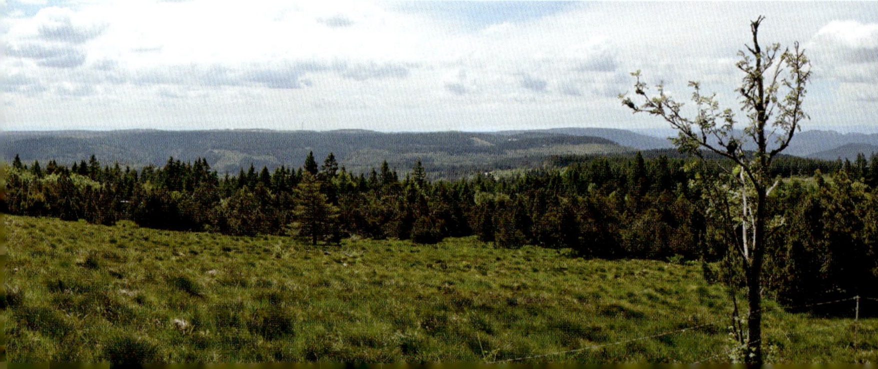

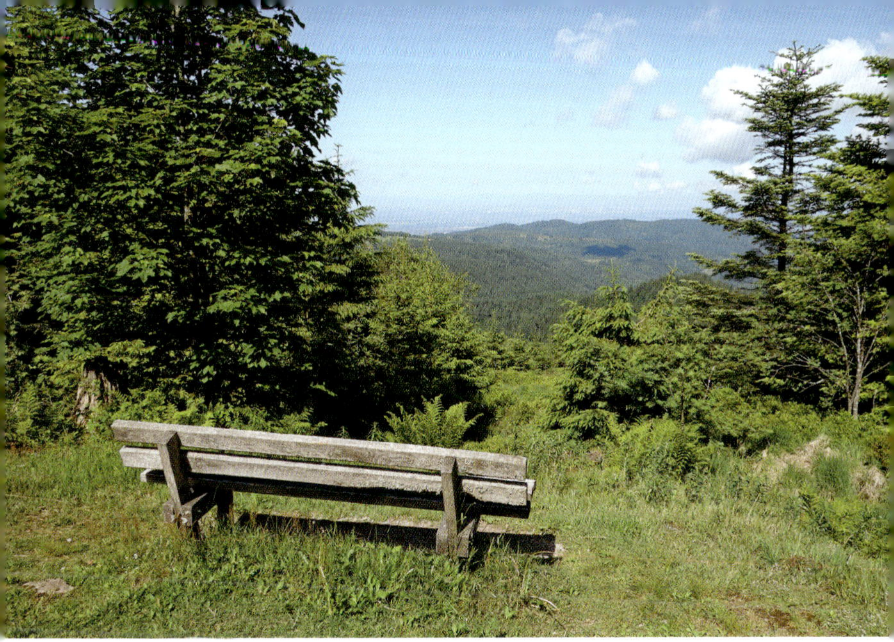

Rastbank am Tausendmeterweg.

spendenden Wald. Ohne merklichen Höhenunterschied wandern wir zur hölzernen **Jakobshütte (3)**, 1001 m und gehen dort halb rechts zum Renchtalsteig. Am Wegweiser Tausendmeterweg schreiten wir mit der gelben Raute geradeaus weiter in Richtung Nordosten. Farne und Heidelbeeren wachsen auf dem mit Steinen durchsetzten Waldboden. Ohne merkliche Kraftanstrengung geht's zum **Schweinkopf (4)**, 983 m, hier biegen wir scharf rechts zum Westweg und Seensteig ab. Kurze Zeit später wandern wir halb rechts auf einem naturbelassenen Pfad weiter. Leicht steigend treten wir bald aus dem Nadelwald und der traumhafte Wanderpfad führt in Form einer schmalen Spur durch eine wunderschöne Grindenlandschaft. Halb links kann man bereits den Schliffkopf erkennen. Doch Vorsicht, nach kräftigen Regenfällen kann der Pfad durchaus matschig sein! Steinalte Grenzsteine deuten noch immer auf die einstige Grenze zwischen Baden und Württemberg

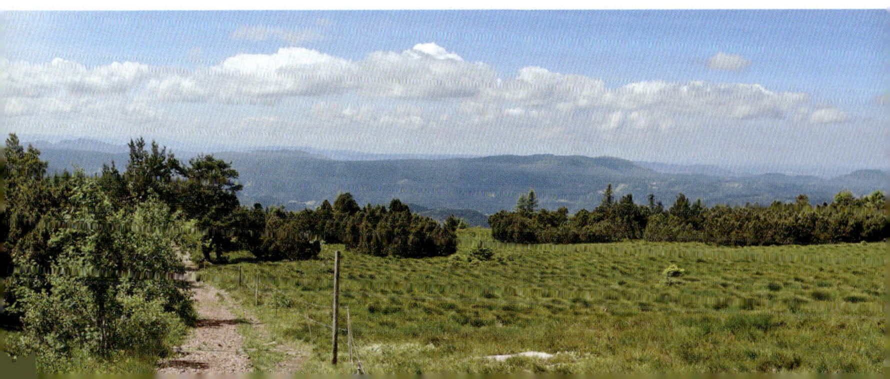

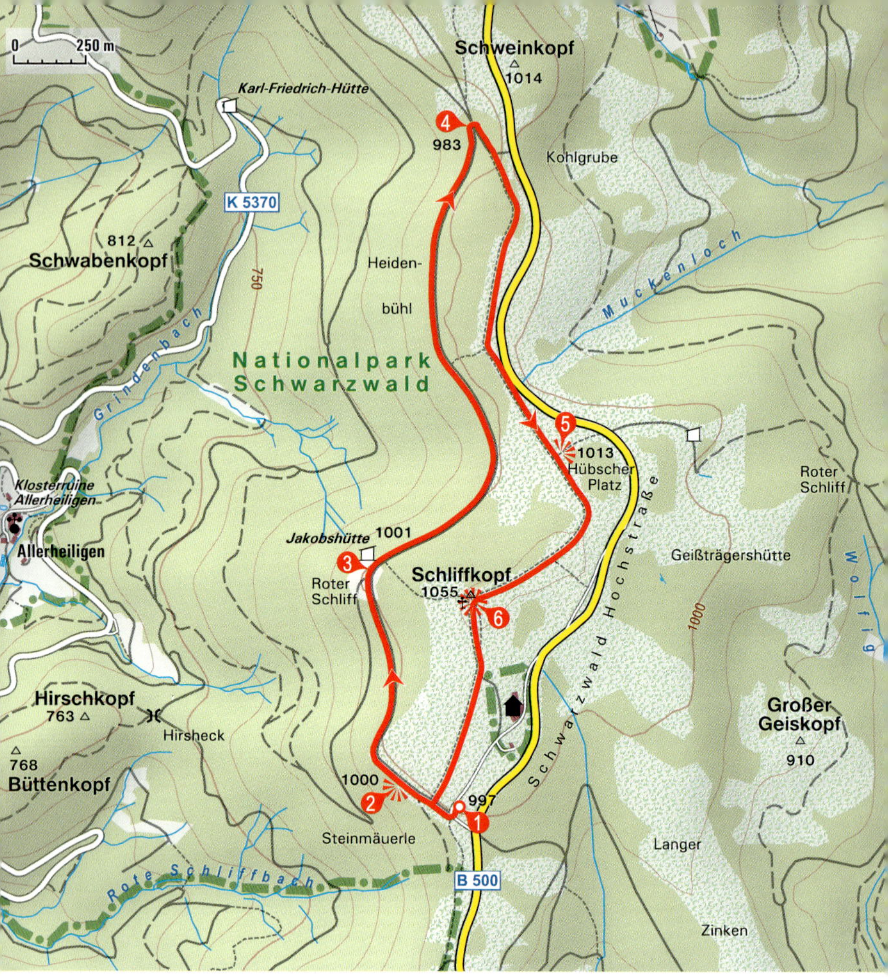

hin. Wir folgen unfehlbar der Fernwanderroute in Richtung Südosten. Der Anstieg auf steinigem Grund leitet zum **Hübschen Platz (5)**, 1013 m, wo wir die Richtung beibehalten. Es lohnt sich, zwischendurch anzuhalten und auch mal den Ausblick zurück zu genießen, denn entlang der Schwarzwaldhochstraße blicken wir bis zur Hornisgrinde. Kurz vor dem Gipfel des Schliffkopfs passieren wir einen mächtigen Gedenkstein, dann blicken wir in die andere Richtung, weit über den Schwarzwald hinaus, bis zur Schwäbischen Alb und zu den Vogesen. Ein Gipfelkreuz ziert den Gipfel des **Schliffkopfs (6)**, 1055 m, und ein Stein mit einer Tafel weist in Richtung aller sichtbaren (und unsichtbaren) Berge. Neben einem Holzzaun folgen wir dem Westweg in Richtung Süden zum **Rechtmurgkopf**, 1045 m, hinab. An der Gabelung gehen wir rechts und nach zwei Gattern geht's links zum **Parkplatz Steinmäuerle (1)**.

Gipfelkreuz auf dem Schliffkopf.

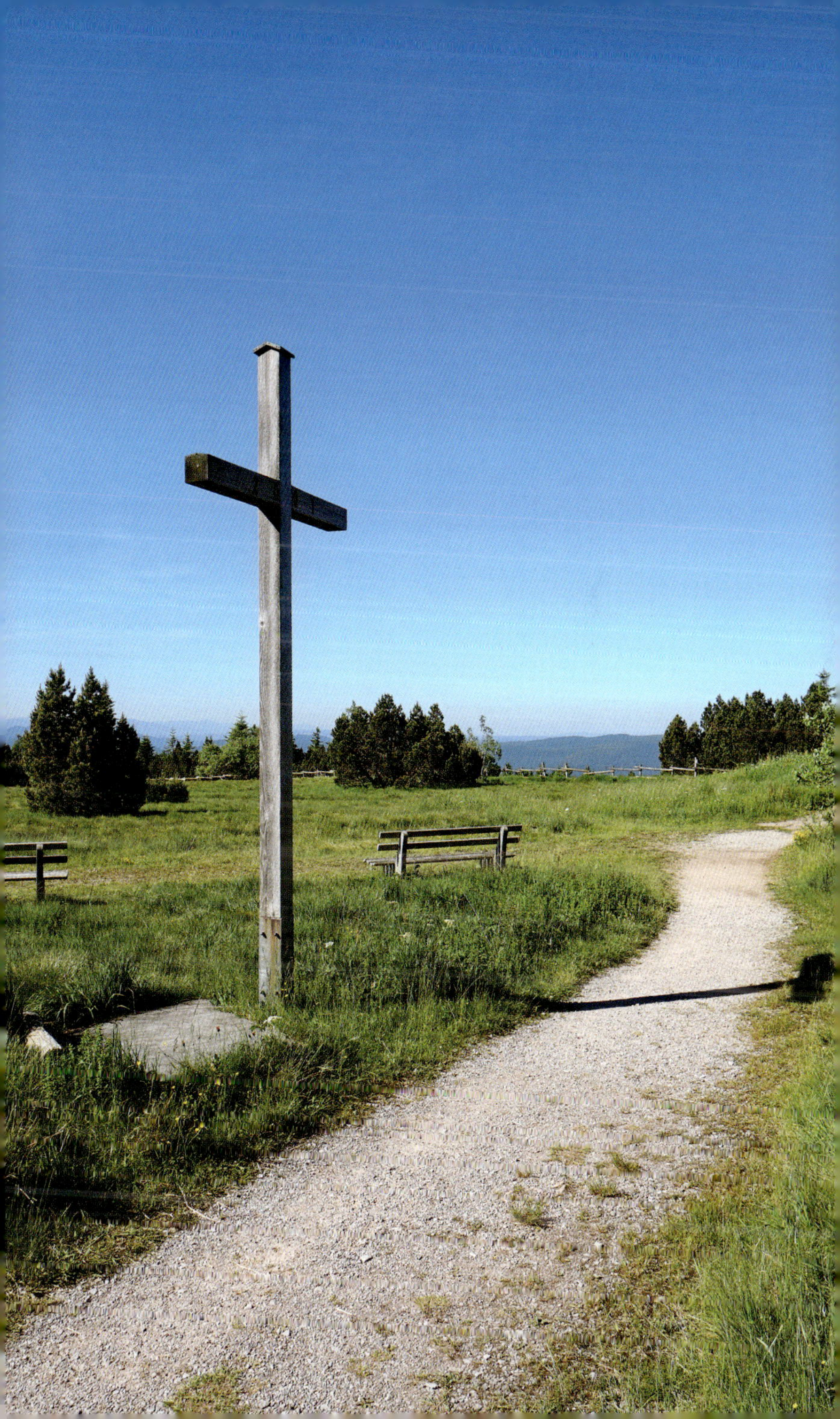

29 Kleine Schliffkopf-Runde

Traumwandern am Tausendmeterweg

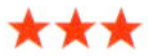

Aussicht pur
In der Kürze liegt die Würze! Natürlich ist diese kleine Schliffkopf-Runde sehr kurz, aber angesichts dessen, dass vielleicht auch etwas betagtere Menschen, die nicht mehr ganz so gut zu Fuß sind, in den Genuss des Wanderns kommen möchten, eignet sich dieser Wandervorschlag bestens. Bei dieser Runde erlebt man fantastische Aussichten, die auf dem Gipfel des Schliffkopfs wahrhaftig überragend sind.

KURZINFO

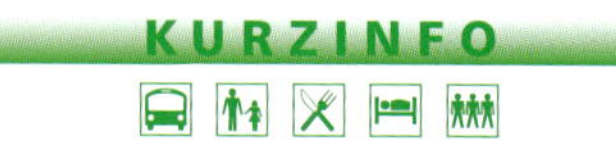

Ausgangspunkt: Steinmäuerle Infotafel, 997 m, Parkplatz, Busanschluss in 300 m Entfernung; an der B500, nah des Schliffkopfhotels.
Gehzeit: Gemütlich 1.00 Std.
Höhenunterschied: 70 m.
Anforderung: Herrliche Wandertour auf gut begehbaren Wegen.
Einkehr: Schliffkopfhotel.
Unterkunft: Nationalpark-Hotel Schliffkopf, Schwarzwaldhochstraße 1, 72270 Baiersbronn-Schliffkopf, Tel. +49 7449 9200, schliffkopf.de.
Karte: LGL BW Wanderkarte Oberes Murgtal, 1:35.000.

Jakobshütte (3)
Aussichtsplattform Steinmäuerle (2)
Schliffkopf (5) 1055 m
Steinmäuerle Infotafel (1) 997 m
1000 m
Steinmäuerle Infotafel (1) 997 m
2.4 km
0 0.35 1.00 h

Direkt an der Schwarzwaldhochstraße, etwa 300 m südwestlich des Schliffkopfhotels starten wir am **Parkplatz Steinmäuerle Infotafel (1)**, 997 m. Der Tausendmeterweg leitet sogleich in den Nationalpark und bringt uns bereits nach wenigen Schritten zur **Aussichtsplattform Steinmäuerle (2)**, 1000 m. Wir blicken weit hinaus ins Land und über den Schwarzwald sowie die sich dahinter in ihrer vollen Breite ausdehnenden Vogesen. Mit der gelben Raute geht es weiter, und der Tausendmeterweg bleibt nahezu auf einer Ebene. Immer wieder blickt man weit hinaus in die schöne Schwarzwälder Vorgebirgszone, in der bekannte Ortenauer Weine reifen. Ohne Mühen erreichen wir die hölzerne Schutzhütte **Jakobshütte**

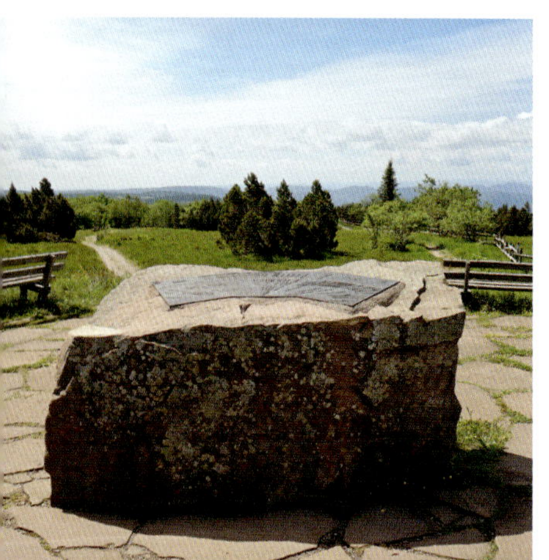

Die Tafel auf dem Gipfelstein des Schliffkopfs dient der Orientierung.

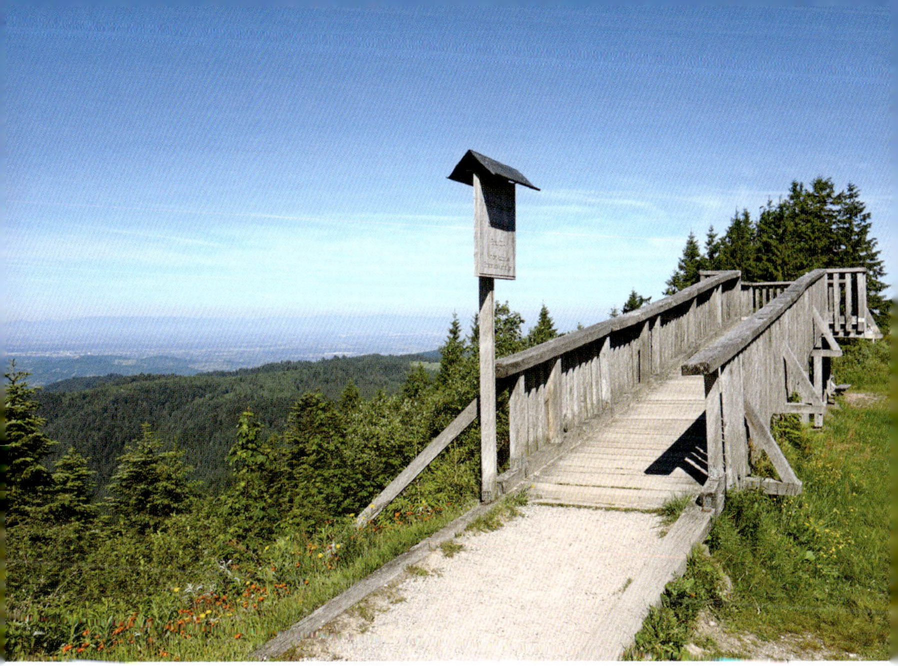

Aussichtsplattform Steinmäuerle.

(3), 1001 m. Von hier gehen wir 50 m halb rechts weiter und biegen Am **Tausendmeterweg (4)**, 1006 m, rechts hinauf. Die Raute des Renchtalsteigs leitet ohne Umschweif zum fast baumfreien Gipfel des **Schliffkopfs (5)**, 1055 m. Welch ein famoser Prachtblick erwartet uns! Das Aussichtspanorama ist grandios. Eine Metalltafel auf dem Gipfelstein hilft bei der Orientierung und Zuordnung sämtlicher Berge, die wir erblicken. Vom Gipfelstein folgen wir dem linken der beiden Wege in Richtung Südosten und treffen am **Rechtmurgkopf (6)**, 1044 m, auf den Westweg, an der folgenden Gabelung halten wir uns rechts.

Hinter einem ersten Gatter genießen wir noch einmal die bemerkenswerte Panoramalage und schreiten hinter einem zweiten Gatter am querenden Weg nach links zum **Parkplatz Steinmäuerle (1)** zurück.

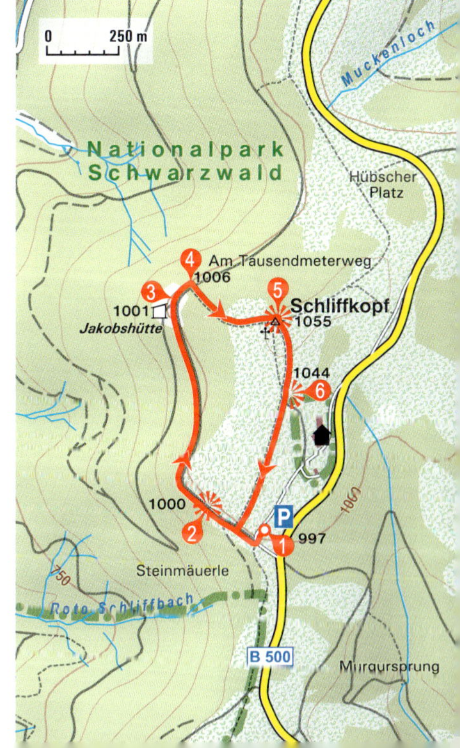

30 Hinauf zur Wolkenhütte

Berg und Tal ★

Den Kraftenbuckel hinauf

In Buhlbach glaubt man fast am Ende der Welt angelangt zu sein, zumindest aber, dass sich hier in der Vergangenheit die Uhren etwas langsamer gedreht hätten. Der Anstieg zur Wolkenhütte über den Kraftenbuckel ist sehr mühsam und erfordert einiges an Kraft, heißt der Buckel ja doch auch Kraftenbuckel. Somit ist es schließlich auch kein Wunder, dass die Wolkenhütte so heißt, meint man doch beim Aufstieg bald, sie läge recht weit über den Wolken.

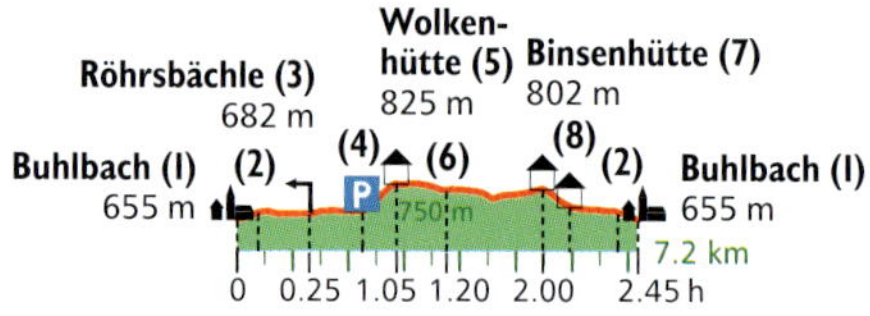

KURZINFO

Ausgangspunkt: Buhlbach, 655 m, Parkplatz Glashütte, Busanschluss; südwestlich von Baiersbronn-Obertal
Gehzeit: 2.45 Std.
Höhenunterschied: 250 m.
Anforderung: Sehr steiler Anstieg hinauf zur Wolkenhütte auf einem schmalen Waldpfad.
Einkehr: Buhlbach und Obertal.
Unterkunft: Hotel Gasthof Blume, Rechtmurgstr- 108, 72270 Baiersbronn-Obertal, Tel. +40 7449 8077, blume-obertal.de; Engel Obertal, Rechtmurgstr. 28, 72270 Baiersbronn-Obertal, Tel. +49 7449 850, engel-obertal.de.
Karte: LGL BW Wanderkarte Oberes Murgtal, 1:35.000.

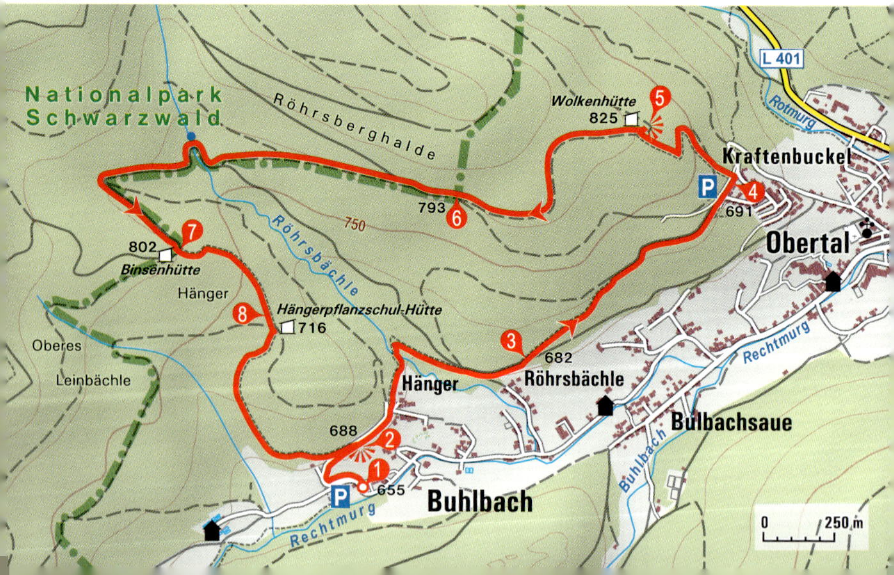

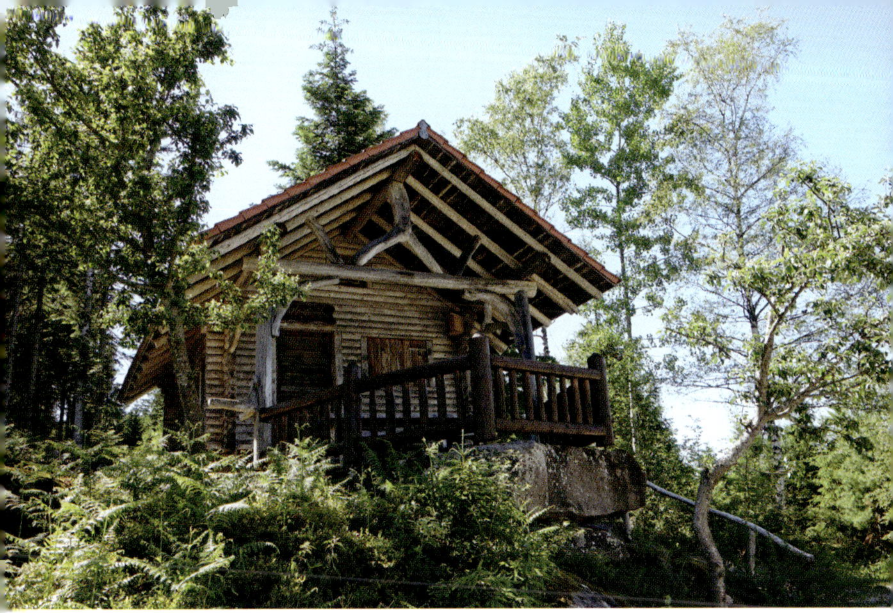

Dem Wanderhimmel nah – die Wolkenhütte.

Im Ortsteil **Buhlbach**, gleich hinter Baiersbronn-Obertal, parken wir in der Schliffkopfstraße am **Parkplatz Glashütte (1)**, 655 m. Wir wandern in Richtung Südwesten zum Wegweiser Buhlbach und wenden uns hier rechts dem Grasweg zu. Am Öchsle-Brunnen kann man getrost die Wasserflasche mit klarem Bergquellwasser auffüllen. Die Markierungen blaue Raute und Murgleiter führen bald entlang einer schmalen Straße zum sogenannten **Hänger (2)**, 688 m. Zunächst geradeaus weiter, am Waldrand entlang, bis in einer Linkskurve halb rechts ein Fußpfad abzweigt. Im Wald geht's hinab zum rauschenden Röhrsbächle, das wir auf einem Holzsteg sicher queren. An der 5-fach-Wegkreuzung gehen wir geradeaus, und bis zum Wegpunkt **Röhrsbächle (3)**, 682 m, ist es nicht mehr weit. Hier gehen wir mit der Markierung der gelben Raute halb links hinauf und beim Forstweg dann nach rechts zum 400 m entfernten Bogenweg, 701 m. Oberhalb des Obertaler Ortsrands entlangwandernd, erreichen wir bald den **Parkplatz Kraftenbuckel (4)**, 691 m. Jetzt wird's mühsam und schweißtreibend, denn der links abzweigende, schmale Bergpfad führt sehr steil in die Höhe. Beim breiten Weg gehen wir kurz rechts, bis links erneut ein Pfad abzweigt. Im Anstieg biegen wir scharf links ab und folgen dem steilen Weglein, queren einen Wiesenweg und wandern beim Forstweg nach rechts zur jetzt bereits sichtbaren **Wolkenhütte (5)**, 825 m. Die 1995 erbaute Holzhütte liegt in einer himmlischen Aussichtslage, weil blickt man durchs Murgtal bis nach Baiersbronn. Von der Hütte aus gehen wir den Forstweg wieder zurück und beschreiten diesen weiter in Richtung Westen zur **Röhrsberghalde (6)**, 793 m. Wir behalten die Richtung bei und gehen an der Verzweigung links hinab. Der breite

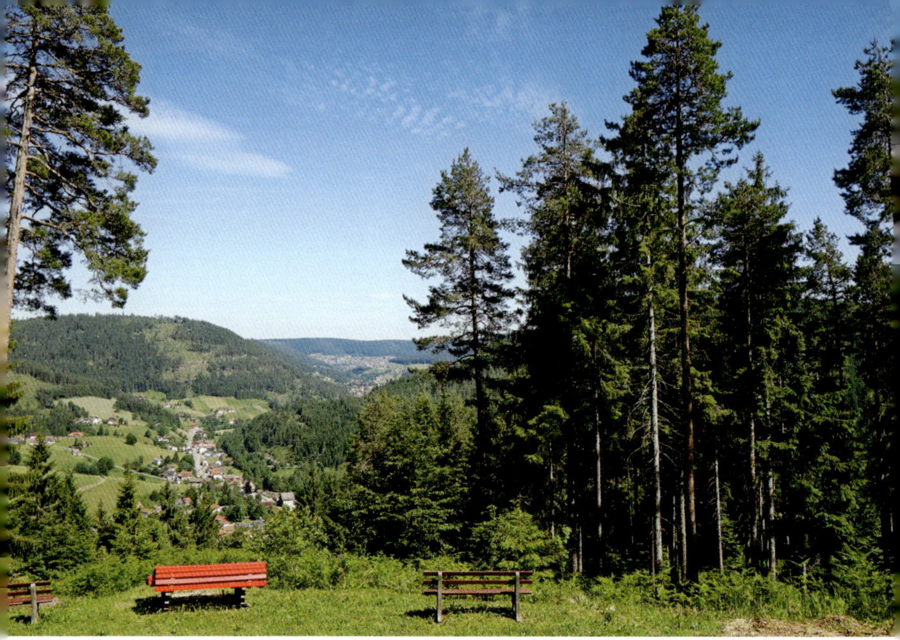

Von der Wolkenhütte fällt der Blick ins Murgtal.

Waldweg bringt uns zu einer Kreuzung, 748 m, wo wir rechts abbiegen und bald den Röhrsbachlägerbrunnen passieren. Nach einer Linkskehre entscheiden wir uns für den rechten Weg, der zur **Binsenhütte (7)**, 802 m, leitet. Hier folgen wir links dem anfänglichen Grasweg und späteren Waldpfad zur 400 m entfernten **Hängerpflanzschul-Hütte (8)**, 716 m. Gegenüber dem stattlichen Holzhaus leitet ein schmaler Pfad in den Wald und bringt uns direkt wieder zum **Hänger (2)**, 688 m. Von hier ist der Rückweg zum **Parkplatz Glashütte (1)** bereits gut einzusehen und zudem auch bestens bekannt.

Glashütte Buhlbach

In Buhlbach wurde früher eine bedeutende Glashütte betrieben. Im Schwarzwald spielte die Glasindustrie einst eine wichtige Rolle. Die veränderte Fabrikationsweise und der Aufschwung des Verkehrswesens haben den Niedergang der Schwarzwälder Glasindustrie herbeigeführt. Die Buhlbacher Glashütte, 1753 gegründet und ab 1773 von der Calwer Holzkompanie betrieben, stellte im Jahre 1909 wegen der Abgeschiedenheit Buhlbachs den Betrieb ein. Heutzutage kann man dafür im von der Familie Bareiss geführten Forellenhof Buhlbach (rechts) exzellent Fisch speisen.

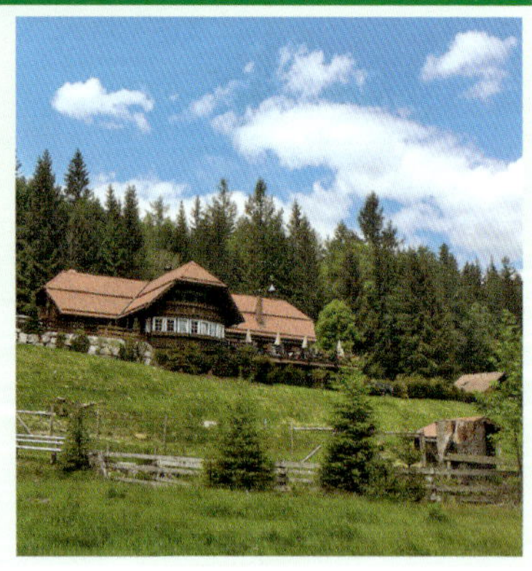

Vom Tonbachtal zur Satteleihütte

Auf Genusspfaden durchs Tonbachtal

Edelwanderung um den Rinkenkopf

Zwar streift diese Wanderung den Nationalpark nur für einen kurzen Wegabschnitt, was der Tour aber wahrlich keinen Abbruch tut. Tief geht's hinein ins hintere Tonbachtal, das von der Kanzel bestens überblickt werden kann. Nach dem Anstieg auf 900 Höhenmeter wandern wir hinab zur Satteleihütte und genießen kulinarische Köstlichkeiten. Als Nächstes wartet ein optischer Leckerbissen, denn der Pfad um den Rinkenkopf verdient uneingeschränkt das Prädikat: Edelwanderung. Die Qualität dieser Tour zeigt sich auch darin, dass unsere Wanderung gleich zwei der Schwarzwälder Genießerpfade streift.

KURZINFO

 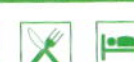 

Ausgangspunkt: Tonbach, Parkplatz Sattelei, 661 m, im Nordosten des Rinkenkopfs. Anfahrt: Von Baiersbronn nach Tonbach, links zum Alten Tonbachweg und Straße Rinkenteich ganz durch fahren. Der Ausgangspunkt liegt oben im Wald.
Gehzeit: 4.15 Std.
Höhenunterschied: 450 m.
Anforderung: Mittelschwere Tour mit lang gezogenem Anstieg auf Forstweg zum Tanzplatz.
Einkehr: Satteleihütte.
Unterkunft: Haus Bergwiese, Winterseitenweg 14, 72270 Baiersbronn, Tel. +49 7442 2869, hausbergwiese.de.
Karte: LGL BW Wanderkarte Oberes Murgtal, 1:35.000.

Vom **Parkplatz Sattelei (1)**, 661 m, nordöstlich des Rinkenkopfs wandern wir den Forstweg hinauf und zweigen nach 100 m halb rechts zum Waldpfad ab. Die gelbe Raute, der Genießerpfad »Satteleisteig«, die Murgleiter und der Seensteig geben zum Wegweiser Schlittwegle, 690 m, die Richtung vor. Wir behalten die Richtung bei und der wurzelüberwucherte Traumpfad bringt uns zu einer windwurfbedingten Lichtung. Kurz danach gehen wir am **Halstlesrucken (2)**, 680 m, geradeaus. Der Waldpfad leitet talwärts zu einem markierungslosen Forstweg, dem wir nach links folgen. Durch den lichten Wald blicken wir rechts hinüber zu dem Gourmet-Tempel Traube Tonbach. Das bekannte und vielfach prämierte Sterne-Restaurant wurde im Januar 2020 durch

Das Steinbett lädt zum Nickerchen ein, leider ist es nicht gepolstert.

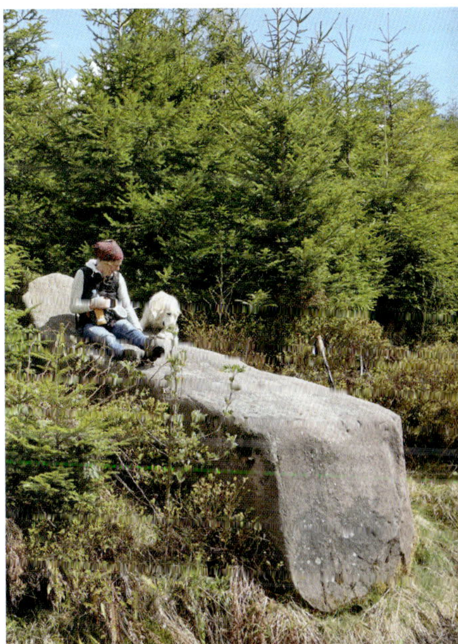

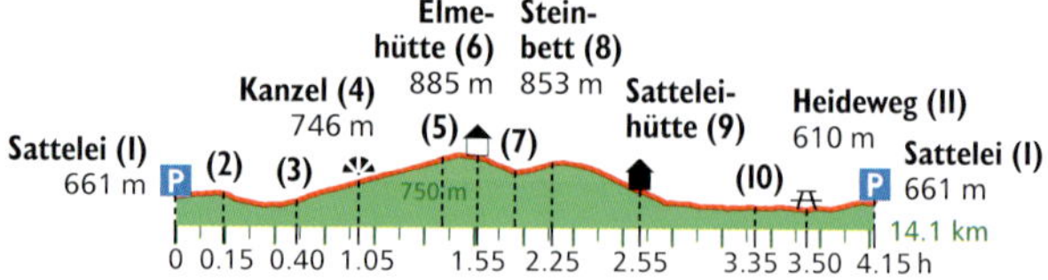

einen verheerenden Brand teilweise zerstört, ist aber mittlerweile wieder geöffnet.

Nach 400 m biegen wir scharf rechts und bereits 1 Min. später scharf links ab. Die gelbe Raute und der »Tonbachsteig« weisen den Weg, der neben dem Waldrand, entlang der linken Talseite des Tonbachtals zunächst aussichtsreich weiterführt. Im **Weitengrund (3)**, 644 m, queren wir den Weitengrundbach und biegen halb links unterhalb eines großen Buntsandsteinblocks in einen Forstweg ein, der anschließend bergan führt.

Nach wenigen Minuten halten wir uns an der Kreuzung geradeaus und gelangen nach 900 m zur aussichtsreichen **Kanzel (4)**, 746 m. Weit reicht der Blick ins hintere Tonbachtal. Wir folgen weiter der gelben Raute und betreten bald den Nationalpark. Der kontinuierliche Anstieg leitet hinauf zum **Tanzplatz (5)**, 880 m, wo wir im spitzen Winkel nach links abbiegen. Die blaue Raute leitet geradewegs wieder aus dem Nationalpark und zum Wegweiser Elme Steinbruch, 900 m. Wir haben den höchsten Punkt unserer Tour erreicht! Bleiben Sie einfach mal ste-

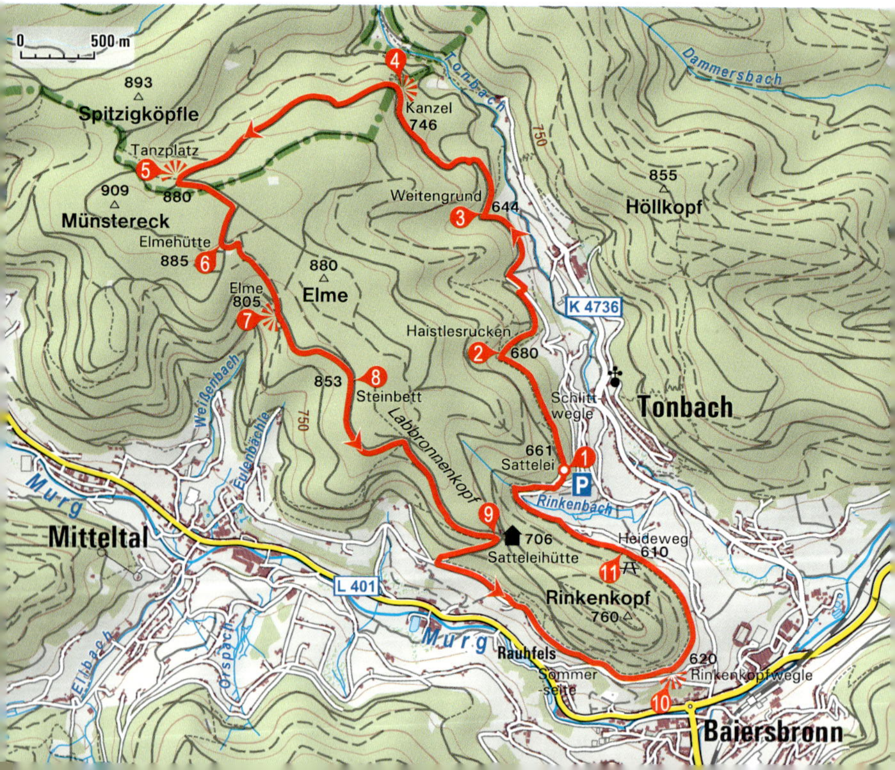

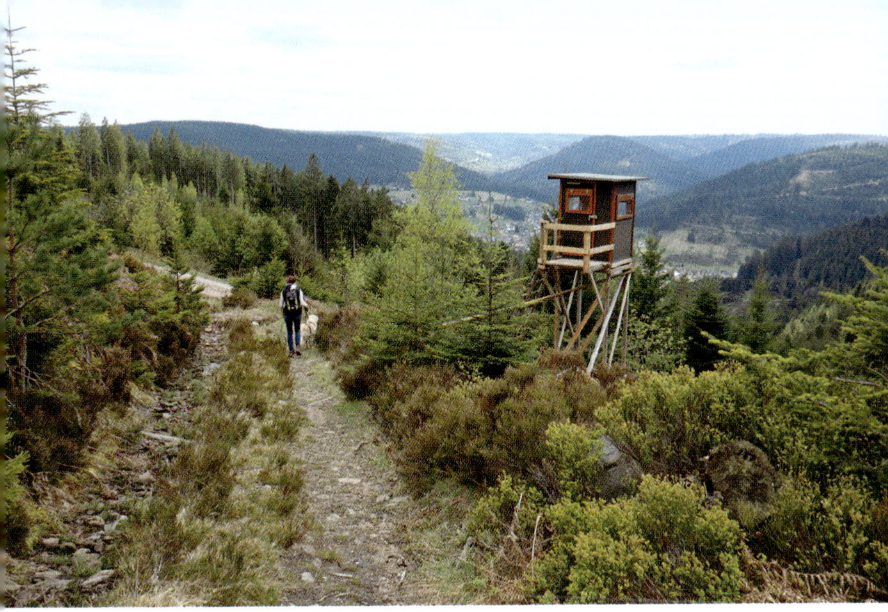

Bei der Elme öffnet sich der Wald und gibt einen schönen Blick frei.

hen, atmen Sie tief durch und lauschen Sie dem Vogelgesang. Hier biegen wir rechts zur 400 m entfernten ehemaligen **Elmehütte (6)**, 885 m ab. Manche Hütte im Nationalpark wurde schlichtweg abgerissen, damit unbedachte Wanderer dort kein Lagerfeuer mehr entzünden. In der Lichtung, wo einst die Hütte stand, biegen wir mit der blauen Raute links zum schmalen Waldpfad ab und folgen der Markierung durch das Nadelgehölz.

Auf weichem Waldboden gelangen wir im sanften Abstieg zur **Elme (7)**, 805 m, und blicken tief ins Tal nach Baiersbronn-Mitteltal. Wir wenden uns links dem Forstweg zu und steigen leicht bergan zum **Steinbett (8)**, 853 m, einem mächtigen Felsklotz, der getrost als Sonnenliege genutzt werden kann. Der Höhenweg leitet in teils aussichtsreicher Lage zum Labbronnenkopf, 820 m, wo wir uns halb rechts auf den Forstweg begeben und der 15 Min. entfernten **Satteleihütte (9)**, 706 m, entgegenwandern. Nach einer zünftigen Einkehr folgen wir dem Fahrweg rechts hinab zum Parkplatz Labbronnen, 655 m, und wenden uns scharf links dem Wanderweg mit der blauen Raute zu. Fast eben umrunden wir in traumhafter Aussichtslage den Rinkenkopf. Im Tal erkennen wir Baiersbronn und den markanten Stöckerkopf. Immer wieder laden Sitzbänke zum Verweilen ein. Sommerhalde, Raufelsen, Rechen sind die folgenden Wegweiser. Mit der blauen Raute begehen wir das **Rinkenkopfwegle (10)**, 620 m.

Bald öffnet sich langsam wieder das idyllische Tonbachtal vor uns. Stets am Waldrand entlang wandernd, genießen wir die herrliche Aussicht und können am Picknickparkplatz **Heideweg (11)**, 610 m, eine letzte Zwischenrast einlegen. Kurz nach dem Rinkenbachbrückle gelangen wir zum **Parkplatz Sattelei (1)** zurück.

32 Von der Zuflucht zum Schliffkopf

Ein Höhenweg der Extraklasse

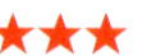

Aussichtspunkte am laufenden Band
Der gerade mal acht kilometerlange Stichweg von der Zuflucht bis zum Schliffkopfgipfel ist gespickt mit zahlreichen attraktiven Aussichtspunkten. Kein Wunder, dass der Renchtalsteig und der Westweg sich dieser Route bemächtigen und hier entlangführen. Auch der großartige Seensteig leitet ab dem Lotharpfad gemeinsam mit den beiden anderen Wegen zum Schliffkopf, auf dem sogar die Murgleiter endet, die nach fünf langen Wandertagen aus dem Murgtal heraufklettert. Da weite Wegabschnitte beinahe baumlos sind, ist zwar die Aussicht häufig ungehindert, der Weg aber bei großer Hitze nicht zu empfehlen.

KURZINFO

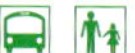 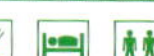

Ausgangspunkt: Zuflucht, 954 m, Parkplatz, Busanschluss. Der Ausgangspunkt liegt an der L92, unweit der B500 zwischen Schliffkopf und Alexanderschanze.
Endpunkt: Schliffkopfhotel, 1009 m; Rückfahrt zum Startpunkt mit dem Bus.
Gehzeit: 2.15 Std.
Höhenunterschied: Aufstieg 220 m, Abstieg 170 m.
Anforderung: Aussichtsreicher Höhenweg, ohne große Schwierigkeiten begehbar.
Einkehr: Schliffkopfhotel und Zuflucht.
Unterkunft: Nationalpark-Hotel Schliffkopf, Schwarzwaldhochstraße 1, 72270 Baiersbronn-Schliffkopf, Tel. +49 7449 9200, schliffkopf.de; Natur- und Sporthotel Zuflucht, Zuflucht 1, 72250 Freudenstadt-Zuflucht, Tel. +49 7804 912 560, hotel-zuflucht.de.
Karte: LGL BW Wanderkarte Renchtal Ortenau, 1:35.000.

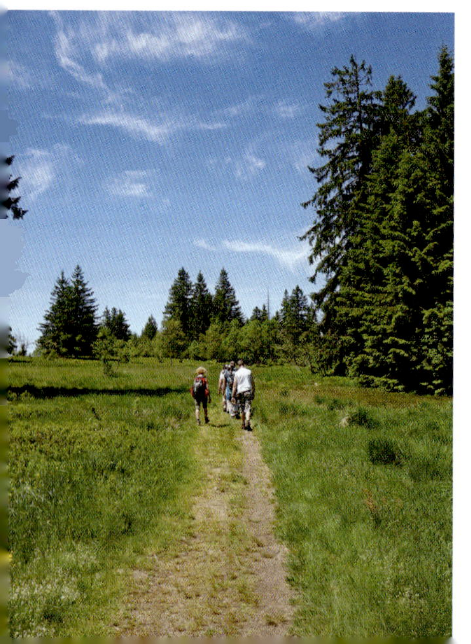

Am Natur- und Sporthotel **Zuflucht (1)**, 954 m, steigen wir ein, zu einem großartigen und aussichtsreichen Wandererlebnis, das seinesgleichen sucht. Die Markierungen von Renchtalsteig und Westweg leiten gemeinsam westwärts. Auf der ausgetretenen Pfadspur gelangen wir bald zur **Röschenschanze (2)**, 963 m, sowie einem Skihang. Die Röschenschanze ist eine sternförmig erbaute Verteidigungsanlage gegen die Franzosen aus dem Jahre 1776, die mittlerweile längst wieder von der Natur zurückerobert wurde. Bald wandern wir auf grobem Stein

Wandergruppe zwischen Zuflucht und Röschenschanze.

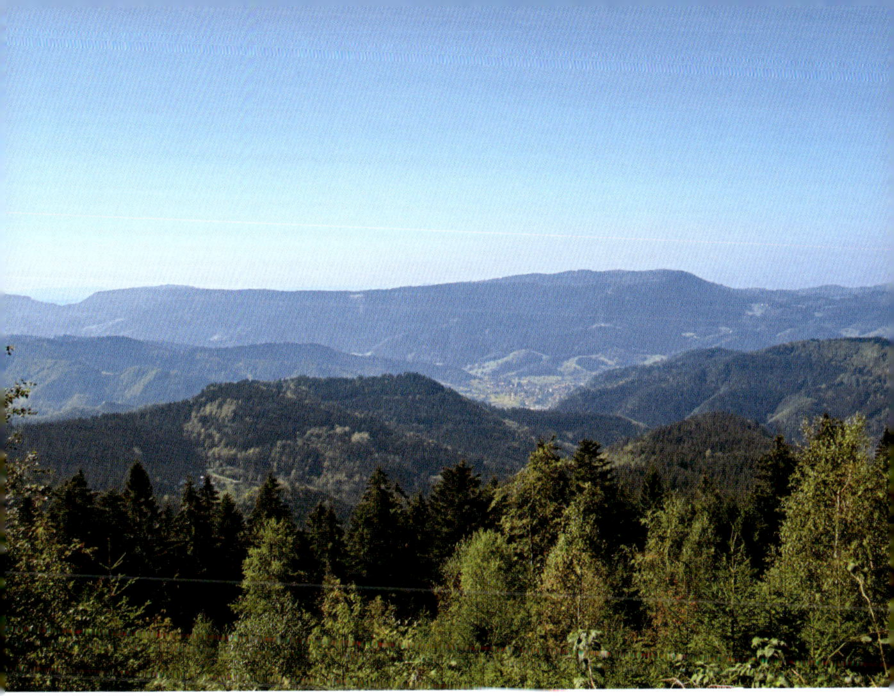

Blick ins Renchtal.

hinab, der bei Nässe unangenehm rutschig sein kann, und wenden uns danach links dem geteerten Weg zu. In mittelbarer Nähe zur Schwarzwaldhochstraße erreichen wir die **Schwarze Lache (3)**, 910 m, und gehen geradeaus zu dem Forstweg, der durch einen kleinen Waldabschnitt führt. Bald werden wir unterm **Sandkopf (4)**, 920 m, mit einem großartigen Ausblick belohnt. In der Ferne erkennen wir jetzt bereits kurzfristig den Schliffkopf, unser Tagesziel. Ohne nennenswerten Höhenunterschied führt der Wanderweg zum **Lotharpfad (5)**, 930 m, der bei Tour 33 ausführlich beschrieben ist.

Ein leichter Abstieg auf dem breiten Schotterweg leitet in Richtung Nordwesten hinab zum Wegetreff **Haferrütterrank (6)**, 897 m. Mittlerweile ist zu den beiden Wegmarkierungen auch noch die des Seensteigs hinzugekommen. Gemeinsam leiten die drei Fernwanderwege, bzw. Mehrtagestouren um den Plankopf, sowie in den Wald hinab zur Mulde Schwabenrank. Im Gegenanstieg passieren wir die kleine **Schwabenrankhütte (7)**, 886 m, und ein fantastischer Ausblick be-

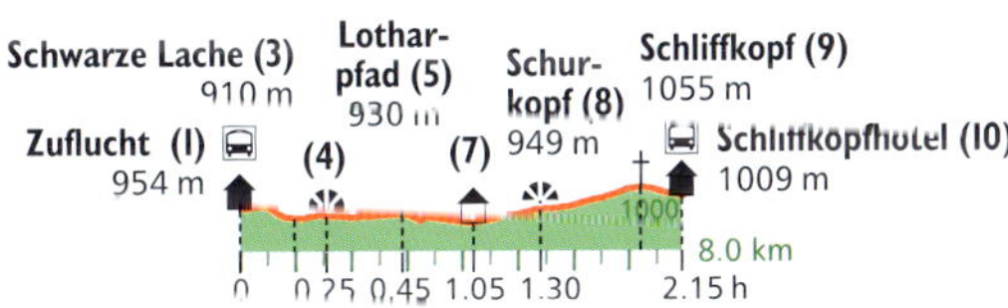

Schliffkopf

Der fast baumfreie und hochmoorartige Gipfel des Schliffkopfs ist mit Heidekraut, Borstgras und Latschenkiefern bewachsen. Er steht bereits seit dem Jahre 1938 unter Naturschutz. Seinen Namen hat der Berg den drei Erosionsschliffen, im Osten zur Murg, im Südwesten zur Rench und in Richtung Westen ins Lierbachtal bei Allerheiligen, zu verdanken. Er ist ein hervorzuhebender Aussichtsberg im Nordschwarzwald.

gleitet uns, der von der Rastbank beim **Schurkopf (8)**, 949 m, besonders eindrucksvoll ist. Der breite Weg führt eben weiter und knickt kurz vor der B500 nach links ab. Ein unbefestigter Pfad auf steinigem Grund leitet hinauf zum Parkplatz am Schliffkopf, 997 m. Neben einem Holzzaun folgen wir links versetzt dem schmalen Pfad hinauf zur einzigartigen Grindenfläche des **Schliffkopfs (9)**, 1055 m. Besonders an klaren Tagen oder einer Inversionswetterlage ist die Aussicht bemerkenswert: es eröffnet sich ein weitreichender Rundblick. Gegen Norden erhebt sich breitlagernd die Hornisgrinde und rechts davor der

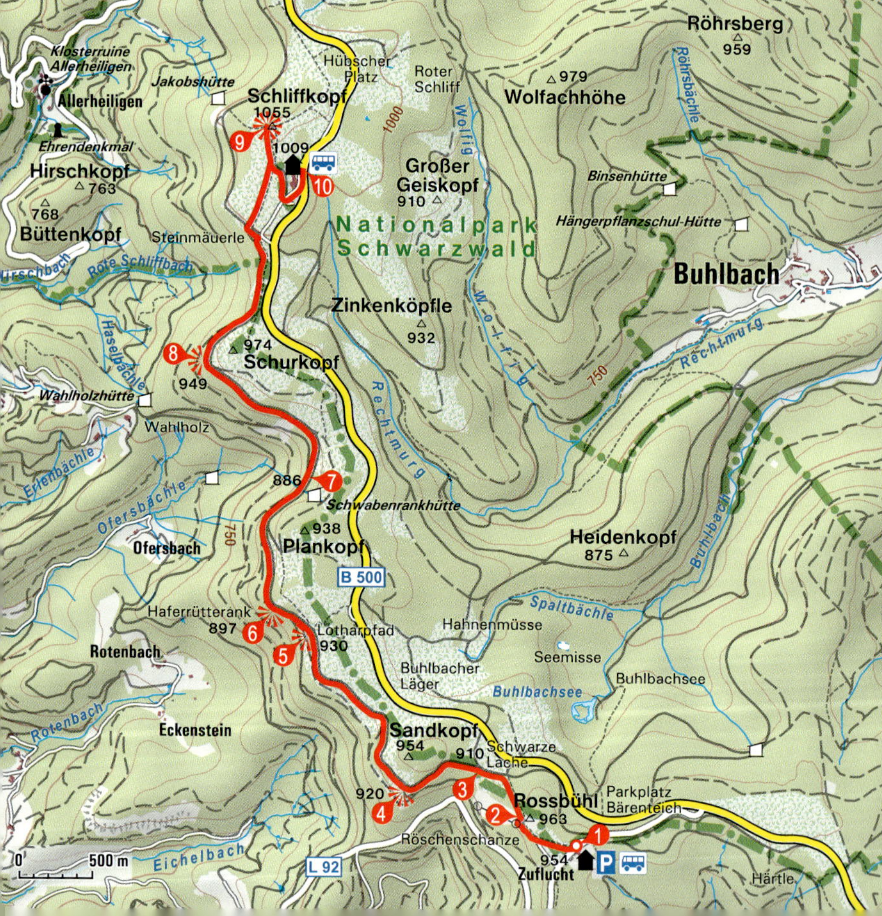

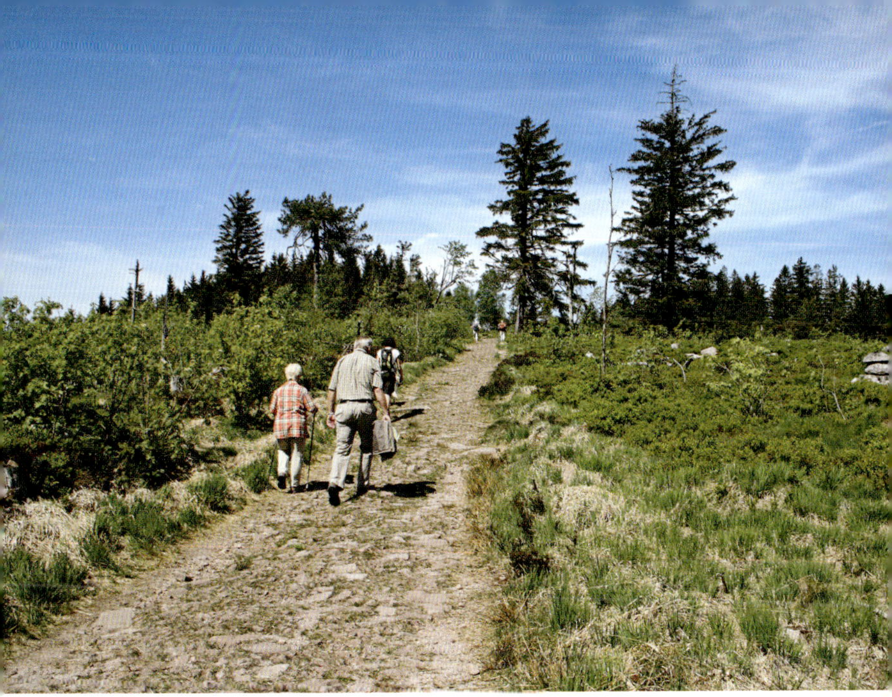

Aufstieg zum Schliffkopf.

Schwarzkopf und der Altsteigerskopf. Im Osten öffnet sich die Spalte des Murgtals und im Westen das nahe Lierbachtal bei Allerheiligen. Gegen Südosten dehnt sich der lange Rücken des Kniebis aus, dahinter erstreckt sich nach rechts die Lettstädter Höhe, und im Südwesten besticht der weite Blick ins Rheintal und zu den Vogesen, die sich fast in ihrer ganzen Ausdehnung zeigen. Nachdem wir die Aussichtgenossen haben, steigen wir vom Schliffkopf wieder ab und folgen dem Weg nach links zum **Schliffkopfhotel (10)**, 1009 m.

An der Schwarzwaldhochstraße finden wir die Bushaltestelle für die Rückfahrt. Wer den Weg zurückwandern möchte, nur zu, denn die Gegenrichtung ist genauso schön!

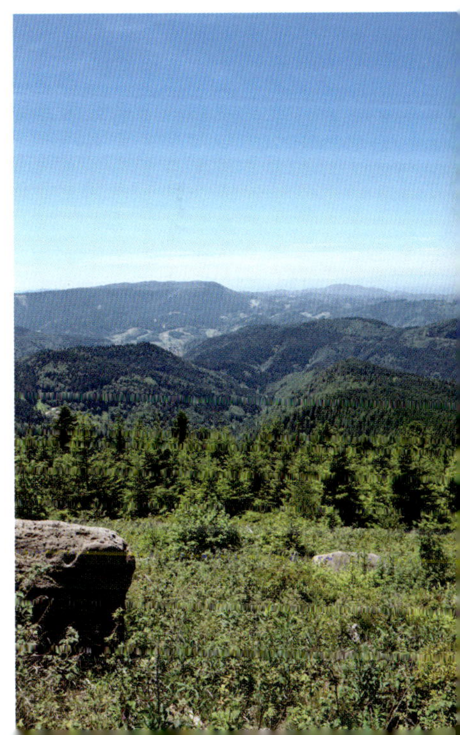

Blick vom Westweg zum Mooskopf.

33 Der Lotharpfad

Winterorkan hinterlässt verheerende Spuren

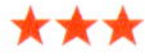

Familienwandern der Extraklasse

Als an einem sonnigen Sonntag die Besucher am Lotharpfad gezählt wurden, erreichte man die stolze Zahl von 1700 – und das tatsächlich an einem einzigen Tag! Klar, der Erlebnispfad ist der populärste im Nationalpark. Natürlich sind die verheerenden Sturmschäden des Orkans am zweiten Weihnachtsfeiertag 1999 mittlerweile nicht mehr so extrem sichtbar wie noch vor ein paar Jahren, der Pfad hat aber an Reiz trotz allem nicht verloren.

KURZINFO

  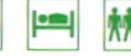

Ausgangspunkt: Parkplatz Lotharpfad, 927 m, Busanschluss; an der B500, zwischen Schliffkopf und Abzweig Zuflucht.
Gehzeit: 0.30 Std.
Höhenunterschied: 20 m.

Anforderung: Kurzer Rundweg, aber viel besucht.
Einkehr: Keine.
Unterkunft: Natur- und Sporthotel Zuflucht, Zuflucht 1, 72250 Freudenstadt-Zuflucht, Tel. +49 7804 912 560, hotel-zuflucht.de.
Karte: LGL BW Wanderkarte Oberes Murgtal, 1:35.000.

Die Aussichtsplattform des Lotharpfads.

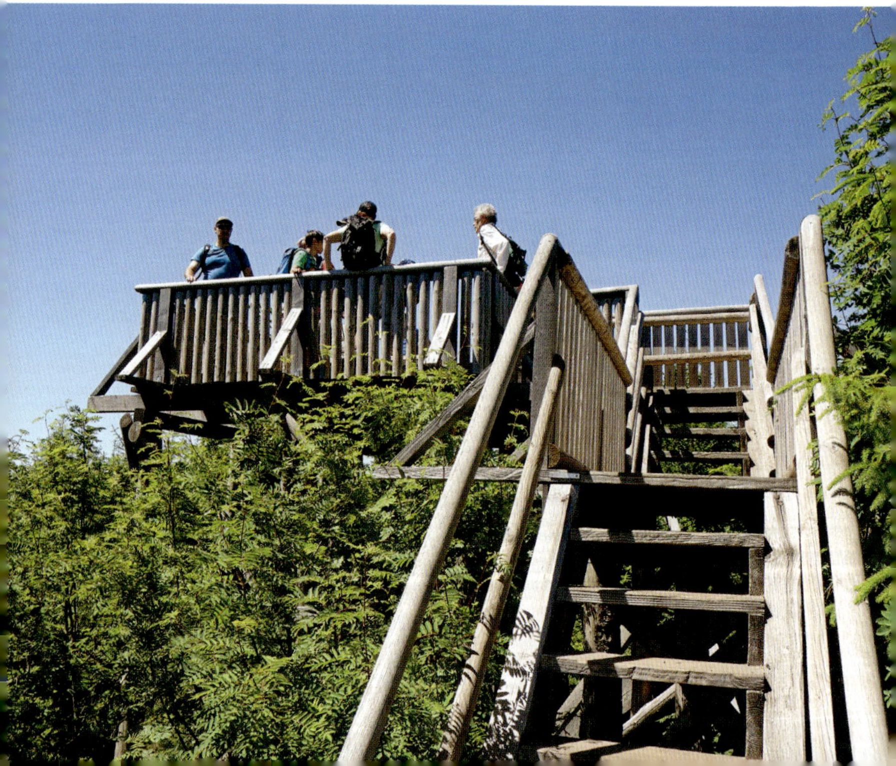

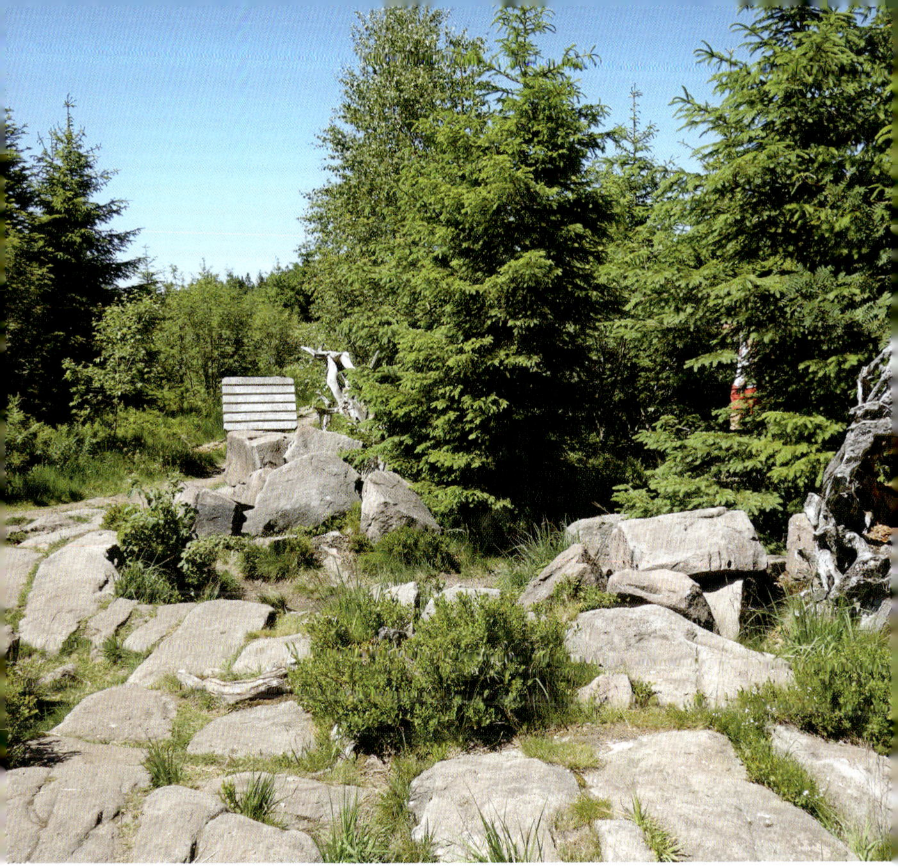

Bei den Sandsteinen verlief früher die badisch-württembergische Grenze.

Vom **Parkplatz Lotharpfad (1)**, 927 m, direkt neben der Schwarzwaldhochstraße, betreten wir den bestens ausgeschilderten Infopfad. An mehreren Attraktionen, wie Wurzelteller und Kinderhochsitz geht's vorbei zur kleinen Lichtung mit den Sandsteinliegen. Hier verlief einst die Grenze zwischen Baden und Württemberg, heute ist hier die Nationalparkgrenze. Die **Aussichtsplattform (2)**, 930 m, befindet sich leicht außerhalb des Nationalparks, aber trotzdem im Naturschutzge-

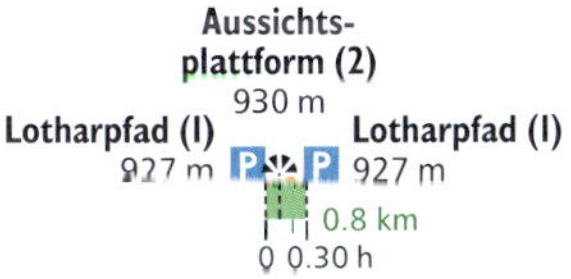

Aussichts-plattform (2)
930 m
Lotharpfad (I) 927 m — **Lotharpfad (I)** 927 m
0.8 km
0 0.30 h

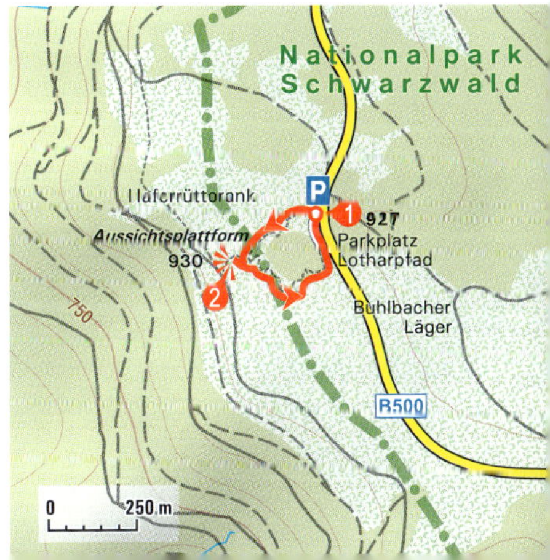

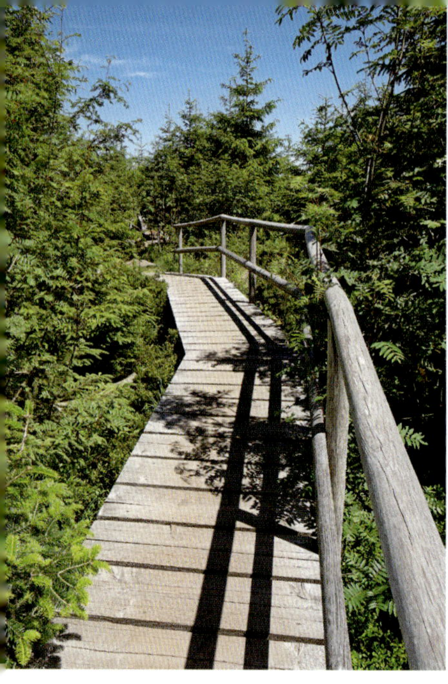

Links: Der Bohlenweg des Lotharpfads leitet sicher durch das einstige Windbruchgebiet.
Rechts: Der Ausblick beim Lotharpfad lässt keine Schwarzwald-Wanderwünsche offen.

biet. Die Aussicht ist an klaren Tagen grandios, vor allem der Sonnenuntergang ist schön. Nach dem Besuch der Plattform gehen wir wieder zur kleinen Lichtung zurück und folgen nun dem Bohlenweg, der rechts weiterleitet. Die kleine Umleitung auf den Baumscheiben ist vor allem bei Kindern sehr beliebt. Geländergesicherte Holzbrücken leiten auf einer interessanten Ebene durch den Wald. Bald jedoch neigt sich der Lotharpfad seinem Ende zu und wir erreichen wieder den **Parkplatz (1)**.

Orkan Lothar

Fast ohne Vorwarnung kam der Jahrhundert-Orkan Lothar am zweiten Weihnachtsfeiertag 1999 aus Südwesten. Er fegte ganze Landstriche leer, knickte die Bäume um wie Streichhölzer. Mit bis zu über 270 km/h wurde die Spitzengeschwindigkeit gemessen. 30 Millionen Festmeter Holz brachen, das sind in etwa 15 Millionen Bäume auf einer Fläche von 40.000 Hektar, was in etwa der Größe von 50.000 Fußballplätzen entspricht.

Es war der stärkste Wind, der bis dahin im Schwarzwald gemessen wurde. In nur wenigen Minuten hinterließ er eine Schneise der Zerstörung und veränderte das Waldbild drastisch. Die heutige Umgebung des Lotharpfads wurde zu einem undurchdringlichen und wildnisartigem Stück Land.

Über 100 Tote mussten im Schwarzwald beklagt werden, viele folgenschwere Unfälle ereigneten sich allerdings erst bei den Aufräumarbeiten. Erst im Jahre 2002 wurde der Lotharpfad errichtet. Hans-Jörg Abend, heute Mitarbeiter des Nationalparks, damals noch in der Forstwirtschaft tätig, ist einer der Begründer und Väter des Lotharpfads. Waldarbeiter des Forstamtes Baiersbronn und Zivildienstleistende des damaligen Naturschutzzentrums am Ruhestein haben den Lotharpfad in einer meisterlichen Glanzleistung errichtet. Aufgrund der ständigen Verwitterung ist der Bohlenpfad heute allerdings nicht mehr völlig im Originalzustand. Er ist gut begehbar, dennoch man sollte gut zu Fuß sein. Die Holzschwellen, aus Eiche und Douglasie gefertigt, sind aber selbst bei Nässe relativ rutschfest.

Schon vor dem Klimawandel traten im Schwarzwald etwa alle 30 Jahre große Stürme auf. Die Häufigkeit und Intensität nimmt aber leider immer mehr zu. Die Vegetation hat sich der Evolution angepasst und neues Leben entsteht im Wald. Heute kann auf dem Lotharpfad eine junge Wildnis erlebt werden, denn die Fläche ist mittlerweile wieder dicht bewaldet. Trotzdem liegt noch immer ein Rest des Totholz wild umher, und bietet zahlreichen Lebewesen neuen Lebensraum. Es zeigt deutlich, dass die Natur auch sehr gut ohne den Eingriff des Menschen zurechtkommt!

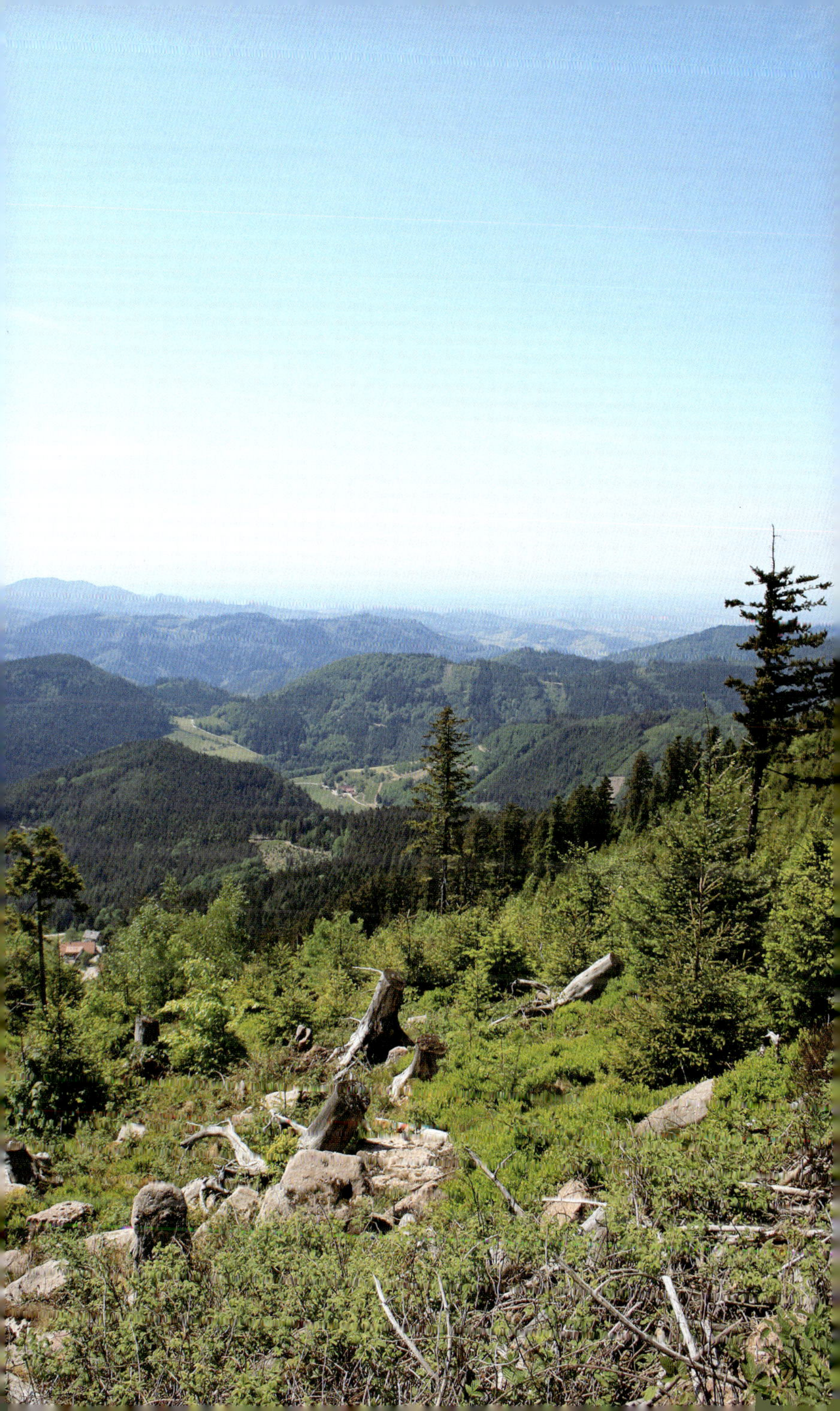

34 Um den Sandkopf

Links und rechts der Schwarzwaldhochstraße 

Traumhafter Blick ins Renchtal

Diese Tour ist bewusst eine kleine Wanderung, die aber nicht nur den Lotharpfad beinhaltet, sondern auch noch ein kleines Stückchen vom Westweg. Gezielt Familien mit kleineren Kindern, oder auch ältere Herrschaften werden bei dieser Tour voll auf ihre Kosten kommen, da man nach dem viel besuchten Lotharpfad doch immer mehr die Bergeinsamkeit findet. Der besonders schönen Aussicht von dem Höhenweg wegen, ist der Wegabschnitt bis zur Schwarzen Lache, vor allem bei klarem Wetter, ein besonders schönes Erlebnis.

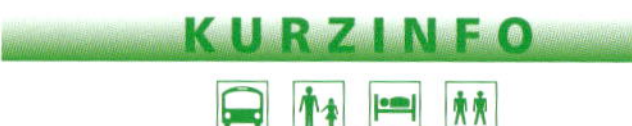

Ausgangspunkt: Parkplatz Lotharpfad, 927 m, Busanschluss; an der B500, zwischen Schliffkopf und Abzweig Zuflucht.
Gehzeit: 1.30 Std.
Höhenunterschied: 80 m.
Anforderung: Leichte Wanderung auf guten und breiten Wegen.
Einkehr: Keine.
Unterkunft: Natur- und Sporthotel Zuflucht, Zuflucht 1, 72250 Freudenstadt-Zuflucht, Tel. +49 7804 912 560, hotel-zuflucht.de.
Karte: LGL BW Wanderkarte Oberes Murgtal, 1:35.000.

Vom Parkplatz **Lotharpfad (1)**, 927 m, wandern wir über die Holzplanken durch das einstige Windbruchgebiet, das der Orkan Lothar am zweiten Weihnachtsfeiertag 1999 verheerend verwüstet hat. Am südwestlichen Ende des **Lotharpfads (2)**, 930 m, stoßen wir beim Wegweiser des Schwarzwaldvereins auf den Westweg. Mit einer wunderschönen Aussicht wandern wir den Höhenweg in Richtung Süden. Richtung Westen erkennen wir die stark gegliederte Berglandschaft des Renchtals und das breite Rheintal, aus dem an klaren Tagen Straßburg mit seinem Münster heraufgrüßt. Im Hintergrund baut sich drüben in Frankreich die Vogesenkette mächtig auf. Sehr eindrucksvoll ist auch der Blick gegen Süden auf die formschönen Waldkuppen zwischen dem Rench- und Kinzigtal. Mooskopf, Löcherberg, Hermers-

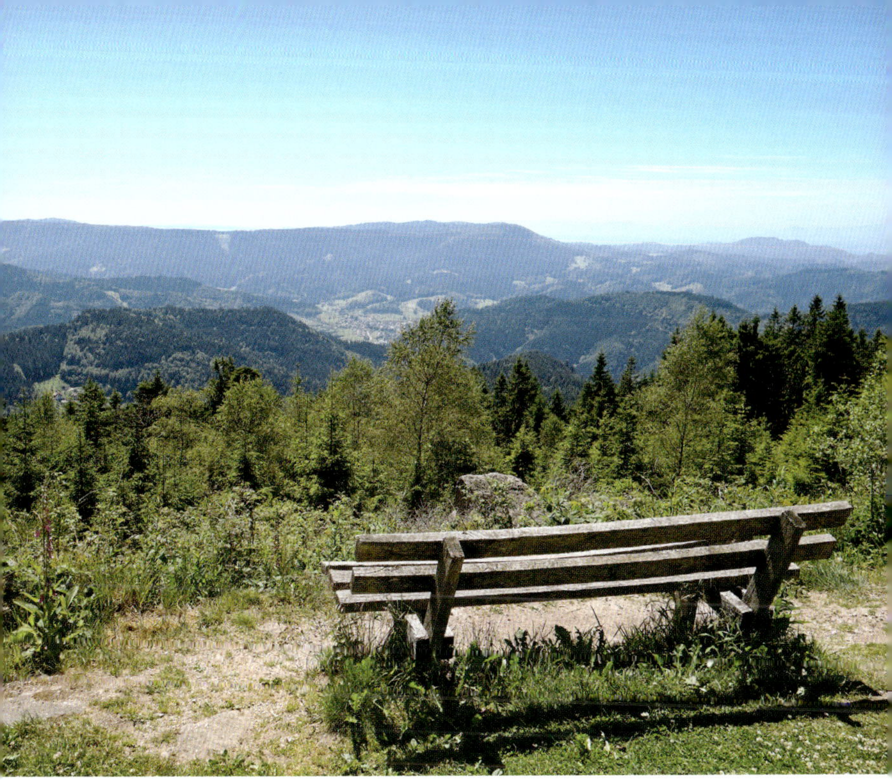

Aussicht ins Renchtal nahe des Lotharpfads.

berg und dahinter Brandenkopf, Lettstädter- und Holzwälderhöhe sind gut auszumachen. In weiter Ferne erscheinen kulissenartig die Höhen zwischen dem Elztal und Triberg, und hinter dem Brandenkopf sogar der Kandel. Am **Renchtalblick (3)**, 923 m, ist die Aussicht besonders eindrucksvoll.

Nachdem wir einen kleinen Wald durchwandert haben erreichen wir die sogenannte **Schwarze Lache (4)**, 910 m. In der von ein paar einzelnen Birken bewachsenen Grindenfläche verlassen wir den Westweg und biegen mit der gelben Raute nach links ab. Schon bald setzen wir über die Schwarzwaldhochstraße und folgen gegenüber weiter dem Forstweg, der nach einer Linkskurve und einem langen Rechtsbogen zum Wegweiser und Wegetreff **Buhlbacher Läger (5)**, 885 m, führt. Hier biegen wir links ab und wandern wieder hinauf zur Schwarzwaldhochstraße, direkt hinter der sich wieder der Parkplatz **Lotharpfad (1)** befindet.

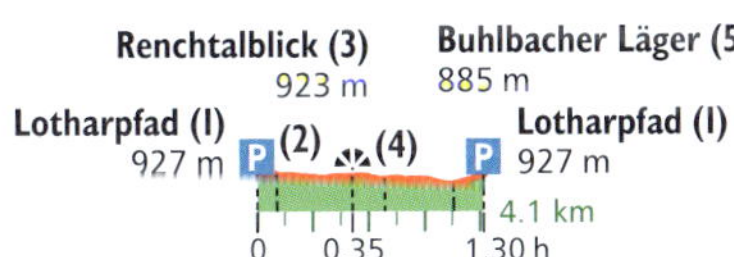

35 Hinab zum Buhlbachsee

Wandern in der Kernzone des Nationalparks

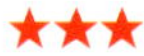

Karsee mit schwimmender Insel

»Natur pur« beschreibt diese Wanderung mit nur zwei Worten ganz treffend. Ein traumhaft schöner, schmaler Wanderpfad leitet durch das Spaltbächletal tief in die Kernzone des Nationalparks hinab. Unweit davon befindet sich der sagenhaft schön gelegene Buhlbachsee. Die schwimmende Insel auf der Wasseroberfläche des Buhlbachsees ist ein idealer Brutplatz für Wildenten.

KURZINFO

Ausgangspunkt: Parkplatz Lotharpfad, 927 m, Busanschluss. Der Startpunkt der Wanderung liegt an der B 500, zwischen Schliffkopf und Abzweig Zuflucht.

Gehzeit: 3.00 Std.

Höhenunterschied: 250 m.

Anforderung: Das Buhlbachseewegle verlangt etwas Trittsicherheit, sonst problemlos zu wandern.

Einkehr: Zuflucht.

Unterkunft: Natur- und Sporthotel Zuflucht, Zuflucht 1, 72250 Freudenstadt-Zuflucht, Tel. +49 7804 912 560, hotel-zuflucht.de.

Karte: LGL BW Wanderkarte Oberes Murgtal, 1:35.000.

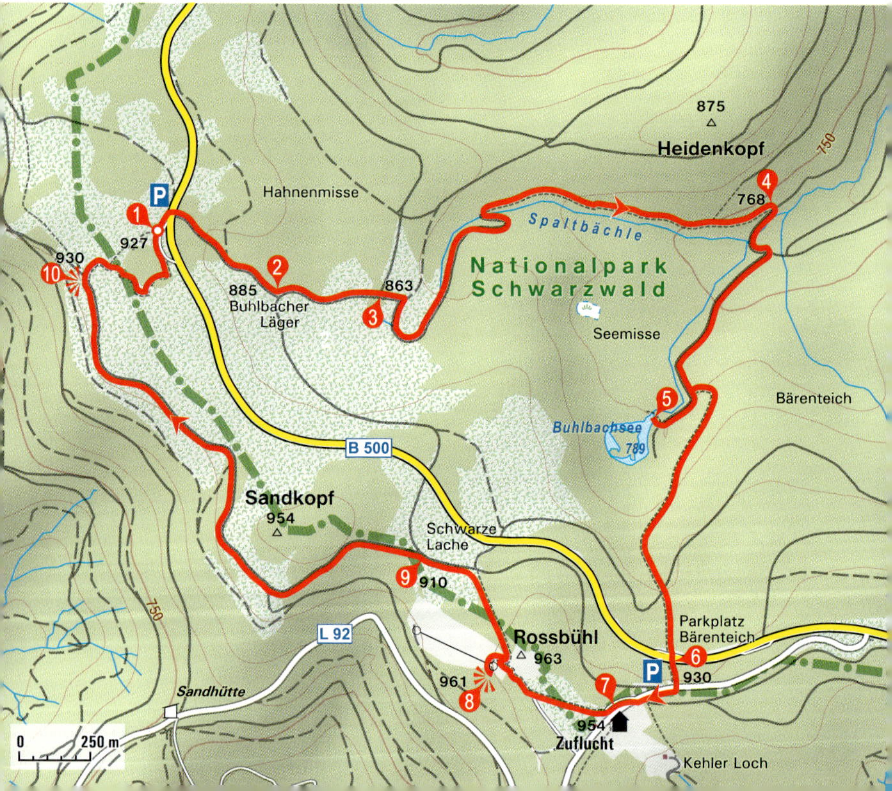

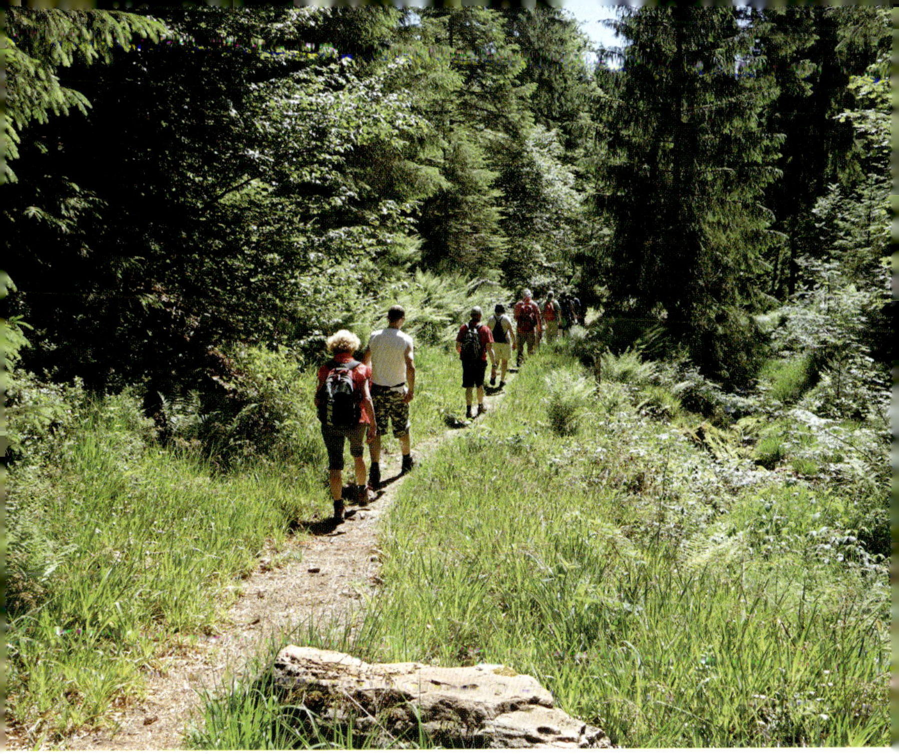

Traumpfad im Gänsemarsch im Spaltbächletal.

Vom **Parkplatz Lotharpfad (1)**, 927 m, überqueren wir an der nördlichen Einfahrt die Schwarzwaldhochstraße und folgen dem Schotterweg in Richtung Südosten hinab. Das Windbruchgebiet lässt immer noch deutlich die Schäden des Orkans Lothar vom 26.12.1999 erkennen. An der Weggabelung **Buhlbacher Läger (2)**, 885 m, wenden wir uns links und behalten an der Kreuzung **Hahnenmisse (3)**, 863 m, die Wanderrichtung bei. Nach gut 50 m biegen wir rechts ab und marschieren an der Verzweigung weiter talwärts. Das hier noch kleine Spaltbächle begleitet uns in aller Stille. Etwa 10 Minuten später wenden wir uns scharf links und queren den Wildbach. Kurz danach folgen wir dem schmalen Pfad halb rechts abzweigend ins traumhaft schöne Spaltbächletal. Im Gänsemarsch durchwandern wir das idyllische Tal, das so heißt, weil der Bach es gespalten hat.

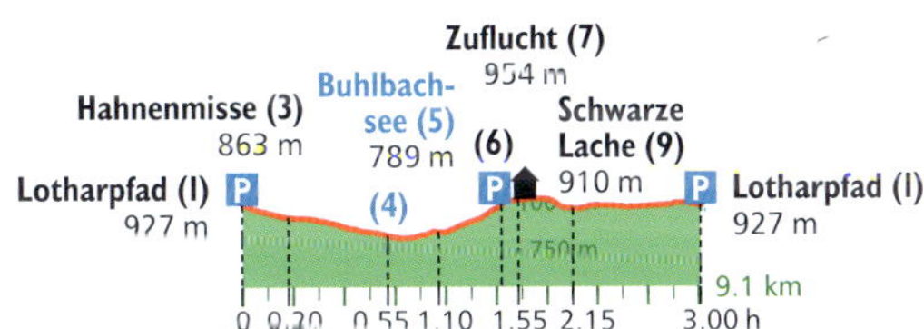

Moose und Farne zieren den Wegrand. Das beruhigend klingende Plätschern des Wassers hat einen richtiggehend meditativen Charakter. Heute ist es nur noch schwer vorstellbar, dass in den 50er- und 60er-Jahren des vergangenen Jahrhunderts, hier noch Autos gefahren sind (laut Aussage eines Nationalpark-Rangers). Auf 768 m verlassen wir das **Spaltbächle (4)**, wenden uns bei einer Mauer rechts dem Forstweg zu und wandern in Richtung Südwesten. Der blauen Raute und dem Seensteig folgend, erreichen wir nach 600 m den **Buhlbachsee (5)**, 789 m. Der Rundweg um den See ist aus Gründen des Naturschutzes nicht mehr gestattet. Der See ist etwa acht Meter tief, das besondere aber ist seine schwimmende Insel, die sich nach Regenfällen mit dem Wasserstand hebt und senkt. Nach der Rast am See schreiten wir den Anstiegsweg für 150 m retour und biegen dann rechts auf den Bergpfad ab. Das Buhlbachseewegle hat alpine Züge und rund 140 Höhenmeter müssen bis zum Parkplatz **Bärenteich (6)**, 930 m, überwunden werden. Vorsichtig kreuzen wir dort die Bundesstraße 500 und folgen gegenüber dem Pfad bergan bis zu einer Straße, neben der ein Wiesenweg rechts zur **Zuflucht (7)**, 954 m, leitet. Gegenüber dem Wirtshaus leitet der Westweg gemeinsam mit dem Renchtalsteig nach rechts zu einem ausgetretenen Wanderpfad, der uns über eine typische Grindenfläche zum Rossbühl und der sternförmigen **Röschenschanze** bringt. Der kurze Abstecher nach links zum **Skilift Zuflucht (8)**, 961 m, lohnt, denn die Aussicht ist tiptop. Beeindruckt kehren wir

Der idyllisch gelegene Buhlbachsee mit seiner schwimmenden Insel.

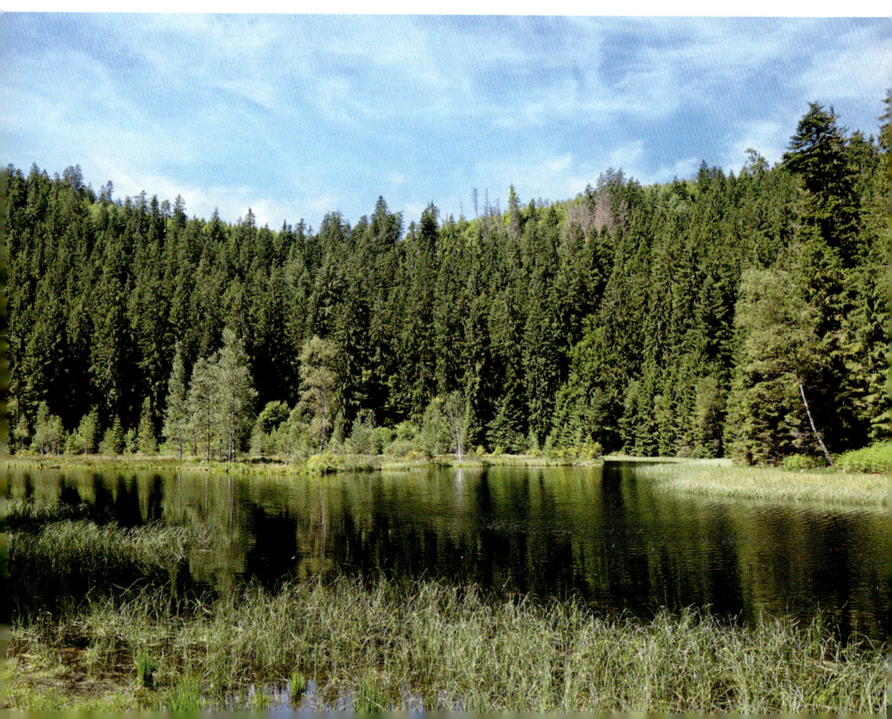

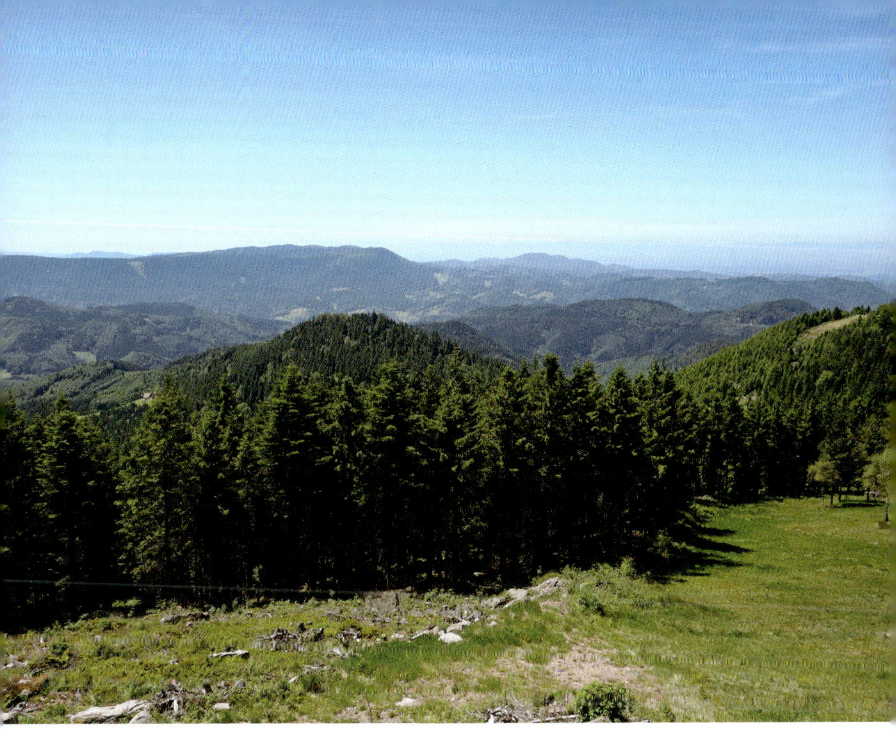

Ausblick beim Skilift Zuflucht.

wieder zum Fernwanderweg zurück, der über grobe Steine in Richtung Nordwesten zur birkenbewachsenen **Schwarzen Lache (9)**, 910 m, hinabführt. Bald durchwandern wir ein kleines Waldstück und werden danach erneut mit einer Aussicht belohnt. Der Mooskopf und der Brandenkopf sind deutlich erkennbar. Es wundert in keinster Weise, dass der Westweg ein Gütesiegel trägt. Von den Bunkeranlagen aus dem Zweiten Weltkrieg ist zum Glück nichts mehr zu erkennen – das ist auch gut so, denn das Schöne überwiegt. Ohne merkliche Anstrengung gelangen wir auf dem Höhenweg zum **Wegweiser Lotharpfad (10)**, 930 m, und biegen halb rechts zu dem Infopfad ab. Auf Holzbrücken und Dielen durchwandern wir den viel besuchten Lotharpfad. Jedoch sind mittlerweile nur noch winzige Reste vom Orkanschaden sichtbar, vor ein paar Jahren sah dies noch ganz anders aus. Die Natur holt sich eben zurück, was ihr gehört. Der Bohlenweg bringt uns direkt zum Parkplatz **Lotharpfad (1)** zurück.

Buhlbachsee

Das Wasser des Buhlbachsees wurde früher für die Flößerei angestaut. Durch das Öffnen des Mönchs füllten sich die Wasserstuben des Buhlbachs und ermöglichte dadurch tatsächlich den Abtransport der sogenannten Holländertannen. Im Jahre 1982 wurde der See abgelassen und aufgrund seiner Verladung am Ufer ausgebaggert. Mittlerweile ist sein Ufer bereits wieder stark verschilft.

36 Wandern im Wanderhimmel

Zum Sankenbachwasserfall und zur Glasmännlehütte ★★★

Traumwanderung leicht außerhalb des Nationalparks

Der zweistufige Sankenbachwasserfall ist nach dem Sankenbachsee die zweite Attraktion dieser traumhaft schönen Wanderung, deren Höhepunkt der Stöckerkopf mit seiner herrlichen Aussicht bildet: Baiersbronn und das Murgtal liegen dem Wanderer quasi zu Füßen, von gegenüber grüßt der Rinkenkopf herüber und dahinter erkennt man den Einschnitt des Tonbachtals. Auch der Abstieg nach Baiersbronn ist äußerst aussichtsreich.

KURZINFO

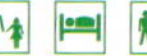

Ausgangspunkt: Baiersbronn, Parkplatz Sessellift Talstation, 559 m, Parkplatz, Bahnanschluss.
Gehzeit: 4.15 Std.
Höhenunterschied: 390 m.
Anforderung: Teils gesicherter Wanderweg, Trittsicherheit ratsam.
Einkehr: Sessellift Talstation und in Baiersbronn.
Unterkunft: Hotel Rosengarten, Bildstöckleweg 35, 72270 Baiersbronn, Tel. +49 7442 84340, rosengarten-baiersbronn.de.
Karte: LGL BW Wanderkarte Oberes Murgtal, 1:35.000.

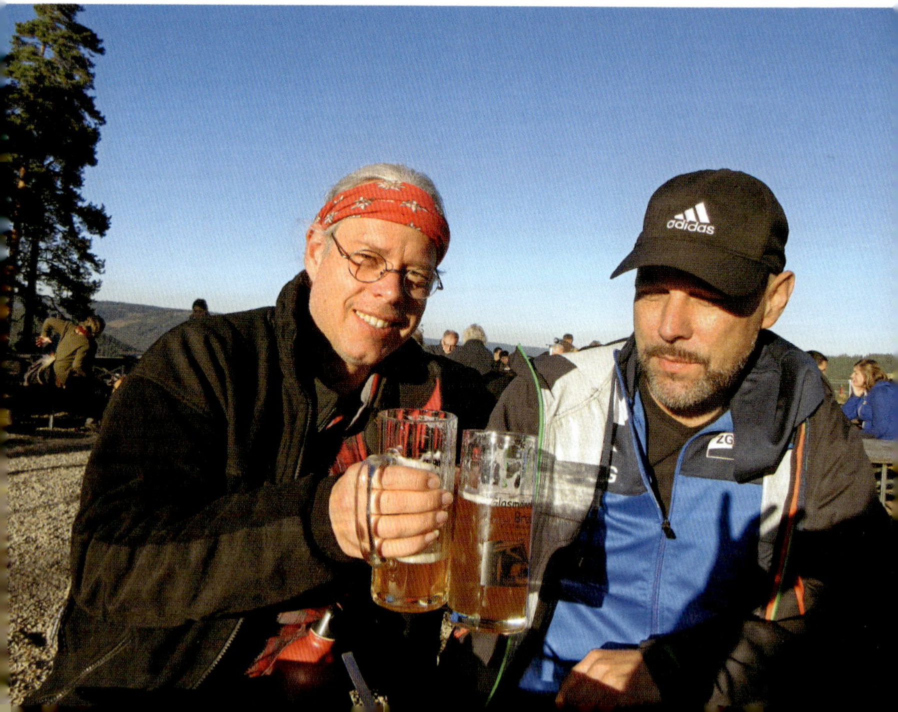

In **Baiersbronn** gehen wir vom Parkplatz der **Sesselbahn Talstation (1)**, 559 m, über den Sankenbach und folgen den Markierungen Seensteig, Genießerpfad und blaue Raute. Wir wandern neben dem Wasser die lauschige Aue flussauf und queren nach 500 m das **Kienbächle (2)**, 568 m. Ständig vom Wasser begleitet, erreichen wir den Wald und steigen dort zum Wildgehege neben dem Spielplatz, 656 m, hinauf. Ein kurzer Abstieg führt zum **Sankenbachbrückle (3)**, 616 m, auf dem wir den Bach queren und rechts zur 400 m entfernten **Sankenbachfurt (4)**, 618 m, wandern. Auf sandigem Waldboden schreiten wir neben dem Wasser in Richtung Südwesten hinauf zum **Sankenbachsee (5)**, 678 m. Entlang der linken Uferseite umrunden wir bis zum hölzernen Pavillon den herrlich gelegenen See. Gegenüber des Schutzgebäudes beginnt er, der steile Anstieg zum Naturdenkmal **San-**

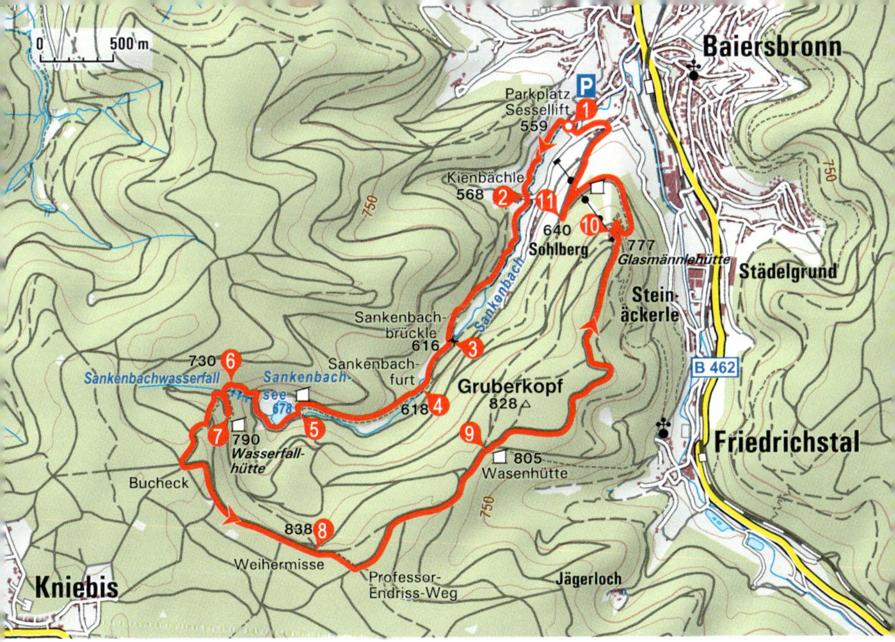

Links: Rast auf der zurzeit geschlossenen Glasmännlehütte. Rechts: Auf dem Weg zum Sankenbachbrückle.

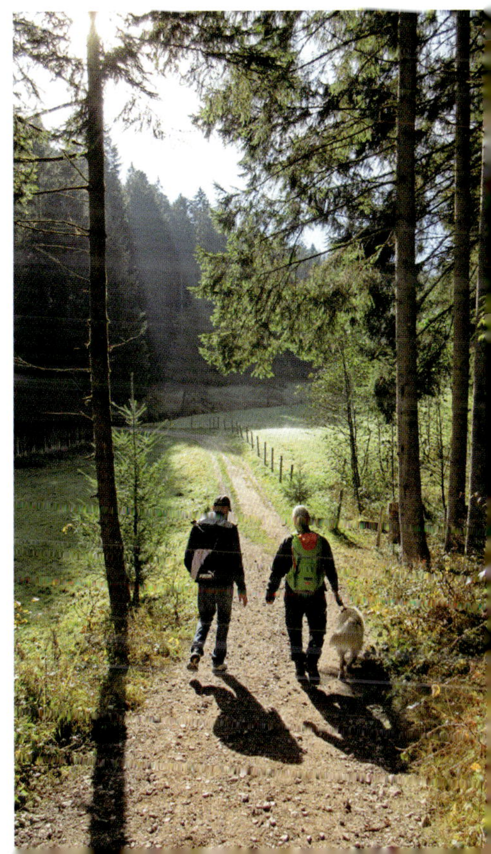

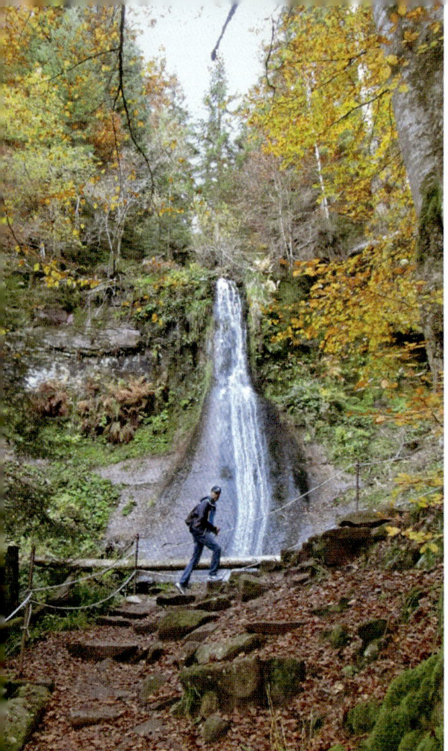

Links: Sankenbachwasserfall.
Rechts: Sankenbachsee

kenbachwasserfall (6), 730 m. »Betreten auf eigene Gefahr«, steht auf einem Schild – und gutes Schuhwerk ist nebst Trittsicherheit Grundvoraussetzung. Alpin geht es hinauf zum kleinen Hüttchen, dann taucht der Wasserfall auch schon rauschend vor uns auf. Ein mit Geländer und Seilen gesicherter Steig leitet über den Wasserfall und Serpentinen führen steil hinauf zur **Wasserfallhütte (7)**, 790 m. Wir verlassen den Genießerpfad und biegen nach rechts ab. Nach 100 m verlassen wir den Teerweg, denn scharf links leitet ein schmaler Waldpfad zum Bucheck, 891 m. Dort wenden wir uns am Wegetreff links, queren nach ein paar Minuten eine kleine Straße und wandern weiter durch den Wald. Links können wir Baiersbronn erspähen und halten auf der **Weihermisse (8)**, 838 m, dem Forstweg weiter die Treue. Nach 100 m wenden wir uns dem rechts abzeigenden Pfad mit der blauen Raute zu. Bereits zwei Minuten später treffen wir auf die Kreuzung des Professor-Endriss-Wegs, 850 m, und gehen links. Die gelbe Raute bringt uns zur **Wasenhütte (9)**, 805 m. Kurz davor erkennen wir am Horizont die Häuser von Freudenstadt. Links der Hütte halten wir uns an der Weggabelung rechts und folgen für längere Zeit dem Forstweg über den Gruberkopf, bis in einer Kurve jäh ein Wanderweg nach links abzweigt. Von hier wandern wir hinüber auf den **Stöckerkopf (10)**, 777 m, bei der Glasmännlehütte, die derzeit geschlossen ist. Der Ausblick auf Baiersbronn ist eindrucksvoll, dann folgen wir dem Wanderweg unterm stillgelegten Sessellift hindurch und gehen den steilen Pfad. Am **Sohlberg (11)**, 640 m, biegen wir scharf rechts ab, unterqueren erneut den Lift und wandern Baiersbronn entgegen. Der Stöckerweg leitet direkt zum Parkplatz an der **Sesselbahn Talstation (1)** zurück.

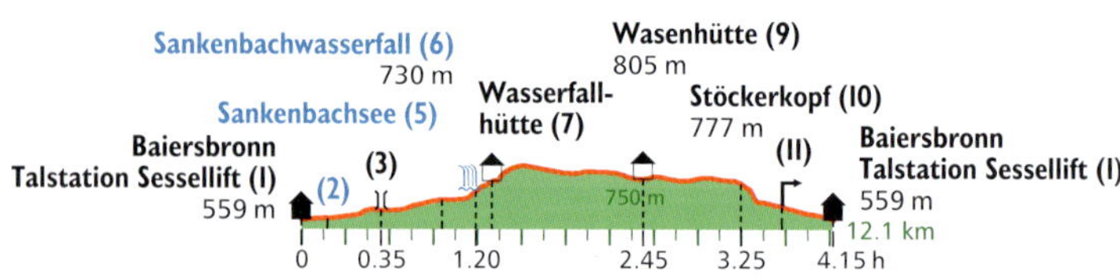

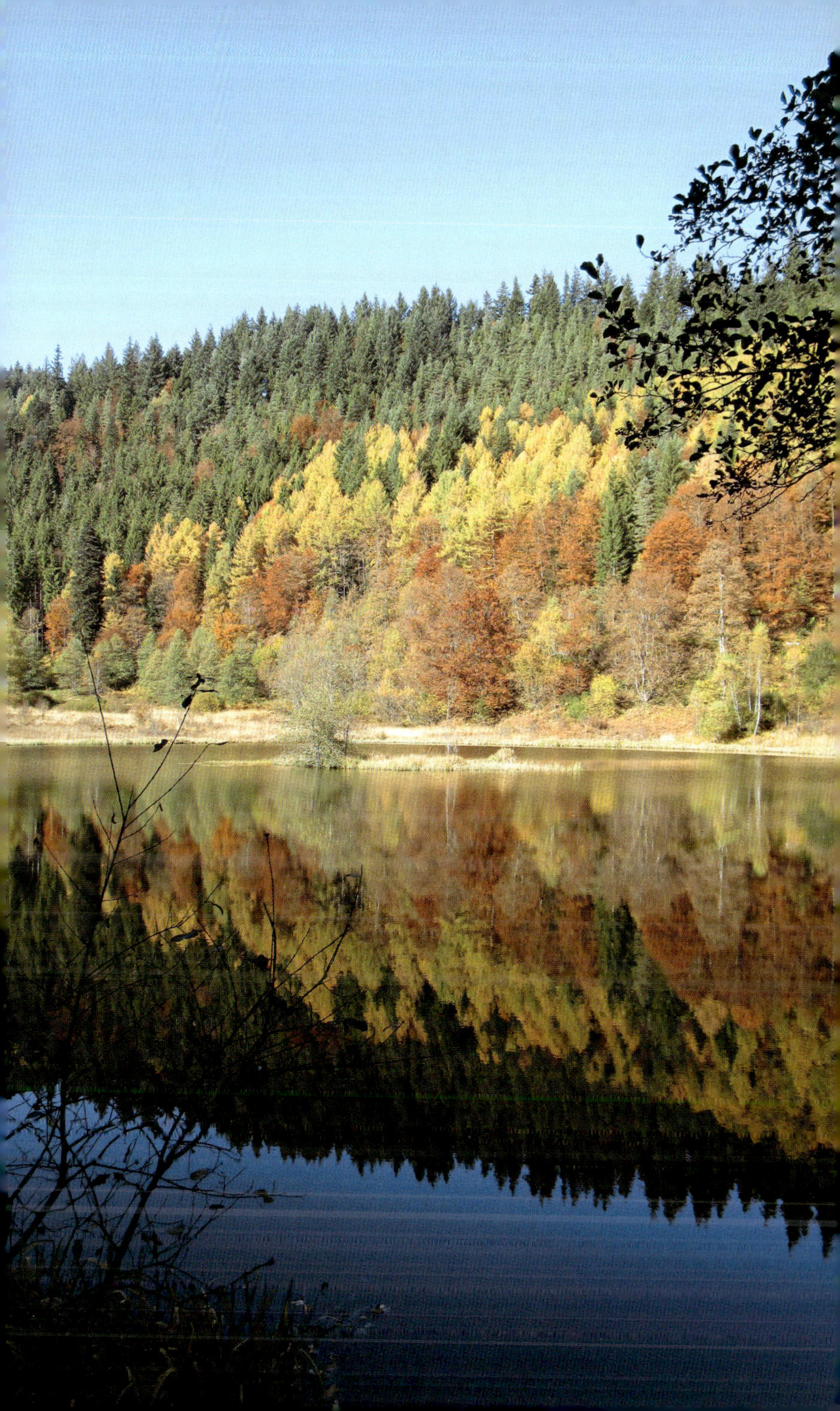

37 Zur Renchtalhütte und zum Buchkopfturm

Unterwegs auf dem Renchtalsteig

Fantastische Fernblicke ins Renchtal

Ein langer Abstieg führt von der Zuflucht hinab zur wunderschön gelegenen Renchtalhütte. Von dort beginnt wieder der Anstieg, doch wandert man jetzt nicht mehr ständig im Wald, sondern genießt immer wieder prachtvolle Aussichten. Weit schweift der Blick ins zauberhaft schöne Renchtal hinaus.

KURZINFO

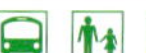

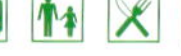

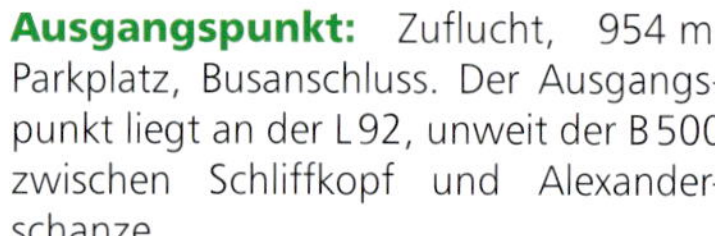

Ausgangspunkt: Zuflucht, 954 m, Parkplatz, Busanschluss. Der Ausgangspunkt liegt an der L92, unweit der B500 zwischen Schliffkopf und Alexanderschanze.
Gehzeit: 2.45 Std.
Höhenunterschied: 290 m.
Anforderung: Liebliche Wandertour mit schönen Ausblicken in der zweiten Hälfte.
Einkehr: Renchtalhütte und Zuflucht.
Unterkunft: Natur- und Sporthotel Zuflucht, Zuflucht 1, 72250 Freudenstadt-Zuflucht, Tel. +49 7804 912 560, hotel-zuflucht.de.
Karte: LGL BW Wanderkarte Renchtal Ortenau, 1:35.000.

Vom Parkplatz des Gasthauses **Zuflucht (1)**, 954 m, wandern wir auf dem Westweg und Seensteig in Richtung Osten in den Wald. Gegenüber der Fahrstraße zweigt am Wegweiser Zuflucht ein Waldpfad mit der blauen Raute nach rechts ab. Bei einem Haus treffen wir nach 200 m zu einem breiten Waldweg und folgen diesem hinab zur Lichtung **Kehler Loch (2)**, 918 m. Mit derselben Markierung weiter talwärts, wandern wir bald neben dem Schöngrundbächle in den **Schöngrund (3)**, 865 m. Hier entscheiden wir uns für den Renchtalsteig, der halb rechts, auf dem sogenannten Hauptweg entlang eines tiefen Taleinschnitts und moosgrüner Felsen weiterleitet. An der Verzweigung schreiten wir links hinab zum **Mittleren Brandweg (4)**, 778 m, wo wir hinter einem Schwarzwaldbach weiter dem breiten Weg folgen. Bereits 100 m später gabelt sich der Weg, wir gehen rechts und wandern nun auch mit der Markierung des Wiesensteigs. Bald passieren wir den Brandbrunnen und erreichen ohne nennenswerte Hö-

Panoramablick vom Buchkopfturm.

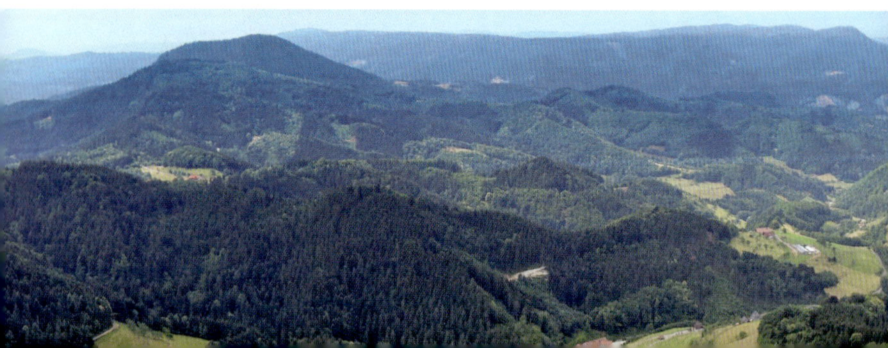

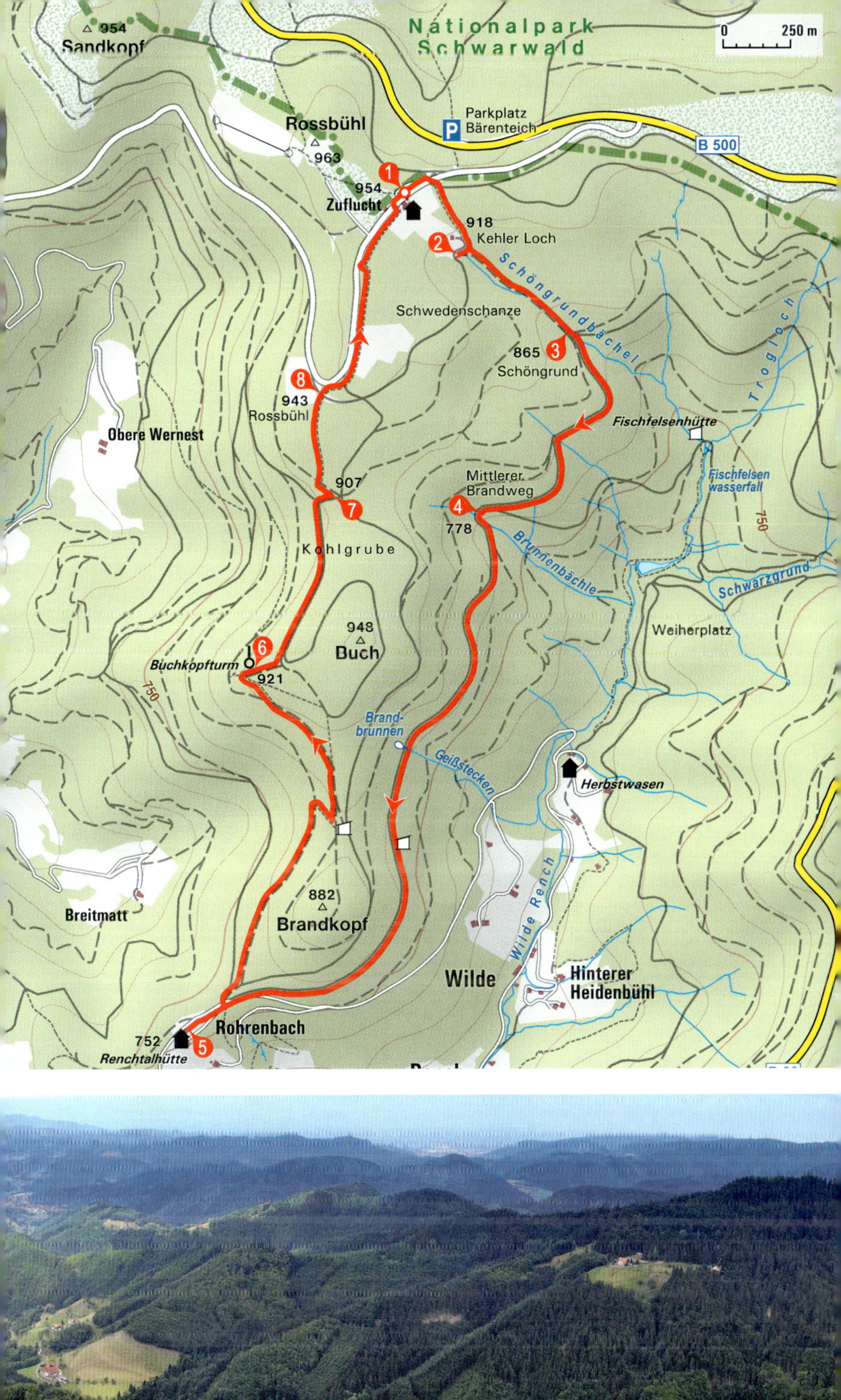
954 Sandkopf
Nationalpark Schwarwald
0 250 m
Parkplatz Bärenteich
B 500
Rossbühl
963
954
Zuflucht
1
918
Kehler Loch
2
Schöngrundbächel
Schwedenschanze
865
3
Schöngrund
Trogloch
Fischfelsenhütte
8
943
Rossbühl
Obere Wernest
907
7
Mittlerer Brandweg
4
778
Fischfelsen wasserfall
750
Brunnenbächle
Schwarzgrund
Kohlgrube
Weiherplatz
948
Buch
6
Buchkopfturm
921
750
Brand-brunnen
Geißstecken
Herbstwasen
882
Brandkopf
Breitmatt
Wilde Rench
Wilde
Hinterer Heidenbühl
Rohrenbach
752
5
Renchtalhütte

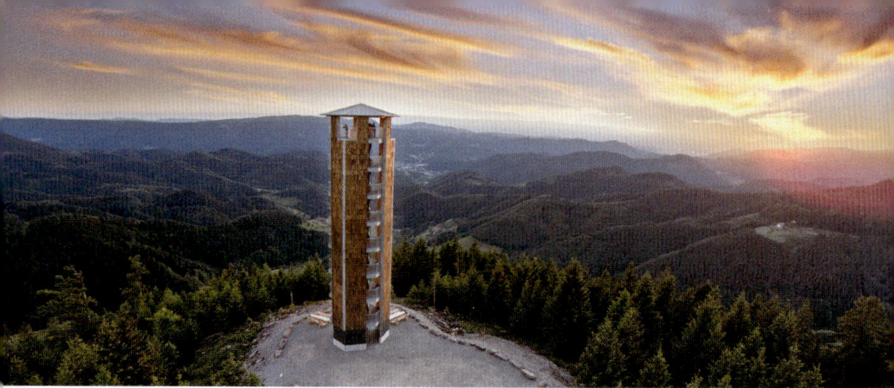

Der Buchkopfturm bietet eine hervorragende Aussicht.

henunterschiede die hübsch gelegene **Renchtalhütte (5)**, 752 m. Das im Sommer mit blühenden Blumen geschmückte Berggasthaus lädt hungrige Wanderer zur Rast ein.

Frisch gestärkt wandern wir für ein paar Meter zurück und biegen am Wegweiser links ab und gehen danach in Richtung Nordosten auf dem Grasweg in den Wald. Während des sanften Anstiegs genießen wir links einen traumhaften Ausblick ins Renchtal und ändern nach etwa 10 Minuten unsere Wanderrichtung. Scharf rechts folgen wir dem steil ansteigenden Pfad so lange, bis ein breiter Weg nach links leitet. Zuerst geht es Richtung Norden, dann nach Nordwesten weiter bergauf, bis halb rechts ein Weglein zum **Buchkopfturm (6)**, 921 m, abzweigt. Von dem 28 Meter hohen Turm erfreuen wir uns einer grandiosen Fernsicht, die vom Brandenkopf bis zum Mooskopf reicht. Auch der Ausblick hinab nach Oppenau ist ein besonderer Leckerbissen.

Nach der Turmbesteigung wandern wir für 100 m in Richtung Nordosten und biegen an der Weggabelung links ab. Wir folgen dem Waldweg für 10 Min. und gehen dann rechts zur Wegkreuzung **Kohlgrube (7)**, 907 m, und wenden uns links. Wir folgen dem breiten Weg und wandern nach 100 m den schmalen Pfad rechts in den Wald hinauf zum Gleitschirmfliegerstartplatz des **Rossbühl (8)**, 943 m. Ein Waldpfad leitet in die bisherige Richtung weiter und parallel der von Oppenau heraufführenden Passstraße gelangen wir um die Schwedenschanze wieder zur **Zuflucht (1)**.

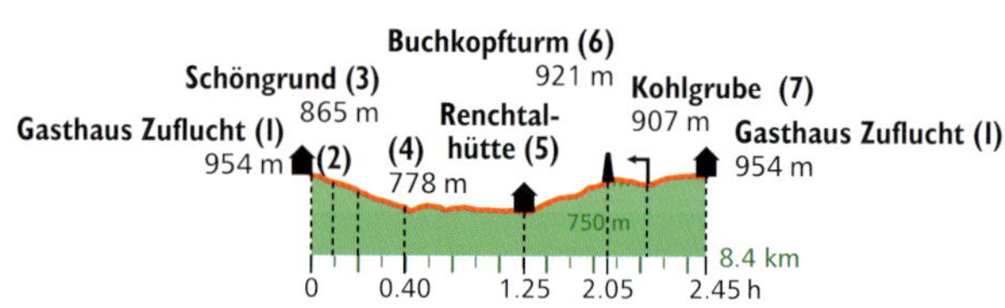

Buchkopfturm

Der Buchkopfturm hat acht Stockwerke und ist 28 Meter hoch, sein Durchmesser beträgt 6,50 Meter. Die offene sechseckige Form ermöglicht in jeder Etage einen Rundblick.

Zum Fischfelsen-Wasserfall

Ins Tal der Wilden Rench

★

Auf den Spuren des Wiesensteigs

Auch wenn das Tourenhighlight, der Wanderpfad neben der Wilden Rench zum Fischfelsen-Wasserfall, nicht einmal einen Kilometer an Länge misst, so ist der wie magisch wirkende Ort ein Platz, an dem sich die Kraft und Energie positiv zu sammeln scheinen. Dies klingt zwar etwas esoterisch und spirituell abgefahren, aber ich habe den Fischfelsen-Wasserfall schon mehrmals besucht und mich dort noch nie schlecht gefühlt – probieren Sie es selbst einmal aus. Wenn man die Augen schließt und sich ganz dem Plätschern des Wassers hingibt – man vergisst alles um sich herum. Jedenfalls entschädigt dieser Wegabschnitt vollkommen für die vielen Forstwege beim Rest dieser Wanderung.

KURZINFO

 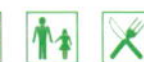 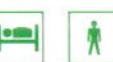

Ausgangspunkt: Zuflucht, 954 m, Parkplatz, Busanschluss. Der Ausgangspunkt liegt an der L92, unweit der B500 zwischen Schliffkopf und Alexanderschanze.

Gehzeit: 2.30 Std.

Höhenunterschied: 310 m.

Anforderung: Meist schattige Forstwege. Im Wilden Renchtal steiniger, aber gut begehbarer Pfad.

Einkehr: Zuflucht.

Unterkunft: Natur- und Sporthotel Zuflucht, Zuflucht 1, 72250 Freudenstadt-Zuflucht, Tel. +49 7804 912 560, hotel-zuflucht.de.

Karte: LGL BW Wanderkarte Renchtal Ortenau, 1:35.000.

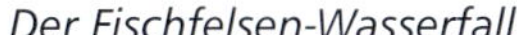

Der Fischfelsen-Wasserfall.

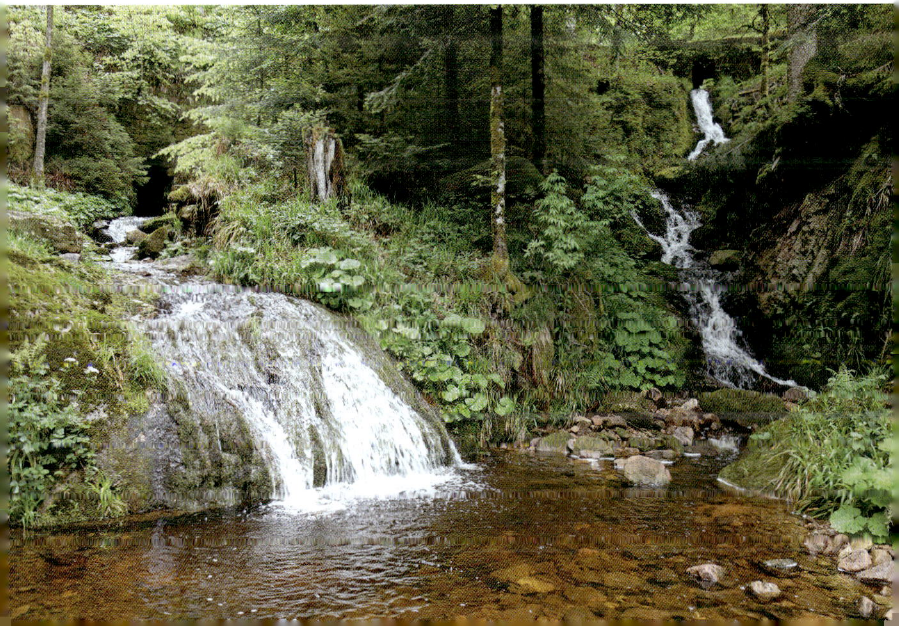

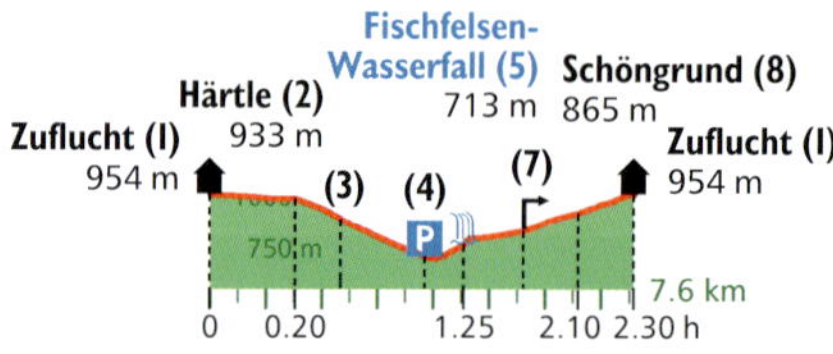

Vom Gasthaus **Zuflucht (1)**, 954 m, starten wir zu dieser einfachen Wanderung und folgen der roten Westwegraute und dem Seensteig in Richtung Osten in den Wald. An der Weggabelung halten wir uns links. Zahllose Heidelbeersträucher säumen den Wegrand. Umgeben von fröhlichem Vogelgezwitscher wandern wir den breiten Waldweg zur Wegkreuzung **Härtle (2)**, 933 m. Hier wechselt die Markierung und wir folgen jetzt der gelben Raute geradeaus weiter. Im leichten Abwärtsmarsch queren wir mehrere Schwarzwaldbäche und gelangen nach 800 m zur Wegkreuzung **Trogloch (3)**, 835 m, wo wir den Renchtalsteig queren und weiter talwärts gehen. Während des Abstiegs öffnet sich immer wieder leicht der Wald und gibt den Blick auf die umliegenden Berge frei. Die Rechts- und Linksabzweigung lassen wir unberücksichtigt und wandern von einem Wildbach begleitet zu Tal. Am **Weiherplatz (4)**, 657 m, erreichen wir den Parkplatz, an dem der Genießerpfad »Wiesensteig« beginnt. Gegenüber der Schutzhütte folgen wir der Wiesensteigmarkierung hinab zum rauschenden Wasser der wilden Rench. Am rechten Ufer schreiten wir zunächst flussaufwärts und wechseln auf mehreren Steinfurten mehrmals die Seite des

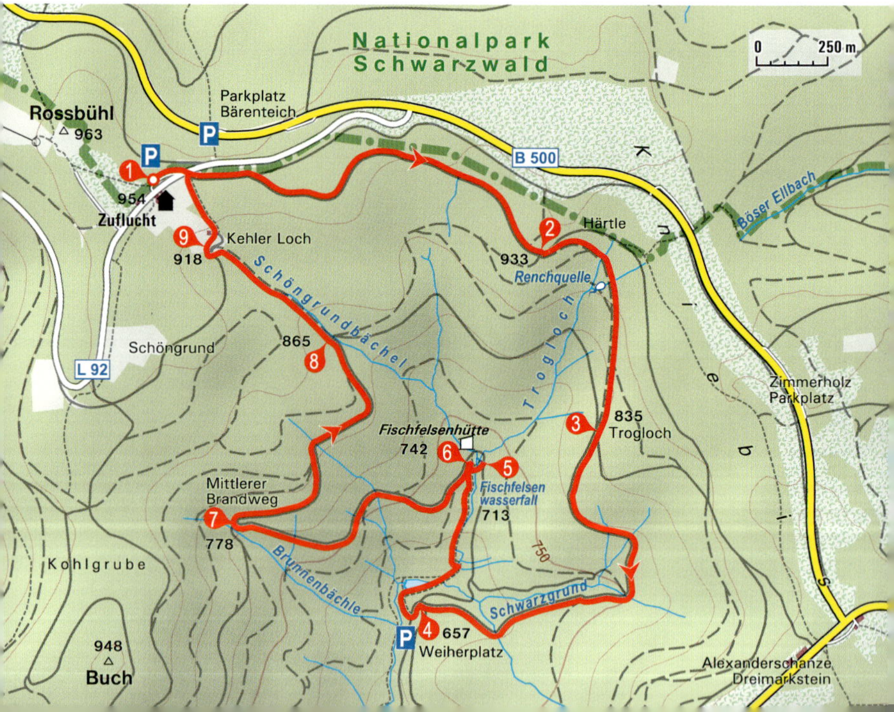

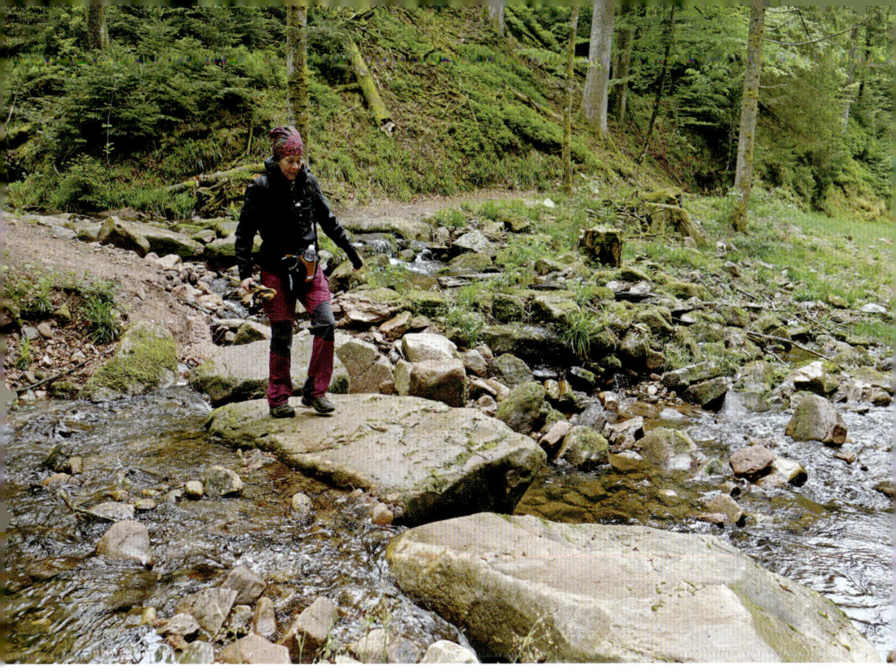

Im Tal der Wilden Rench.

Wildbachs, der kaskadenreich talwärts fließt. Der wildromantische Wegabschnitt führt zum **Fischfelsen-Wasserfall (5)**, 713 m, im Talschluss. Von dort leiten Steinstufen steil hinauf zur hölzernen **Fischfelsenhütte (6)**, 742 m. Am Brunnen mit Trinkwasserqualität kann man seinen Durst stillen, und der Picknickplatz eignet sich hervorragend zum Rucksackvesper. Der Wiesensteig und die gelbe Raute leiten vereint in Richtung Südwesten durch den Wald bergwärts. Sämtliche Abzweigungen nicht beachtend, erreicht man die Kreuzung am **Brandweg (7)**, 778 m, wo wir den Wiesensteig verlassen und scharf rechts zum Renchtalsteig weiter wandern. Der Bergmarsch auf dem »Hauptweg« bringt uns hoch überm Fischfelsen-Wasserfall zum **Schöngrund (8)**, 865 m. Neben dem Schöngrundbächle geht's mit der gelben Raute geradeaus zur Lichtung **Kehler Loch (9)**, 918 m, wo wir mit der blauen Raute scharf rechts abbiegen. Vor einem Haus folgen wir dem steinigen Waldpfad und treffen nach Kurzem wieder auf den Westweg. Links haben wir bereits wieder das Gasthaus **Zuflucht (1)** erkannt und gelangen rasch zu unserem Parkplatz.

Wiesensteig

Der Wiesensteig ist ein Schwarzwälder Genießerpfad. Der Rundkurs misst 13,3 km und überwindet dabei mehr als 530 Höhenmeter. Die Strecke beeindruckt mit zahlreichen Wiesenwegen, Schnaps- Bier- und Weinbrunnen, aber auch durch die grandiose Flusslandschaft der Wilden Rench. Die Beschreibung des Wiesensteigs findet sich im Rother Wanderbuch »Genießerpfade Schwarzwald«.

39 Zum Ellbachsee

Das dunkle Auge des Schwarzwalds 

Traumhafte Wanderung zum Skywalk überm Ellbachsee

Zuerst wandern wir kurz auf dem Westweg und steigen dann ins Gute-Ellbach-Tal zum Rosshimmelwasserfall hinab. Weiter geht es zum Naturidyll Ellbachsee. Der herrlich gelegene Karsee fügt sich wunderschön in die faszinierende Waldlandschaft ein. Ein alpiner Steig führt anschließend zur kühn 33 Meter lang gebauten hölzernen Aussichtsplattform Ellbachseeblick. Nach dieser Attraktion am Skywalk geht es wieder zum Dreimarkstein bei der Alexanderschanze zurück.

KURZINFO

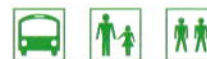

Ausgangspunkt: Alexanderschanze, 968 m, Parkplatz, Busanschluss. Straßenkreuzung B 28 und B 500.
Gehzeit: 2.45 Std.
Höhenunterschied: 270 m.
Anforderung: Einfache Wanderung, aber der Steig vom Ellbachsee zur Plattform verlangt Trittsicherheit.
Einkehr: Keine.
Unterkunft: Hotel Langenwaldsee, Straßburger Str. 99, 72250 Freudenstadt, Tel. +49 7441 88930, hotel-langenwaldsee.de.
Karte: LGL BW Wanderkarte Oberes Murgtal, 1:35.000.

Die Rundwanderung beginnen wir bei der **Alexanderschanze (1)**, 968 m, direkt am Straßenknoten der B 500 und B 28. Beim Dreimarkstein setzen wir vom Parkplatz über die Straße und folgen der roten Raute des Westwegs. Der Fernwanderweg führt in Richtung Nordwesten. Wir folgen der ausgetretenen Pfadspur des wohl populärsten Schwarzwaldwanderwegs für etwa 800 m, dann biegen wir am Badberg rechts zu dem Weglein ab, das zum Parkplatz **Zimmerholz (2)**, 951 m, und der B 500 leitet. Wenn wir uns umdrehen, besticht ein unglaublich schöner Blick ins Renchtal. Gegenüber der Schwarzwaldhoch-

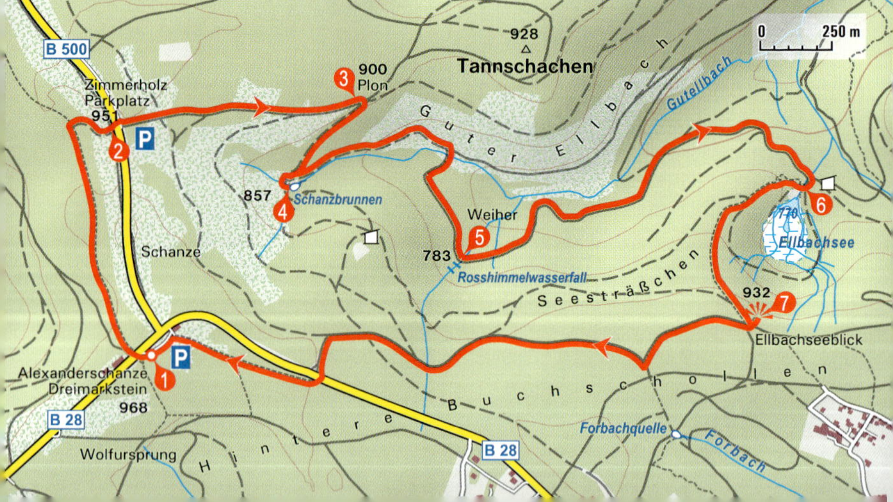

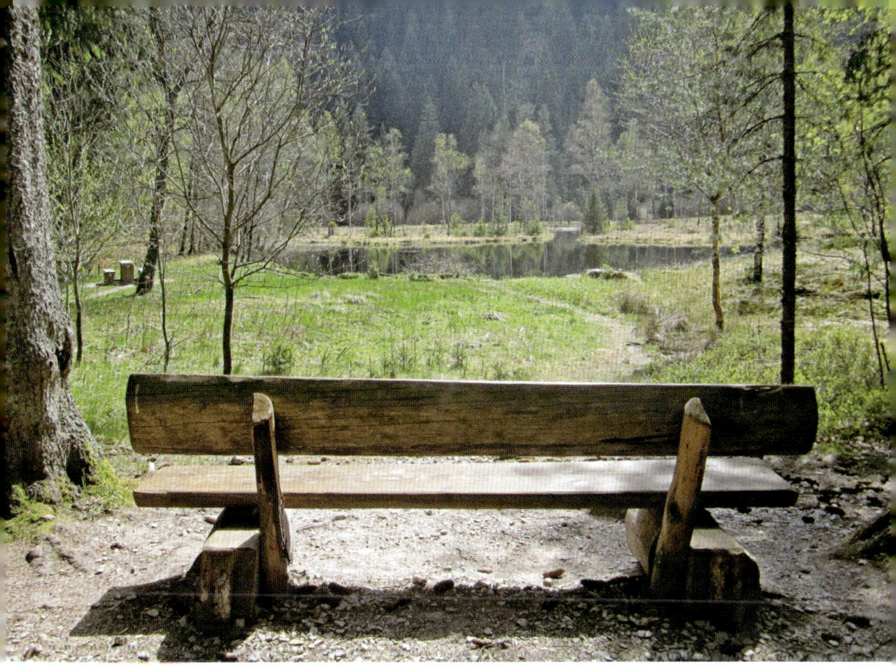

Am Ellbachsee.

straße gehen wir hinter einer Schranke den Schotterweg leicht bergab. Umgeben von herrlichen Wäldern halten wir strikt die Richtung bei und biegen erst am **Plon (3)**, 900 m, beim Denkmal, das an den Winterorkan Lothar vom 26.12.1999 erinnert, scharf rechts ab. Bald erreichen wir die Quelle am **Schanzbrunnen (4)**, 857 m, und wenden uns in einer Linkskehre weiter talwärts. Nach 700 m gehen wir beim Abzweig »Oberes Gewölbe« rechts und folgen weiter der gelben Raute. Ein anfangs leises Rauschen nimmt immer mehr zu und das romantische Seehaldesträßchen leitet im Nadelwald zum traumhaft gelegenen **Rosshimmel-Wasserfall (5)**, 783 m. Wenn das Wasserrauschen schließlich verklungen ist, umgibt uns wieder friedvolle Stille. Nach einem Brunnen begleitet uns im Talgrund das Plätschern des Guten Ellbachs und in einer Lichtung gehen wir am Wegetreff halb rechts hinauf. Der Anstieg führt zum idyllisch gelegenen **Ellbachsee (6)**, 770 m. Bei der hölzernen **Ellbachseehütte**, 783 m, folgen wir der Rautenmarkierung des Seensteigs. Der spektakulärste Abschnitt der heutigen Tour

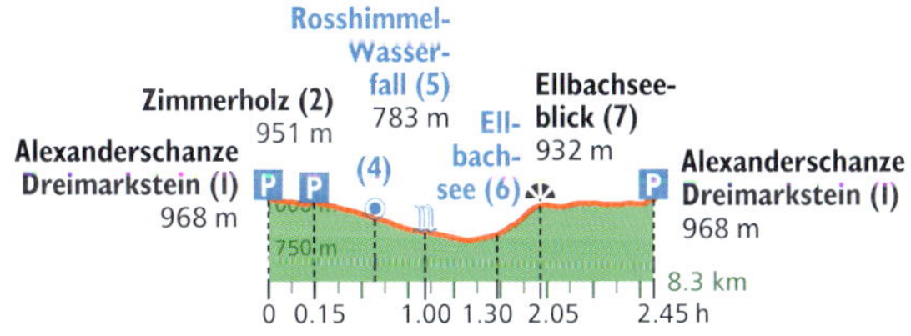

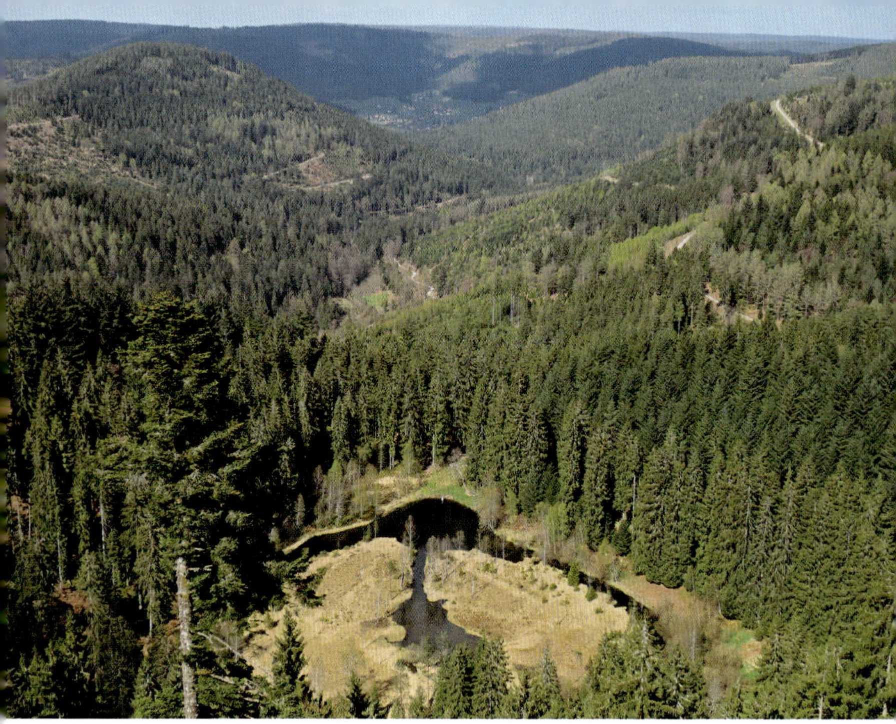

Ellbachseeblick.

beginnt. Ein durchwurzelter, steiniger Bergpfad windet sich serpentinenreich durch die Karwand bergan. Rasch beginnt auch der Puls zu steigen, dafür aber werden wir anschließend am **Ellbachseeblick (7)**, 932 m, mit der abenteuerlich gebauten hölzernen Aussichtsplattform des Skywalks und einer sagenhaft schönen Aussicht belohnt. Diese reicht von der Hornisgrinde, zum Ellbachsee und bis ins Murgtal nach Baiersbronn-Mitteltal.

Danach wandern wir auf dem mit der blauen Raute markierten Forstweg in Richtung Südwesten. Nach 300 m halten wir uns rechts und schreiten beim hinzutreffenden Seesträßchen links weiter durch den Wald. Wir folgen beständig der blauen Raute und setzen nach einer Linkskurve vorsichtig über die B28. Jenseits der Bundesstraße gehen wir rechts und gelangen nach einem halben Kilometer wieder zur **Alexanderschanze (1)** zurück.

Ellbachsee

Während der letzten Eiszeit war der Schwarzwald bis vor rund 25.000 Jahren von einer dicken Eisschicht überzogen. Bei ihrem Abschmelzen entstanden im Lauf vieler weiterer Jahre der Ellbachsee genauso wie auch die anderen Karseen. Sie werden liebevoll »dunkle Augen des Schwarzwalds« genannt. Ihr Wasser ist vom sogenannten Bultenmoor umgeben, einem schützenswerten Ökosystem, das vielen gefährdeten Tier- und Pflanzenarten einen autonomen Lebensraum bietet und ein sehr trittempfindliches Biotop ist.

Der Glaswaldsee

Paradiestour zu einem fast einsamen Bergsee

Südlich des Nationalparks

Allein schon die vier Kilometer lange Anfahrt auf der schmalen und kurvenreichen Straße zum Parkplatz des Glaswaldsees ist atemberaubend. Diese beginnt im Wolftal bei Vor Seebach, zwischen Bad Rippoldsau und Schapbach. Der Weg zum Parkplatz ist gut ausgeschildert. Der Glaswaldsee ist einer der typischen Karseen im Nordschwarzwald, auch wenn sich heute das Wasser durch eine Staumauer sammelt. Der See wird von einem Wildbach und einer unterirdischen Quelle gespeist. Sein Name erinnert heute noch an die Glasflaschen, die einst in den Dörfern des Wolftals gefertigt wurden.

KURZINFO

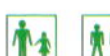

Ausgangspunkt: Parkplatz Glaswaldsee, 715 m; nordwestlich des Wolftals, zwischen Bad Rippoldsau und Schapbach, am Ende einer 4 km langen Stichstraße.
Gehzeit: 2.00 Std.
Höhenunterschied: 260 m.
Anforderung: Einfache Wandertour, der Abstieg zum Glaswaldsee ist allerdings sehr steinig und verlangt etwas Vorsicht.
Einkehr: Gasthaus am Taleingang des Seebachtals.
Unterkunft: Klösterle Hof, Klösterleweg 2, 77776 Bad Rippoldsau-Schapbach, Tel. +49 7440 215, kloesterlehof.de.
Tipp: Der Wolf- und Bärenpark, etwa 1,5 km südlich von Vor Seebach, bietet sich zum Extra-Besuch geradezu an.
Karte: LGL BW Wanderkarte Mittleres Kinzigtal, 1:35.000.

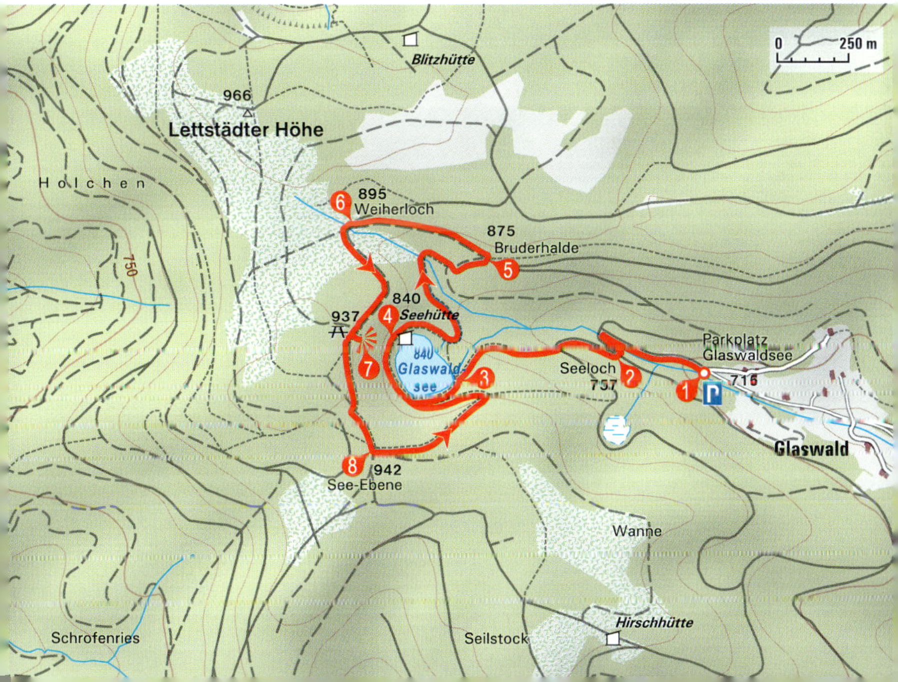

Vom rauschenden Seebach begleitet wandern wir vom Parkplatz am **Glaswaldsee (1)**, 715 m, hinter einer Schranke in den Wald. Der breite Schotterweg führt mäßig steil zum querenden Langengrundweg, dem wir nach links über den Seebach folgen. Achtung, bereits nach 50 m nach dem **Seeloch (2)**, 757 m, biegen wir scharf rechts ab! Die blaue Raute weist den Weg zum 600 m entfernten **Glaswaldsee (3)**, 840 m. Das idyllisch gelegene Gewässer steht bereits seit Jahrzehnten unter Naturschutz. Am Seeufer angelangt, folgen wir dem traumhaften Wanderpfad entlang des linken Ufers und lassen dabei den Linksabzweig, der später unser Rückweg sein wird, unbeachtet. Unterhalb der felsdurchsäten Karwand umwandern wir das dunkelfarbige Gewässer, das eine Fläche von ca. 2,7 ha und eine Tiefe von bis zu 11 m hat. Am Nordwestufer kann man bei der kleinen 1977 erbauten hölzernen **Seehütte (4)**, 840 m, eine Zwischenrast einlegen. Nach der Hüttenrast folgen wir der ausgetretenen Pfadspur, die wildromantisch um den See leitet. An der Weggabelung gehen wir zu dem mit der blauen Raute markierten Waldpfad halb links weiter. Im Linksbogen entfernen wir uns rasch vom Glaswaldsee. Der kleine Kanal neben dem Weg erinnert an einen Südtiroler Waal. Bald öffnet sich der Wald und wir durchqueren auf dem beinahe ebenen Weg ein großes Windbruchgebiet. Rechts rückblickend schweift unser Blick weit hinaus ins Seebachtal. Hinter einer Rechtskurve betreten wir wieder den Forst und folgen der Markierung hinauf zur **Bruderhalde (5)**, 875 m.

Abkühlung am Glaswaldsee.

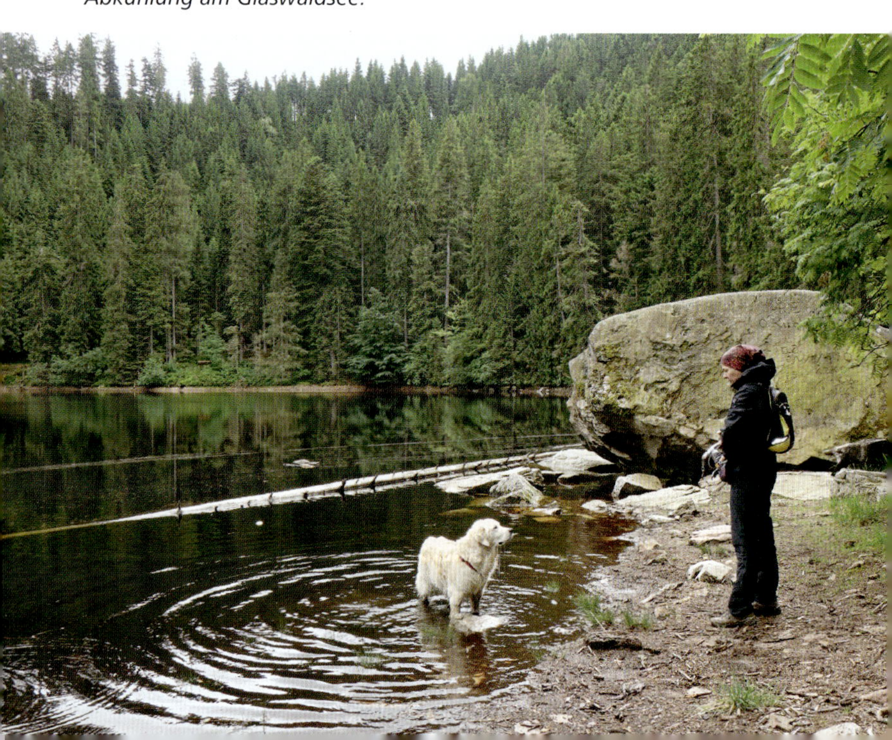

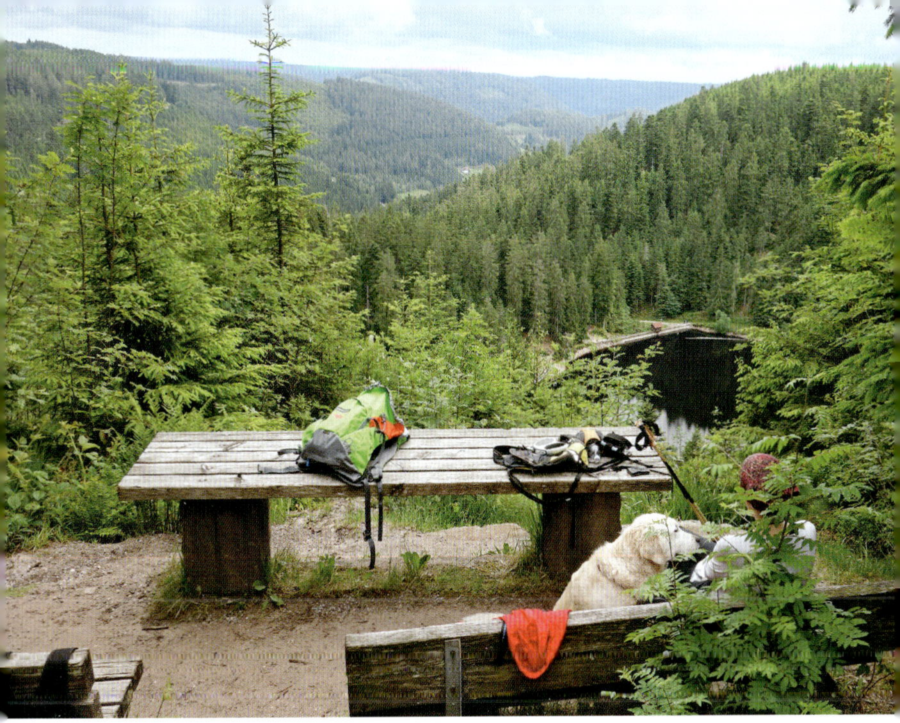

Blick zum Glaswaldsee.

Von hier leitet die gelbe Raute auf einem Forstweg scharf links. Weitersteigend treten wir am **Weiherloch (6)**, 895 m, aus dem Wald und wandern den Weiherlochweg nach links weiter in die Höhe, bis zum Westweg und Renchtalsteig. Die hier vereinten Fernwanderwege führen nach halb links zum **Seeblick (7)**, 937 m. In herrlichster Aussichtslage schmeckt das Rucksackvesper fast doppelt gut. Gestärkt geht's auf dem steinigen Pfad durch den Wald und immer wieder blicken wir tief zum Glaswaldsee hinab. An der **See-Ebene (8)**, 942 m, verlassen wir die beiden bekannten Wanderwege und folgen dem links abzweigenden Waldpfad, der mit der blauen Raute markiert talwärts leitet. Der Abstieg auf steinigem Grund zum **Glaswaldsee** verlangt etwas Aufmerksamkeit, stellt aber keine allzu große Herausforderung dar. Wichtig dabei ist, die Abzweigung nach links nicht zu versäumen! Wenn wir das Seeufer erreicht haben, münden wir nach rechts in den Uferweg ein. Auf bekanntem Weg geht es zurück zum Parkplatz am **Glaswaldsee (1)**.

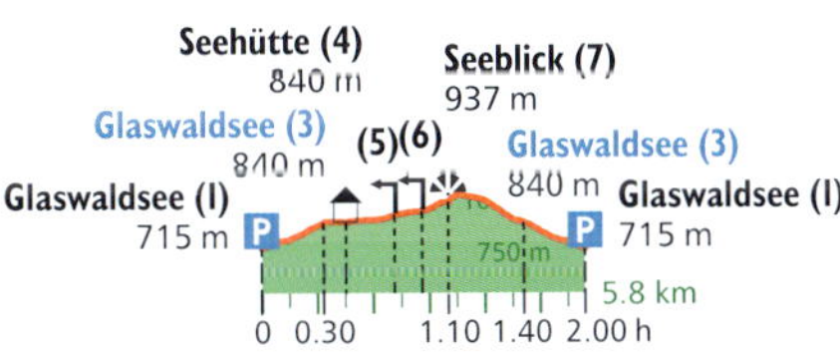

Stichwortverzeichnis

A
Achtertal 80
Alexanderschanze 148
Allerheiligenfälle 106, 109, 111
Altsteigerskopf 80, 95, 127
Aschenplatz 61
Aussichtsplattform Steinmäuerle 110, 112, 116

B
Badener Höhe 28, 43, 58
Badener-Höhe-Hang 27
Badener Sattel 27
Baiersbronn 138
Baiersbronner Hütte 104
Baiersbronn-Obertal 119
Bärenteich 136
Bärtann 40
Berggasthaus Hundshütte 56
Bergwaldhütte 59
Bermersbach 39
Bernickelfelshütte 24
Bernsteinhütte 28
Binsenhütte 120
Bismarckturm 68
Blindsee 84
Bosensteiner Eck 92, 98
Brahms-Brunnen 23
Brandhütte 78
Brennte Schrofen 90
Buchkopfturm 144
Buhlbach 119
Buhlbachsee 136
Bühlertal 52, 54, 57, 61
Bussemer-Gedenkstein 42
Büttensteiner Fälle 108
Bütthof 23

D
Darmstädter Hütte 80, 95
Dreifürstenstein 68, 74

E
Eichhaldenfirst 96
Ellbachsee 149
Ellbachseeblick 150
Ellbachseehütte 149
Elmehütte 123
Enzklösterle 49, 51
Enzpromenade 50
Erbersbronn 65
Erbersbronner Brücke 65
Erdbeerplatte 50
Eutinggrab 94

F
Falkenfelsen 54
Fischfelsenhütte 147
Fischfelsen-Wasserfall 145, 147
Friedrichsturm 28, 43

G
Gasthaus Bosenstein 90, 96
Gasthaus Seibelseckle 75
Gasthaus Waldesruh 43
Geroldsauer Wasserfall 23
Gertelbach-Hütte 53
Gertelbach-Roßgumpen 53
Gertelbachschlucht 54
Gertelbach-Wasserfälle 52
Glasertwald 36
Glasmännlehütte 140
Glaswaldsee 152, 153
Grinde-Hütte 68, 75
Großer Latschigfelsen 39
Gruberkopf 140

H
Haferrütterrank 125
Hahnenfalzhütte 37
Harfentanne 78
Heidelbeer-Schaukel 50
Herrenwies 54, 58
Herrenwieser Sattel 28, 43
Herrenwieser Schwallung 41, 43
Herrenwieser See 42
Herrenwies Wanderheim 43
Hertahütte 54
Hinterer Brand 73
Hinterlangenbach 83
Hinterwahlholz 111
Hirschlachkar 64
Hochkopf 61
Hohloh 38
Hornisgrinde 57, 61, 74, 90, 114, 126
Hornisgrinde-Bismarckturm 75
Hornisgrindeturm 68, 75
Hübscher Platz 114
Hundsbach 54, 61, 63
Hundseck 56, 60
Huzenbacher See 89
Huzenbacher-See-Blick 89

I
Immensteinhütte 27
Infohütte Luchspfad 31

J
Jägerbrunnen 46
Jakobshütte 110, 113, 116

K
Kaiser-Wilhelm-Turm 38
Kaltenbronn 36
Kapelle »Zum Guten Hirten« 59

Karlsruher Grat 96, 100
Katzenkopf 67
Kesselbach 73, 78
Kieneck 74
Kleiner Latschigfelsen 39
Klosterruine Allerheiligen 107, 109
Kniebis 127
Kraftenbuckel 119
Kreuzfelsen 24
Kreuzlehütte 37

L

Langenbach 83
Langengrinde 84
Langmartskopf 36
Langmartskopfhütte 36
Lappachtal 50
Latschighang 39
Lothargedenkstein 80
Lotharpfad 125, 129, 132, 133, 135, 137

M

Mähder Brunnen 88
Mehliskopf-Bobbahn 58
Mehliskopfturm 57
Melkenhütte 104
Melkenteich 104
Melkereikopf 92, 100
Metzgerstein 36
Mittelenztal 50
Mittelfeldhütte 28
Mittellangenbach 83
Mummelsee 70, 95
Mummelseeblick 68
Mummelseehotel 70, 79
Murgschifferschaftswald 65
Murkopf 66

N

Nägeliskopf 46
Nationalparkzentrum Ruhestein 90, 93, 100, 105
Naturfreundehaus Badener Höhe 59
Naturfreundehaus Bosenstein 90
Nixe vom Mummelsee 71

O

Obere Gertelbachfälle 53

P

Panoramastüble 87
Pfarrkirche St. Antonius (Herrenwies) 58
Philippenkopf 84
Plättig 30, 33, 34
Pommertsbrunnen 73, 76
Prinzenhütte 38

R

Rechtmurgkopf 114, 117
Renchtalblick 133
Renchtalhütte 144
Rinkenkopfwegle 123
Röschenschanze 124, 136
Rossbühl 144
Rosshimmelwasserfall 149
Roter Schliff 104
Rotwildpark 50
Ruhestein 93, 100
Ruhesteinschanze 100
Rußhütte 50
Ruthard-Hambrecht-Weg 75

S

Sand 59
Sandkopf 125
Sankenbach 138
Sankenbachbrückle 139
Sankenbachfurt 139
Sankenbachsee 139
Sankenbachwasserfall 139
Sattelei 121, 123
Satteleihütte 123
Saulochhütte 61
Scherrhof 25, 27
Schliffkopf 103, 110, 114, 117, 126
Schneidersplatz 63
Schöllkopf 49
Schönmünz 83
Schönmünzach 87
Schurkopf 110, 126
Schurmsee 64
Schurmseehöhe 64
Schwabenrankhütte 111, 125
Schwarze Lache 125, 133, 137
Schwarzenbach 46
Schwarzenbachmauer 45
Schwarzenbach-Parkplatz 45
Schwarzenbachtalsperre 41
Schwarzenberg 88
Schwarzkopf 80, 127
Schwarzmiss 38
Schwarzwaldhochstraße 56, 60, 66, 80, 114, 129
Schweinkopf 100, 103, 113
Seebach 80
Seehütte 152
Seekopf 42, 93
Seibelseckle 72, 76, 78, 79, 80
Sendemast des SWR 75
Skihang Bühlertal Hundseck 61
Skilift Darmstädter Hütte 80
Skilift Vogelskopf 103
Skilift Zuflucht 136
Skischanze Vogelskopf 105
Spaltbächle 136
St.-Antonius-Kapelle 30

Noch mehr Wanderglück ...

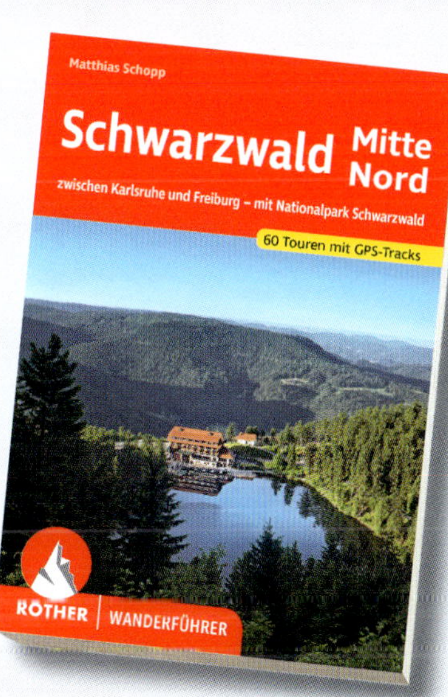

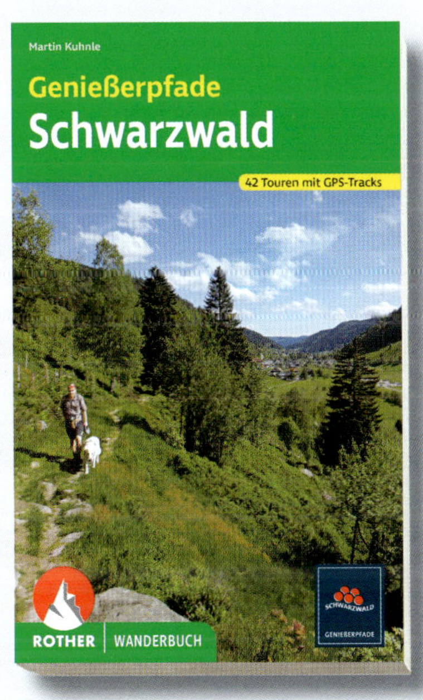

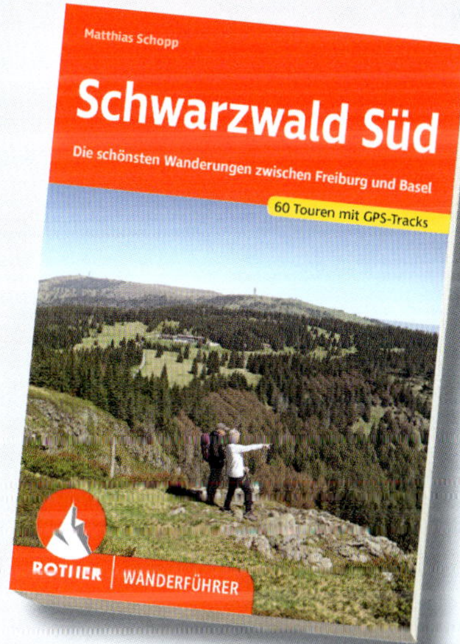

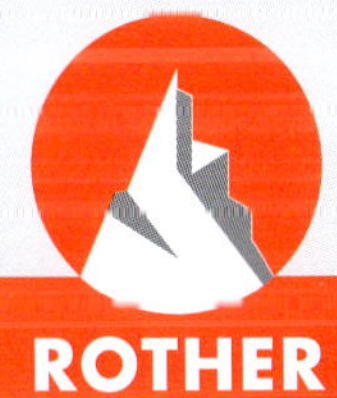

Steinbett 123
Steinerne Sitzbank 37
Steinmäuerle Infotafel 112, 116
Stöckerkopf 140
St. Ursula 107
T
Tanzplatz 122
Tausendmeterweg 112, 116
Teufelsmühle 36
Tonbachbrake 78
Tonbachtal 123
U
Untergrinden 73, 76
Unterstmatt 61, 66
V
Verlobungsfelsen 87
Vogelskopf 92, 101
Vogelskopf-Skilift 100
Vogelskopf-Skisprungschanze 100
Vorderes Langeck 64
Vorderlangenbach 83
W
Wahlholzhütte 111
Waldgasthaus Kohlbergwiese 54
Wanderheim Bosenstein 91
Wanderheim Ochsenstall 68
Wanderportal Geroldsauer Wasserfall 23
Wasenhütte 140
Wasserfallhütte 23, 140
Weiherplatz 146
Weitengrund 122
Westliche Kohlplatten 56
Wiedenbach 52, 54
Wilder Fels 49
Wilder See 94
Wildseewegle 94
Wolkenhütte 119
Wollsackfelsen 34
Y
Yburg 57
Z
Zuflucht 124, 136, 142, 146
Zweiseenblick 42
Zwickgabel 83, 85